리폼드 시리즈
(Reformed Series)

개혁주의는 하나님 중심, 말씀 중심, 교회 중심의 신학을 말합니다. '성경으로 돌아가자' 던 종교개혁자들의 외침을 따라 하나님의 주권에 복종하고 성경의 권위를 인정하고 근본 교리를 믿었던 사람들이 바로 개혁주의자들입니다. 존 칼빈, 존 번연, 리차드 백스터, 조나단 에드워즈, 존 오웬 등은 대표적인 개혁주의 신학자들입니다. 그들 신앙의 중심에는 성경이 있었고 성경의 바른 교리를 따라 성도들을 가르쳤습니다. 오늘 우리는 그 어느 때보다 신앙의 근본이 절실한 시대를 살고 있습니다. 생명의말씀사는 신앙 선배들의 깊은 통찰이 담긴 양서들을 새롭게 단장하여 한국교회를 섬기고자 합니다.

쉽게 읽는
천로역정

존 번연 지음 / 조은화 옮김

THE PILGRIM'S PROGRESS
by John Bunyan

Korean Edition published by Word of Life Press, Seoul, ⓒ2007, 2012
All rights reserved.
Printed in Korea.

쉽게 읽는
천로역정

ⓒ **생명의말씀사** 2007, 2012

2007년 3월 30일 1판 1쇄 발행
2009년 6월 8일　　 4쇄 발행
2012년 5월 21일 2판 1쇄 발행
2024년 11월 22일　　13쇄 발행

펴낸이 | 김창영
펴낸곳 | 생명의말씀사

등록 | 1962. 1. 10. No.300-1962-1
주소 | 서울 종로구 경희궁1길 6 (03176)
전화 | 02)738-6555(본사)·02)3159-7979(영업)
팩스 | 02)739-3824(본사)·080-022-8585(영업)

기획편집 | 유선영, 홍경민, 서지연
디자인 | 최윤창
인쇄 | 영진문원
제본 | 다인바인텍

ISBN 978-89-04-15985-7 (04230)
　　　978-89-04-00161-3 (세트)

저작권자의 허락없이 이 책의 일부 또는 전체를
무단 복제, 전재, 발췌하면 저작권법에 의해 처벌을 받습니다.

쉽게 읽는
천로역정

존 번연 지음 / 조은화 옮김

생명의말씀사

차례

천로역정과 존 번연_ 6

Part 1 순례의 길을 시작하는 죄인_ 11

Part 2 해석자의 집에서 보는 **7가지 가르침**_ 55

Part 3 죄의 짐을 벗긴 십자가_ 77

Part 4 아름다움이라는 저택에서의 가르침_ 97

The Pilgrim's Progress

Part 5 겸손의 골짜기와 사망의 음침한 골짜기 _ 123

Part 6 믿음과의 동행 그리고 순교 _ 147

Part 7 소망과의 동행 _ 209

Part 8 순례의 여행을 마치고 천국으로 _ 323

천로역정과
존 번연 *John bunyan*

1885년까지 이미 74개의 언어로 번역되어 출판된 천로역정은 청교도 신학에서 이루 말할 수 없이 중요하다. 그 이유는 청교도 신학의 중요한 특징과 주제들을 모두(청교도들이 중요하게 취급하였던 주제들을 빠트리지 않고 다루고 있다) 쉽게 설명하고 있기 때문이다.

천로역정은 회심의 과정과 성화의 과정을 완벽하게 연결하여 설명하고 있다. 회심에 있어 거룩함을 추구하는 것이 심령에 원리로 자리 잡고, 그 원리로 성화에 있어 연속적으로 계속 작용함을 매우 지혜로운 풍유적 묘사로, 그리고 신학적으로 정확하게 묘사하고 있다. 따라서 천로역정은 청교도 작품 중의 작품이다.

천로역정의 배경이 되는 청교도 운동은 1559-1700년에 영국에서 일어난 교회개혁운동이었다. 그 당시 교회는 정치적이며, 세상적이었고 예배는 우상적이고 미신적으로 타락하였다. 교회의 이러한 정황 속에서 교인들은 세상 사람과 전혀 구별되지 않았다. 교인들의 믿음의 고백과 행위가 일치하지 않았다. 그래서 청교도의 경건한 목회자와 성도들이 믿음과 행위의 일치를 위해 일어났다. 청교도들은 믿음과 행위가 일치하지 않은 영적인 원인들을 찾아내, 진정한 회개와 거짓 회개, 구원의 믿음과 거짓 믿음을 분별하였다. 그들은 잘못된 지식과 무지로 발생된 잘못된 확신을 꾸짖었고, 믿음이 없으면서 종교적 행위로 자신을 믿음의 사람처럼 꾸민 위선자들을 드러내고 깨우쳤다. 또한 교회 안에서 아직 회심하지 않은 자들이 진정한 은혜 안으로 돌아오도록 노력을 기울였다. 성경 다음으로 많이 출판되고 판매된 책으로 알려진 존 번연의 천로역정은 이러한 청교도 정신을 쉽게 이해하고 맛볼 수 있는 작품이다.

천로역정을 지은 **존 번연**(1628-1688)은 신학교를 나온 목회자가 아니었다. 그는 엘스토우의 가난한 가정에서 태어나, 문법학교 정도의 교육만 받았을 뿐이다. 16세에 의회의 군대에 입대하여 3년간(1644-1647) 복무한 그는 군 복무를 마친 후 1649년 결혼했는데 신부가 가져온 아서 덴트의 '**평범한 사람이 하늘에 이르는 길**(The Plain Man's Pathway to Heaven)'과 청교도 경건 교과서인 루이스 베일리의 '**경건의 훈련**(The Practice of Piety)'을 읽게 되었다. 이 두 책은 그의 사상에 지대한 영향을 미쳤다. 번연은 존 기포드 목사를 만나게 되었고,

1653년 기포드의 세인트존스교회에 등록하였다. 기포드 목사의 영향을 상당히 받은 번연은 기포드 목사를 참된 목회자로 존경한 흔적을 천로역정에서 찾아볼 수 있다. 1655년 번연은 집사가 되어 교회에서 설교하기 시작하였다. 이때부터 그는 작품 활동을 시작했다. **퀘이커**(Quaker)에 반대하는 소책자들과 '**지옥으로부터의 신음들**(A Few Sighs from Hell)'이 출판되었다. 그러나 1660년 찰스 2세의 왕정 복구와 함께 번연은 비국교도로서 설교하였다는 이유로 12년간 감옥에 투옥되었다. 그는 감옥에 있는 동안 성경과 존 폭스의 순교자열전을 읽었다. 그리고 감옥에서 작품들을 썼다. 1666년에는 자신의 자서전과 같은 '**넘치는 은혜**(Grace Abounding to the Chief of Sinners)'를 출판하였다. 감옥에서 나온 후 1672년 베드포드의 비국교도 침례교회 목사가 되었다. 그러나 1676년 다시 투옥되었는데, 이때 그 유명한 천로역정의 1부를 썼다. 감옥에 다시 투옥된 지 일 년 만에 존 오웬의 도움으로 풀려난 그는 1682년 두 번째 대작인 '**거룩한 전쟁**(The Holy War)'을 내놓았다. 존 번연은 1688년 추운 날씨에 여행을 하다가 열병에 걸려 갑자기 세상을 떠났다.

    존 번연은 영적 체험들을 성경적으로 신학적으로 그 어느 누구도 따라올 수 없는 기술로 서술했다. 번연의 필체는 교리적으로 신학적으로 매우 날카롭고 치밀하며, 또 정확하다. 이러한 그의 신학적인 능력은 분명 그가 성경을 깊이 읽음으로 나온 것이며, 청교도들과 작품들의 영향을 받아 얻은 것이다. 청교도 아서 덴트와 루이스 베일리, 존 폭스, 마르틴 루터의 갈라디아서 주석이 번연에게 지대한 영향을 미쳤으며, 청교도인 리처드 버나드의 'Isle of Man'은 천로역정에 가장 직접적인 영향을 주었는데, 번연은 영유법을 이 작품에서 배웠다. 존 돗의 십계명 강해, 사무엘 클라크의 '성자와 죄인들을 위한 거울(A Mirror and Looking-glass for Both Saints and Sinners)' 역시 번연에게 영향을 준 작품이다. 감옥에서 나올 수 있도록, 그리고 천로역정을 출판할 수 있도록 도움을 준 존 오웬은 번연에게 가장 큰 영향을 준 인물 중 한 사람이다.

– 해설 천로역정 (김홍만 저. 생명의말씀사)

The Pilgrim's Progress

PART 1

순례의 길을
시작하는 죄인

세상의 황량한 들판을 두루 다니다가 나는 우연히 동굴(베드포드 교도소 : 필자가 양심수로 수감돼 있었던 감옥) 하나를 발견했다. 들어가 누워서 잠을 잤는데 꿈을 꾸었다. 꿈 속 어느 곳에 남루한 옷을 입은 한 남자가 자기 집을 뒤로 하고 손에는 책 한 권을, 등에는 무거운 짐을 지고 서 있었다(사 64:6; 눅 14:33; 시 38:4). 그는 책을 펴서 읽다가 몸을 떨며 흐느껴 울기를 거듭하다 더 이상 참지 못하고 갑자기 안타깝게 울부짖었다.

"아, 나는 어떻게 해야 하나?"(행 2:37; 16:30; 합 1:2-3)

참담한 마음으로 집에 돌아온 그는 아내와 아이들이 자신의 고민을 눈치 채지 못하게 하려고 무던히 애를 썼다. 그러나 점점 더 커지는 고통으로 인해 언제까지나 감추고 있을 수만은 없었다. 마침내 그는 더 이상 감정을 억제하지 못하고 아내와 아이들에게 속마음을 털어놓기로 마음먹었다.

"지금 나는 거세게 짓누르는 무거운 짐 때문에 미쳐 버릴 것만 같소. 더욱이 머지않아 우리가 살고 있는 이 도시가 하늘에서 쏟아지는 불길에 타서 잿더미로 변하고 멸망할 것이라는 경고도 받았소. 살아 남기 위해서 다른 피할 길(아직 나도 그 길이 어떤 길인지 모르지만)을 찾지 못한다면, 당신과 나뿐만 아니라 사랑하는 아이들까지도 비참하게 죽을 수밖에 없소."

이 말을 듣고 가족들은 깜짝 놀랐다. 그가 한 이야기를 믿어서가 아니라 그가 정신이 이상해졌다고 생각했기 때문이었다. 밤이 되자 가족들은 자고 나면 괜찮아질 것이라고 믿으며 서둘러 그를 잠자리에 들게 했다. 그러나 밤이 되어도 여전히 그 사람은 고통스러웠다. 그는 잠이 들지 못하고 눈물과 한숨으로 밤을 지새웠다. 아침이 되어 가족들은 그가 어떻게 밤을 지냈는지 알게 되었다. 그는 가족들에게 말했다.

"점점 더 고통스럽소."

그러나 가족들은 차갑게 나오기 시작했다. 가족들은 가족들대로 그에게 거칠고 쌀쌀하게 대해 주어야 제정신을 차릴 수 있을 거라고 생각했다. 가족들은 비웃기도 하고 나무라기도 했으며 어떤 때는 그 사람을 아주 무시해 버리기도 했다. 점점 그는 자기 방에서 혼자 지내는 시간이 많아졌다. 그는 방에서 가족들을 불쌍히 여기며 그들을 위해 기도했다. 또한 자신의 괴로움을 달래 보려고 들판을 홀로 거닐거나 책을 읽으며 기도도 했다. 이렇게 그는 며칠을 보냈다.

나는 들판을 거니는 그를 보았다. 여느 때처럼 손에 들고 있던 책을 읽고 있었는데 심히 괴로워하고 있었다. 책을 읽다가 그는 전처럼 갑자기 눈물을 흘리며 통곡하기 시작했다.

"어떻게 해야 구원을 받는다는 말인가?"(행 16:30-31)

그는 금방이라도 어딘가 달려갈 것처럼 여기저기를 두리번거리더니 그 자리에 그대로 가만히 서 있었다. 내가 보기엔 어느 길로 가야 할지 모르고 있는 것 같았다.

전도자를 만나다

그때, **전도자**(Evangelist)라는 사람이 그에게 다가오고 있었다. 전도자는 물었다.

전도자 : 왜 울고 있습니까?

순례자 : 예, 저는 제가 갖고 있는 이 책을 읽고 나서 내가 죽을 수밖에 없으며, 죽고 난 뒤에도 심판을 받게 되리라는 사실을 알게 되었습니다(히 9:27). 그런데 나는 죽고 싶지도 않고(욥 16:21, 22) 죽음 이후의 심판도(겔 22:14) 받을 용기가 없습니다.

전도자 : 이 세상에 살면서 많은 악을 볼 텐데 왜 죽고 싶어하지 않죠?

순례자 : 내 등에 있는 짐이 나를 무덤보다 더 깊은 곳으로 빠지게 하여 마침내 **도벳**(사 30:33. 예루살렘 근처의 쓰레기장, 지옥의 상징)으로 떨어지게 될까봐 두렵기 때문입니다. 내가 감옥살이를 견디지 못

한다면 심판도 그 다음에 있게 될 사형 집행도 견딜 수 없을 것입니다. 이러한 생각을 하다 보면 울지 않을 수가 없지요.

전도자 : 그렇다면 왜 그렇게 멍하니 서 있는 것입니까?

순례자 : 어디로 가야 할지 모르기 때문입니다.

전도자는 그에게 둥근 두루마리 하나를 주었다. 거기에는 "임박한 진노를 피하라"(마 3:7)고 쓰여 있었다.

그는 두루마리를 읽고 나서 전도자의 얼굴을 매우 진지하게 쳐다보며 물었다.

순례자 : 어느 쪽으로 피해가야 합니까?

전도자 : (크고 넓은 들판을 가리키면서) 저쪽에 조그마한 문이 보입니까?(마 7:13-14)

순례자 : 안 보이는데요.

전도자 : 저쪽에 반짝이는 빛은 보입니까?(시 119:105; 벧후 1:19)

순례자 : 보이는 것 같습니다.

전도자 : 저 빛을 계속 바라보면서 그리로 곧장 가십시오. 그러면 좁은 문이 나타날 것입니다. 거기서 문을 두드리면 누군가가 나와서 당신이 어떻게 해야 할지 알려 줄 것입니다.

나는 꿈속에서 그 사람이 전도자가 가르쳐 준 방향으로 달려

전도자가 좁은문을 향해 떠나라고 지시하고 있다

가는 것을 보았다. 그가 아직 자기 집에서 멀리 떨어지지 않았을 때, 아버지가 떠나고 있다는 사실을 알고서 아내와 아이들은 그의 등 뒤에서 돌아오라고 울며 소리치기 시작했다. 그렇지만 그는 손가락으로 양쪽 귀를 틀어막고 계속 뛰어가면서 "생명이야, 생명, 영원한 생명이 있는 곳으로 가는 거야!"(눅 14:26)라고 외쳤다. 그는 뒤도 돌아보지 않고(창 19:17) 들판 한가운데로 내달렸다.

이웃 사람들도 나와서 그 남자가 달려가는 것을 보았다(렘 20:10). 비웃는 사람들도 있었고, 위협하는 사람들도 있었고, 마을로 다시 돌아오라고 그의 등 뒤에서 소리치는 사람들도 있었다. 그들 중에는 억지로라도 그를 마을로 데리고 돌아와야겠다고 결심한 사람이 둘 있었다.

고집과 변덕쟁이가 순례자를 데려오려고 떠나가다

한 사람의 이름은 **고집**(Obstinate)이었고 또 한 사람의 이름은 **변덕쟁이**(Pliable)였다. 그들이 떠날 때쯤 그 남자는 마을에서 꽤 멀리 가 있었다. 그런데도 두 사람은 그를 쫓아가기로 결심하고 길을 나섰다. 얼마 안 가 그들은 그 남자를 따라잡았다. 그 남자는 말했다.

순례자 : 이웃 친구들, 무슨 일로 저를 따라오시는 것입니까?

고집과 변덕쟁이 : 당신을 설득해서 함께 마을로 돌아가려고 왔소.

순례자 : 절대로 그럴 수는 없습니다. 당신들은 지금 "멸망의 도시"에 살고 있습니다. 물론 그곳은 제가 태어난 곳이기도 하지요. 거기서 그대로 죽게 되면 얼마 안 있어 당신들은 무덤보다 더 깊은 데로 빠져 형벌과 유황불이 타오르는 곳에 떨어지게 될 것입니다. 자, 두 분은 제 말을 들었으니 저와 함께 갑시다!

고집 : 뭐요? 사랑하는 가족들과 친구들, 소중한 재산들을 내버려 두고 떠나라는 말이오?

크리스천 : 그렇습니다(크리스천이 대답했다. 그 남자의 이름은 크리스천이었다). 그러한 것들은 모두 내가 누리고자 하는 것에 비하면 아주 하찮은 것들입니다(고후 4:18). 당신들도 나와 함께 가시면 나처럼 그것을 누릴 수 있습니다. 내가 가는 곳은 모든 것이 풍족한 곳이기 때문입니다(눅 15:17). 어서 가서 제 말이 맞는지 틀린지 알아봅시다.

고집 : 세상 모든 것을 다 내팽개치고서 당신이 찾으려고 하는 게 뭐요?

크리스천 : 나는 썩지 않고 더럽혀지지도 않고 썩어 없어지지도 않을 유산을(벧전 1:4) 찾고 있습니다. 그것은 하나님 나라(히 11:16)

에 안전하게 보관되어 있어, 정해진 때에 열심히 찾는 이들에게 주어진다고 했습니다. 여기 이 책에 그렇게 쓰여 있으니 원하시면 한번 보십시오.

고집 : 나 원 참! 그 책일랑 집어 치우시오! 아무튼 우리와 함께 돌아 갈거요, 말거요?

크리스천 : 난 가지 않겠습니다. 이미 쟁기를 손에 들었으니까요(눅 9:62).

고집 : 자, 변덕쟁이씨, 안 되겠어요. 저 사람은 포기하고 그냥 우리끼리 집으로 돌아갑시다. 바보 같은 미치광이들은 항상 있기 마련이지요. 저런 미친 자는 한번 환상에 사로잡히면 다른 사람 일곱이 옳다고 해도 끝까지 자기가 옳다고 우기는 법이죠.

변덕쟁이 : 그렇다고 욕하지는 마십시오. 만약 크리스천씨가 하는 이야기가 맞다면 그 사람이 찾고 있는 것이 현재 우리가 갖고 있는 것보다 훨씬 중요한 것이 아닙니까? 나는 저 사람을 따라가고 싶은 생각이 듭니다.

고집 : 아니! 갈수록 태산이구먼! 내 말을 듣고 우리 같이 집으로 돌아갑시다. 저렇게 머리가 돈 사람이 당신을 어디로 데리고 갈지도 모르면서 무엇을 믿고 따라 간단 말이요? 자, 그러지 말고 나랑 같이 돌아갑시다. 정신 차리고 돌아가요.

크리스천 : 나와 함께 갑시다, 변덕쟁이씨. 그곳에 가면 내가 이야기한 것 말고도 더 많은 영광을 얻게 됩니다. 제 말을 못 믿으시겠다면 이 책 여기를 한번 읽어 보십시오. 여기에 모든 것이 그것을 만드신 분의 피로 세워졌다(히 9:17-21)고 적혀 있지 않습니까?

변덕쟁이 : 난, 이제 결심했소. 이 착한 크리스천과 함께 동행하여 같은 운명에 나 자신을 맡겨 볼 겁니다. 그런데 크리스천씨, 당신은 그곳으로 가는 길을 알고 있습니까?

크리스천 : 네, 전도자라는 사람이 알려 주었지요. 저 앞에 보이는 좁은 문을 향해 속히 가면 누군가가 나와서 안내해 줄 것이라고 했습니다.

변덕쟁이 : 아, 그래요? 그럼 같이 갈까요?

그러고 나서 두 사람은 함께 길을 떠났다.

고집 : 그렇다면 잘 가 봐라 잘 가 봐, 이 미친 정신병자들아. 나는 돌아간다 돌아가. 잘못된 길로 가고 있는 저런 환상가들과는 더 이상 같이 있을 수가 없군.

이제 나는 꿈에서 고집이 돌아가고 크리스천과 변덕쟁이가 들판을 걸어가면서 이야기하는 것을 보았다. 두 사람은 대화를 나누며 걸어갔다.

크리스천 : 자, 어떠시오? 변덕쟁이씨, 같이 가게 되어 기쁘군요. 고집씨도 나처럼, 아직 보이지는 않지만 다가올 것에 대한 권세와 공포를 느꼈더라면 이렇게 쉽사리 우리에게 등을 돌리고 가 버리지는 않았을 것입니다.

변덕쟁이 : 그래요, 크리스천씨. 우리 두 사람만 남게 되었으니 이제 도대체 우리가 찾는 것이 무엇인지, 어떤 즐거움이 우리 앞에 있는지, 우리가 지금 어디로 가고 있는지 좀 더 이야기해 주시지요.

크리스천 : 내가 마음속으로 알고 있는 것만큼 말로 설명하기는 쉽지가 않네요. 변덕쟁이씨가 한 질문의 해답은 바로 이 책 안에 다 있지요.

변덕쟁이 : 아, 그렇다면 당신은 그 책의 내용이 진실이라고 확신한다는 것입니까?

크리스천 : 물론입니다. 이 말씀은 거짓이 없으신 분의 말씀이 기록된 책이니까요(딛 1:2).

변덕쟁이 : 아, 그래요? 무엇이 기록되어 있나요?

크리스천 : 말씀을 보면 영원히 멸하지 않는 나라가 있어요. 무척이나 아름다운 그 나라에서 영원한 생명을 얻어서 영원토록

살 수 있다는 것이지요(사 45:17; 요 10:27-29).

변덕쟁이 : 아, 참으로 기쁜 소식이군요. 또 그 밖에는요?

크리스천 : 거기에는 우리 머리에 씌워질 생명의 면류관과 태양처럼 우리 몸을 빛나게 해 줄 의복이 마련되어 있습니다(딤후 4:8; 계 22:5; 마 13:43).

변덕쟁이 : 굉장한 이야기군요. 그 밖의 또 다른 이야기는 없습니까?

크리스천 : 그곳에는 슬픈 일이 없지요. 왜냐하면 그 나라의 왕 되신 주님께서 우리의 모든 눈물과 슬픔을 씻어 주시기 때문입니다(사 6:2; 계 7:16, 17; 21:4).

변덕쟁이 : 그러면 그곳에서 우리들은 어떤 사람들과 같이 살게 되지요?

크리스천 : 보기만 해도 눈이 부신 아름다운 피조물들과 수많은 천사들과 함께 살게 될 것입니다(사 6:2; 살전 4:16, 17; 계 5:11). 우리보다 앞서 가신 수많은 성도님들과도 만나게 될 텐데 그들 모두는 사랑이 충만하고 거룩한 분들이십니다. 곧 황금 면류관을 쓴 장로들과(계 4:4) 아름다운 거문고를 켜는 성도들을 볼 것이며(계 14:1-5) 하나님으로부터 영원한 구원과 은총을 받고 살게 될 것입니다. 세상에 있을 때는 그곳의 주인이신 하나님에 대한 사랑으

로 인해(요 12:25) 짐승들에 의해 몸이 갈기갈기 찢겼거나 불에 탔거나 아니면 바다에 빠져 죽임을 당했던 성도들도 그곳에서는 모두 건강하게 영원한 생명의 옷으로 덧입고 있는 모습을 보게 될 것이라는 말입니다(고후 5:2-3, 5).

변덕쟁이 : 그 이야기를 들으니 말할 수 없이 기쁩니다. 그렇지만 그런 즐거움을 과연 누리게 될까요? 어떻게 하면 우리도 그곳에서 기쁨을 함께 맛보는 사람들이 될 수 있을까요?

크리스천 : 그 나라의 주인 되시는 하나님께서 이 책에 말씀하셨습니다(사 55:1-2; 요 6:37; 7:37; 계 21:6; 22:17). 무엇보다도 우리가 진정으로 하나님 나라를 얻고자 사모한다면 우리에게 값없이 그냥 주시겠다고 말입니다(사 55:1-3).

변덕쟁이 : 고맙습니다, 착한 크리스천씨. 그 말을 들으니 기쁘기 한이 없네요. 자, 서둘러 갑시다.

크리스천 : 죄송합니다. 나도 빨리 가고 싶지만 내 등에 있는 짐 때문에 그럴 수가 없군요.

절망의 수렁에 빠지다

나는 꿈에서 크리스천과 변덕쟁이가 이야기를 막 끝내고 들판 한복판에 있는 진흙투성이의 수렁 가까이로 가는 것을 보았다.

주의를 살피지 않고 서둘러 걸었던 두 사람은 갑자기 수렁에 빠지고 말았다. 그곳은 바로 '절망의 수렁'이라 불리는 곳이었다. 두 사람은 진흙으로 온통 뒤범벅이 된 채 얼마 동안 허우적거렸다. 게다가 크리스천은 등에 지고 있던 짐 때문에 점점 늪 속으로 빠져 들어가기 시작했다.

변덕쟁이 : 아-아, 크리스천 어디 있어요?

크리스천 : 나도 내가 어디 있는지 모르겠소.

그 말을 듣고 나서 변덕쟁이는 기분이 나빠지기 시작했다. 변덕쟁이는 화가 난 목소리로 크리스천에게 말했다.

변덕쟁이 : 이게 지금까지 당신이 내게 떠들어 대던 행복이오? 길을 나선 처음부터 이 모양이면 앞으로는 얼마나 더 험한 꼴을 당해야 할지 누가 알겠소? 만일 여기서 살아난다면 나는 내가 살던 멸망의 도시로 다시 돌아갈 테요. 난 상관 말고 당신 혼자서 나 그 기막힌 왕국인가 뭔가 하는 곳에 가 보시오.

변덕쟁이는 죽을 힘을 다한 끝에 수렁에서 빠져 나와 집으로 향했다. 변덕쟁이가 가 버린 후 크리스천은 더 이상 그를 보지 못했다.

크리스천은 혼자 절망의 수렁에 남아 허우적거리고 있었다. 그는 마을 반대 쪽으로 안간힘을 쓰며 나아가 좁은 문이 보이는 수렁 가장자리 쪽으로 가서 빠져 나오려고 버둥거렸다. 그러나 아무리 애를 써도 등의 짐 때문에 늪에서 빠져 나오기란 쉬운 일이 아니었다.

도움이 와서 구해 주다

그때 도움(Helper)이란 사람이 크리스천에게 다가가 그곳에서 무엇을 하고 있느냐고 물었다.

크리스천 : 저는 장차 다가올 진노를 피해 전도자라는 사람이 가르쳐 준 대로 좁은 문을 향해 가고 있었습니다. 그런데 도중에 그만 실수하여 이 수렁에 빠지게 되었습니다.

도움 : 그런데 왜 디딤돌을 찾아보지 않으셨습니까?

크리스천 : 거센 두려움이 몰려와 황급히 가다 보니 가장 가까운 길을 택했고, 디딤돌이 있으리라는 생각은 해 보지도 못했답니다.

도움 : 자, 제 손을 잡으세요.

도움은 손을 내밀어 크리스천을 끌어 올려(시 40:2) 단단한 땅 위로 오르게 했다. 그러고는 크리스천에게 가던 길을 계속해서 가라고 했다.

그때 나는 크리스천을 수렁에서 꺼내 준 도움에게 다가갔다.

"선생님, 이 수렁이 멸망의 도시에서 저 멀리 좁은 문으로 가는 길에 놓여 있어서 약한 여행자들이 빠지기 쉬운데, 그들이 안전하게 건너갈 수 있도록 땅을 고쳐 수렁을 메워 놓는 것이 어떨까요?"

도움 : 이 늪지를 메워 보려고 노력해 보았지만 그렇게 하기란 도저히 불가능했지요. 이곳은 죄를 깨닫게 될 때 생기는 찌꺼기들과 쓰레기들이 흘러드는 경사지입니다. 그래서 "절망의 수렁"이라고 부르지요. 죄인들이 자신의 잃어버린 영혼의 상태를 깨닫게 될 때 그의 마음속에서 일어나는 온갖 두려움과 의심과 근심걱정과 같은 감정들이 모두 이곳으로 흘러 들어와 모이게 되지요. 그것들이 모두 고여서 늘 이곳이 좋지 못한 늪지대로 남아 있게 되는 겁니다.

이곳이 절망의 수렁으로 남아 있는 것은 왕도 기뻐하시지 않습니다(사 35:3, 4). 감독관들의 지시에 따라 왕의 일꾼들이 천육백 년도 넘게 이 땅을 위해 일해 왔지요. 혹시 이 땅이 고쳐질까 해서였어요. 내가 알기로 이 수렁에 적어도 이만 대가 넘는 트럭이 일년 내내 왕이 다스리는 영토 각지로부터 수만 개의 좋은 교훈들을 운반해 와 쏟아 부었습니다. 그뿐 아니라 땅을 기름지게 하는 데 가장 훌륭한 기술을 갖고 있다고 자부하는 사람들이 이 일을 했습니다. 그러면 이 수렁이 바뀌었을 만도 한데 여전히 이곳은 절망의 수렁으로 남아 있습니다. 할 수 있는 방법을 다해 보아도 마찬가지일 것입니다.

정말 다행히도 이곳에는 법을 주시는 분의 명령에 따라 이 수렁의 한복판에 견고하고도 훌륭한 디딤돌이 몇 개 설치되어 있습니다. 그렇지만 날씨가 변할 때마다 이 수렁이 오물을 잔뜩 토해 내서 디딤돌이 잘 보이지 않습니다. 설사 보인다고 해도 사람들은 현기증이 나서 발을 헛디뎌 디딤돌이 바로 앞에 있는데도 진창 속으로 빠지고 맙니다. 그러나 일단 좁은 문에 들어서면 좋은 땅이 나옵니다(삼상 12:23).

그때 나는 마침 변덕쟁이가 집으로 돌아온 것을 꿈에서 보았다. 이웃 사람들이 그의 집으로 몰려 들었는데 그들 중에는 돌아오기를 잘했다는 사람들도 있었고, 어리석게 뭐 하러 위험을 무릅쓰고 크리스천을 쫓아갔느냐고 핀잔하는 사람들도 있었다. 어떤 사람들은 "당신은 분명히 모험을 시작하지 않았소? 나 같으면 그깟 곤고산 정도로 비겁하게 돌아오진 않았을 거요"라고 하면서 변덕쟁이의 용기 없음을 비웃기도 했다. 변덕쟁이는 사람들 사이에서 기가 죽어 쥐 죽은 듯 앉아 있었다. 그러나 결국에는 다시 뻔뻔스러워졌다. 마을 사람들은 말꼬리를 돌려 이제 그 자리에 없는 가엾은 크리스천을 비웃기 시작했다.

세상 현자를 만나다

한편 크리스천은 홀로 외로이 걸어가다가 저쪽 멀리서 한 사람이 들판을 가로질러 자기에게 오는 것을 보았다. 두 사람은 서로 스쳐가는 순간 우연히 마주하게 되었다. 그 신사의 이름은 **세상 현자**(Worldly Wiseman)였다. 그 사람은 **쾌락을 쫓음**(Carnal Policy)이라는 아주 큰 마을에 살고 있었는데, 크리스천이 살던 바로 근처에 있는 마을이었다. 그는 크리스천에 대해 조금 알고 있었다. 크리스천이 멸망의 도시를 떠났다는 소문은 커다란 이야깃거리가 되어 그가 살던 마을 사람들뿐 아니라 벌써 몇몇 이웃 마을 사람들의 입에도 오르내리게 되었기 때문이다. 세상 현자는 크리스천이 한숨을 내쉬기도 하고 괴로워하기도 하면서 부지런히 걸어오고 있는 모습을 보며 나름대로 짐작을 했다. 그는 크리스천에게 다가와 이야기를 건넸다.

세상 현자 : 이봐요, 그렇게 무거운 짐을 진 채 지금 어디로 가는 것입니까?

크리스천 : 아, 네……. 그래요. 저는 이 무거운 짐으로 인해

힘들고 가련한 몸이지요. 이 짐을 벗어 버리려고 전도자의 말대로 좁은 문을 향해 가는 길입니다.

세상 현자 : 아, 그래요. 그러면 당신은 가족들이 있나요?

크리스천 : 있지요. 그러나 이 짐 때문에 그들과 즐겁게 지낼 수도 없어요. 이제는 없는 것과도 같지요(고전 7:29).

세상 현자 : 내가 도움이 될 만한 이야기를 하나 해 드릴 테니 들어 보시겠소?

크리스천 : 네, 물론입니다. 좋은 이야기라면 듣고 싶습니다. 난 지금 그런 이야기가 필요하니까요.

세상 현자 : 당신이 어서 빨리 짐을 벗어 버릴 수 있도록 가르쳐 드리겠소. 짐을 벗지 않고서는 결코 마음의 안정을 얻을 수 없을 뿐 아니라 하나님이 당신께 주신 축복의 은혜도 맛볼 수 없기 때문이오.

크리스천 : 그게 바로 내가 소원하는 바입니다. 이 무거운 짐을 빨리 벗고 싶지만 나 혼자 힘으로는 어떻게 할 방법이 없소. 제 고향에도 나를 이 짐에서 해방시켜 줄 사람이라고는 아무도 없으니 어쩔 수 없이 나는 이 길을 가고 있는 것입니다.

세상 현자 : 짐을 벗기 위해 이 길로 가라고 누가 가르쳐 주던가요?

크리스천 : 내가 보기엔 매우 훌륭하고 존경할 만한 사람이었어요. 참으로 경건해 보였는데, 이름이 아마 전도자였다고 기억됩니다.

세상 현자 : 하! 그분의 충고를 비난할 수밖에 없군요. 그 사람이 가르쳐 준 방법은 가장 위험하고도 어려운 방법이오. 그 사람이 시킨 대로 해 보면 당신도 곧 알게 될 것이오. 절망의 수렁에 나 있는 진흙이 묻어 있는 것을 보아 하니 벌써 무슨 일을 겪으신 것 같군요. 그렇지만 그 수렁은 슬픔의 시작에 불과합니다. 내가 당신보다 나이가 많아 인생 경험도 많고 하니 내 말을 귀담아 듣는 게 좋을 것입니다. 그 길에는 온갖 고통과 괴로움, 절망적인 죽음과 수치, 배고픔 등과 같이 헤아릴 수 없는 고통과 위험이 도사리고 있답니다. 더욱이 칼, 사자, 용, 어둠으로 인해 당신의 목숨까지 위협받게 될 것입니다. 결국 죽음과 다름없는 곤고산을 당하게 될 겁니다. 이것은 틀림없는 사실입니다. 이 길을 가 본 많은 사람들의 증언으로도 확인되었습니다. 그러니 당신보다 나이 많고 경험도 많은 내 말을 듣고 여기서 돌아가시오. 괜히 전도자인가 뭔가 하는 사람의 말만 듣고 이 길을 택하다니 당신 정말 무모하군요.

크리스천 : 그렇지만 선생님, 내겐 등에 있는 이 짐이 당신이

말씀하신 그 어떤 고통보다 더 견디기 힘든 고통입니다. 이 짐에서 자유로워질 수만 있다면 가다가 어떤 환난을 당한다 하더라도 두렵지 않고, 그 어떤 곤고산도 이겨낼 수 있을 것 같습니다.

세상 현자 : 어떻게 해서 처음에 그 짐을 지게 됐습니까?

크리스천 : 내가 들고 있는 이 성경책을 읽고 나서부터입니다.

세상 현자 : 그럴 줄 알았소. 당신도 마음이 약한 다른 사람들과 마찬가지로 잘못된 생각에 빠진 겁니다. 그러한 사람들은 분에 맞지 않는 높은 것들을 추구하려다가 걱정만 늘게 되고 결국 혼란에 빠져 정신이 이상해지기까지 하죠. 당신 또한 잘 알지도 못하는 데 뛰어들어 무모한 모험에 들어선 것이오.

크리스천 : 난 내가 얻으려는 것이 무엇인지 알고 있어요. 그것은 이 무거운 짐을 벗어 던지고 평안함을 얻는 것입니다.

세상 현자 : 그런데 그 짐 하나 벗으려고 왜 이렇게 많은 위험과 고통스런 길을 택한 것입니까? 위험을 무릅쓰지 않고도 당신이 원하는 것을 얻을 수 있는 방법이 있어요. 내가 알려 드리지요. 그 방법은 대단히 쉽답니다. 뿐만 아니라 그러한 위험이나 고통 대신 당신은 안전과 우정, 만족을 충분히 맛볼 수 있게 될 겁니다.

크리스천 : 아, 그래요. 그렇다면 내게 비결을 좀 알려 주십시오.

세상 현자 : 저기 저쪽에 보이는 저 산 너머에 가면 **도덕**(Morality)이라는 마을에 **합법**(Legality)이라는 이름의 어른이 살고 계십니다. 그는 판단력이 뛰어나고 아주 지혜로운 분으로 명성이 자자하죠. 그분은 당신과 같은 사람들의 짐을 벗겨 줄 재주를 갖고 있답니다. 내가 알기로 그분은 그런 좋은 일을 무척 많이 하셨소. 게다가 자신들이 지고 있는 짐 때문에 약간 머리가 이상해진 사람들을 낫게 해 주는 기술도 갖고 있답니다. 내 말대로 그분에게 가면 당장 도움을 받을 수 있습니다. 그분은 여기서 아주 가까운 곳에 살고 계세요. 만약 찾아가서 그분이 없으면 그의 아들을 찾으시오. 그 청년의 이름은 **예의**(Civility)라오. 그 또한 그 아버지와 같은 능력으로 능히 당신의 짐을 벗겨 줄 수 있을 것이오. 내 말을 믿으시오. 나는 당신이 무척 안쓰럽고 마음이 아파서 그러는 것이니까요. 만약 당신이 더 이상 고향으로 돌아가기를 원치 않는다면, 그 마을로 가족들을 데려와 같이 살아도 됩니다. 사실 나도 당신이 돌아가지 않길 바랍니다. 그 마을에는 지금 빈 집들이 있어서 적당한 가격으로 좋은 집도 구할 수 있을 것입니다. 더욱이 그곳 사람들은 정직하고 예의 바르며 신용이 있는 사람들이라 틀림없이 만족한 생활을 하게 될 것입니다.

이 말을 듣고 크리스천은 잠시 망설였으나 이내 마음의 결정을 내렸다.

크리스천 : 아……, 이 점잖은 사람의 말이 사실이라면 그의 현명한 생각을 따르자. 합법씨가 살고 있는 집은 어디로 가야 하지요?

세상 현자 : 저기 저 높은 언덕이 보이나요?

크리스천 : 예, 아주 잘 보입니다.

세상 현자 : 바로 저 산을 넘어 나타나는 첫 번째 집이 그 사람의 집입니다.

합법씨의 집으로 가는 길

크리스천은 가던 길을 바꾸어 더 쉽고 현명한 방법을 찾기 위해 합법씨가 사는 마을로 향했다. 그런데 그 산 바로 밑에 이르러 보니 언덕은 매우 가파르게 높아 보였고, 길가 쪽에 있는 산기슭에는 여기저기 삐죽삐죽 튀어 나온 바윗돌이 박혀 있어서 언제 그의 머리 위로 굴러 떨어져 내릴지 알 수 없었다. 크리스천은 더 이상 발걸음을 옮길 수가 없었다. 그는 그곳에 우뚝 멈춰 서서 어찌할 바를 모르고 있었다. 등에 진 짐은 이전보다 훨씬 더 무겁게 그를 짓누르고 있었다. 크리스천은 언덕 위에서 불이 활활 타오르는 것을 보았다. 그는 불길에 휩싸여 타 죽지나 않을까 하는 두려움에 휩싸였다(출 19:16, 18). 그는 두려움으로 식은 땀이 바짝바짝 났다(히 12:21).

이제서야 크리스천은 세상 현자의 그릇된 충고를 받아 들였던 것을 후회하기 시작했다. 마침 그때 저쪽에서 자기에게 좁은 문으로 가는 길을 가르쳐 준 전도자가 다가오고 있었다. 크리스천은 부끄러워 얼굴이 빨개지기 시작했다. 전도자는 점점 더 가까이 다가왔다. 마침내 그가 크리스천 가까이 왔을 때 전도자는 엄격하고 무서운 얼굴로 크리스천을 바라보며 따지기 시작했다.

전도자 : 아니, 이보시오. 어찌하여 이런 곳에 있습니까?

그 말을 들은 크리스천은 뭐라 대답해야 할지 몰라 아무 말도 못 하고 머뭇거리며 그냥 그 자리에 서 있었다.

전도자 : 당신은 멸망의 도시 바깥에서 괴로워하며 울고 있던 사람이 아닙니까?

크리스천 : 그렇습니다. 바로 저였습니다.

전도자 : 당신에게 좁은 문으로 가는 길을 알려 주었는데 무슨 이유로 금새 결심을 바꾸어 이 길로 들어선 것입니까?

크리스천 : 네……, 절망의 수렁을 간신히 빠져 나오자마자 어떤 신사 한 분을 만났습니다. 그는 내가 등에 진 짐을 벗어 버리고 싶다는 말에 곤고산과 위험을 무릅쓰고 좁은 문으로 가는

길을 택하지 않아도 이 길로 가면 쉽게 짐을 벗겨 줄 합법이란 사람을 만날수 있다고 했습니다. 그래서…….

전도자 : 그 사람이 누구였습니까?

크리스천 : 현명한 사람처럼 보였습니다. 나에게 이야기를 많이 해 주어 그 사람의 충고를 따르게 되었지요. 그래서 결국 여기로 오게 된 것입니다. 그런데 이 언덕을 보니 기슭이 어찌나 가파르고 위험해 보이던지 돌과 바위들이 금방이라도 내 머리 위로 쏟아져 내릴 것만 같아 갑자기 여기에 멈춰 서게 되었습니다.

전도자 : 그 사람이 당신에게 뭐라고 하던가요?

크리스천 : 어디로 가는 길이냐고 묻기에 좁은 문으로 간다고 했습니다.

전도자 : 그러니까 뭐라고 하던가요?

크리스천 : 가족이 있느냐고 물어보길래 대답해 주었습니다. 그렇지만 내 등에 있는 짐이 너무 무거워서 전처럼 가족들과 함께 기쁨을 누릴 수가 없다고 말했습니다.

전도자 : 그러자 그 사람이 무슨 말을 했소?

크리스천 : 나보고 어서 짐을 벗어 버리라고 했습니다. 그래서 나는 그게 바로 내가 원하는 것이라고 말했습니다. 어떻게 하면 짐을 벗을 수 있는 곳에 이를 수 있는지 그 방법을 잘 알기 위해

저 멀리 보이는 좁은 문으로 가고 있는 중이라고 했지요. 그러자 그 사람은 당신이 알려준 길보다 위험이 많이 따르지 않으면서도 더 편하고 쉽고 빠른 길을 알려 주겠다고 했습니다. 그 사람은 그 길로 가면 내가 지고 있는 짐들을 벗게 해 줄 사람의 집에 도착하게 될 것이라고 했습니다. 나는 그의 충고대로 길을 바꾸어 이리로 오게 되었지요. 그렇지만 여기 와서 실제 모습을 보게 되자, 위험에 대한 두려움으로 꼼짝할 수 없다 보니 뭘 어떻게 해야 할지 모르겠습니다.

전도자 : 잠깐 그대로 서 계십시오. 제가 당신께 하나님의 말씀을 읽어 드리지요.

크리스천은 두려움에 떨며 전도자가 하나님의 말씀을 읽는 것을 듣고 서 있었다.

전도자 : "너희는 삼가 말씀하신 이를 거역하지 말라. 땅에서 경고하신 이를 거역한 그들이 피하지 못하였거든 하물며 하늘로부터 경고하신 이를 배반하는 우리일까보냐"(히 12:25)라는 말씀을 주의하십시오. 또한, "나의 의인은 믿음으로 말미암아 살리라 또한 뒤로 물러가면 내 마음이 저를 기뻐하지 아니하리라"(히 10:38) 하신 높으신 하나님의 권고를 외면하고 구원과 평안을 향한 길에서 벗어나 파멸과 멸망의 길로 들어서서 스스로 불행을 자초

하고 있습니다.

이야기를 듣고 난 크리스천은 하얗게 질린 얼굴로 죽은 듯이 전도자의 발 앞에 엎드린 채 울부짖기 시작했다.

크리스천 : 오, 이럴수가. 아, 저주받아 마땅한 저는 이제 어떡해야 합니까, 주님!

전도자는 크리스천의 오른손을 잡아 일으켰다.

전도자 : 인간이 어떤 죄를 지었든지 모든 죄는 다 사하심을 받을 수 있습니다(마 12:31). 믿음을 버리지 마시고 믿는 자가 되도록 노력하십시오(요 20:27).

그 말에 용기를 얻은 크리스천은 새 힘을 얻어 떨면서 일어나서 처음처럼 전도자 앞에 섰다.

전도자 : 자, 이제부터 제가 하는 말을 잘 들으세요. 당신을 현혹시킨 자가 누구이며 누가 그 자를 당신에게 보냈는지 가르쳐 드리겠습니다. 당신이 만났던 사람은 세상 현자라는 사람으로 사람들이 그렇게 부를 만한 사람입니다. 그는 이 세상의 교훈이나 신조를 내세워 세상의 도덕과 이치만을 따르기 좋아합니다(요일 4:5). 늘 도덕마을로 예배를 드리러 가고 무엇보다 그는 십자가를 무시합니다. 세상의 교훈과 이치를 최고의 것으로 여기며 그것들로 인해 자신이 구원받을 수 있다고(갈 6:12) 생각하는 사람

입니다. 또 그는 육에 속한 사람이기 때문에 내가 가르쳐 준 길이 진리임에도 불구하고 잘못된 길처럼 보이게 하려고 애를 쓰지요. 그가 당신에게 도와준다고 해 준 말 가운데는 주의해야 했던 말들이 세 가지나 있습니다.

첫째, 진리의 길을 가던 당신을 유혹하여 벗어나게 한 것

둘째, 당신이 지고 가던 십자가의 짐을 싫어하도록 미혹한 것

셋째, 멸망의 길로 당신을 인도한 것

당신은 첫째로, 당신이 그의 말을 따른 데 대해 혐오하고 미워해야 할 것입니다. 당신은 결국 하나님의 말씀에 순종하지 않고 오히려 세상 현자와 같은 사람들의 말에 더 귀를 기울였기 때문입니다. 하나님께서는 좁은 문으로 들어가기를 힘쓰라(눅 13:24)고 말씀하셨습니다. 이는 생명으로 인도하는 문은 좁고 길이 협착하여 찾는 이가 적기 때문입니다(마 7:13, 14). 그 악한 세상 현자가 이 작고 좁은 문으로 가는 길에서 당신을 벗어나게 유혹하는 바람에 하마터면 당신은 멸망의 길로 들어갈 뻔했습니다. 당신은 그가 당신을 진리에서 벗어나게 한 사실을 미워해야 하고 또 그 사람의 말에 귀를 기울였던 당신 자신도 미워해야 합니다.

둘째로, 그 사람이 애써 당신이 십자가를 고통스러운 것으로 여기게 한 사실을 미워해야 합니다. 십자가는 세상의 그 무엇보

다도 귀한 것입니다(히 11:25-26). 영광의 왕께서는 무릇 자기 목숨을 구하고자 하는 자는 곧 잃을 것이라고 말씀하셨습니다. 또한 "무릇 하나님께 나아가는 자가 자기 부모와 처자와 형제와 자매와 및 자기 목숨까지 미워하지 아니하면 능히 하나님의 제자가 되지 못한다"고 말씀하셨습니다(막 8:38; 요 12:25, 마 10:39; 눅 14:26). 그러므로 그는 당신을 꾀어 죽음의 길로 인도하려 했다는 것입니다. 그것은 그만두고라도 이러한 세상의 이치들을 미워하지 않는다면 당신은 결단코 영원한 생명을 얻지 못한다는 사실을 알아야 합니다.

셋째로, 당신은 그 사람이 당신의 발을 사망의 권세가 다스리는 곳으로 인도한 것을 원통하게 생각해야 합니다. 당신은 그가 만나라고 했던 합법이란 이름을 가진 자가 어떠한 사람인지 생각해 볼 필요가 있습니다. 또한 그가 말한 대로 합법이란 자는 당신을 무거운 죄의 짐과 영원한 저주로부터 절대로 구해 줄 수 없다는 사실을 분명히 알고 있어야 합니다.

합법씨는 어떤 사람인가?

전도자 : 합법이라는 사람은 지금도 살아 있는 **계집종**(Bondwoman)의 자식으로서 아직도 모자가 다 종노릇을 하고 있습니다(갈 4:21-

27). 그녀는 지금도 수수께끼의 하나지요. 당신이 머리 위로 떨어질까봐 두려워했던 그 높은 산, 곧 시내산이 그 여종과 같지요. 지금도 종노릇하고 있어 속박된 그들이 어찌 당신을 자유케 할 수 있단 말입니까? 이 합법씨는 무거운 짐으로부터 당신을 해방시켜 줄 수 없습니다. 물론 이제까지 그의 도움으로 짐을 벗은 사람은 단 한 사람도 없고요. 아니, 앞으로도 그런 일은 없을 것입니다. 사람은 법을 지킴으로써 의롭게 될 수 없고 율법대로 살아 자기 짐을 벗을 수 있는 사람도 하나 없습니다. 세상 현자씨는 진리를 모르고 있는 사람이며 합법씨는 우리를 속이는 사람입니다. 그의 아들 예의도 겉으로는 웃는 체하고 있지만 착한 체하는 자일 뿐입니다. 위선에 지나지 않아 당신을 도와줄 수 없습니다. 내 말을 믿으십시오. 그런 혼미한 자들의 말들은 모두 내가 당신에게 일러준 길에서 벗어나 당신이 구원받지 못하게 하려고 속이는 것들에 불과합니다.

이야기를 마치고 난 전도자는 하늘을 향해 크게 소리 질러 자신의 이야기에 대해 하나님의 확증을 구했다. 그러자 불쌍한 크리스천이 서 있던 산 위 하늘에서는 천둥 같은 말씀과 번개 같은 불빛이 번쩍거렸다. 크리스천은 두려움에 온 몸을 떨었다. 하늘에서 다음과 같은 말씀이 울려 퍼졌다. "무릇 율법 행위에 속한 자들은 저주 아래 있나니 기록된 바 누구든지 율법 책에 기록된 대로 모든 일을 항상 행하지 아니하는 자는 저주 아래에 있는 자라 하였음이라"(갈 3:10).

이제는 죽을 수밖에 없다고 생각하고서 크리스천은 세상 현자와 만났던 것과 그의 충고를 따른 자신의 어리석음을 한탄하고 안타깝게 생각하며 울부짖기 시작했다. 크리스천은 진리의 길을 벗어나 오로지 육을 좇는 인간적이고 세속적인 현자의 유혹에 쉽게 넘어갔다고 생각하니 너무나도 부끄러워 고개를 들 수 없었다. 다소 진정된 후, 크리스천은 전도자에게 호소했다.

크리스천 : 선생님, 그럼 저는 어찌하면 좋습니까? 나에게는 이제 희망이 없단 말입니까? 무슨 좋은 방법이 없을까요? 지금이라도 다시 돌아가 좁은 문으로 갈 수는 없습니까? 좁은 문에서 이 일 때문에 나를 들여보내 주지 않아 창피를 당하고 돌아오게 되지는 않을까요? 세상 현자의 말을 들었던 게 후회스럽습니다. 제가 용서 받을 수 있는 길은 없을까요?

전도자 : 당신이 지은 죄는 정말 큽니다. 이번 일로 당신은 크게 두 가지 죄를 범했으니까요. 바른 길을 버린 것과 금지된 길로 간 것이 그것입니다. 그러나 좁은 문의 문지기는 누구에게나

관대한 사람이니만큼 당신을 받아들여 줄 것입니다. 그러니 이제 다시는 옆길로 가지 않도록 주의하십시오. 만일 주님의 진노가 조금이라도 발한다면 당신이 길에서 망할까 두렵습니다(시 2:12).

크리스천은 이제는 정신을 바짝 차리고 좁은 문만을 향해 가겠다고 다짐했다. 전도자는 웃으면서 안전한 여행이 되길 바란다고 화답했다. 크리스천은 서둘러 좁은 문을 향해 길을 떠났다. 가는 도중에 누구에게도 말을 걸지 않았고 누가 말을 걸어도 한마디 대꾸조차 하지 않았다. 크리스천은 금지된 땅을 밟고 있는 것처럼 부지런히 걸으면서도 왠지 내내 불안을 떨쳐버릴 수가 없었다. 마침내 세상 현자의 말을 좇느라고 팽개쳐 두었던 길로 다시 들어섰고 얼마 후 그는 좁은 문에 이르렀다.

좁은 문에 들어서다

문에 이르러 보니 문에는 이런 글귀가 적혀 있었다. "두드리라 그리하면 너희에게 열릴 것이니라"(마 7:7).

크리스천은 문을 두드렸다. 대답이 없었다. 그는 두 서너 차례 더 세게 문을 쾅쾅 두드리며 외쳤다.

계십니까? 이보시요!

저는 하나님 앞에 죄를 지은 쓸모없는 자입니다만

문 안에 계시는 분은 저를 불쌍히 여기시어

가엾은 저를 받아 주실 수 있는지요?

용서받을 수 없는 반역자이지만

이 문을 열어 주시면 저는 저 높은 곳에 계시는

하나님께 영원한 찬양을 드리겠습니다.

마침내 성실하고 침착해 보이는 어떤 사람이 문에 나타났다. 그는 선의(Good-willed)라는 이름으로 불리는 사람이었다. 그는 크리스천에게 어디서 무슨 일로 온 사람이냐고 물었다.

크리스천 : 짐을 진 불쌍한 죄인입니다. 다가올 진노를 피하기 위해 멸망의 도시를 떠나 영생을 얻으려고 시온 산을 향해 가는 자입니다. 이 문이 그리로 가기 위해 지나야 하는 곳이라는데 제가 들어가도 괜찮습니까?

선의 : 아, 그래요? 진심으로 환영합니다.

선의는 유순하게 문을 열어 주었다.

크리스천이 문 안으로 들어가려고 발을 들여 놓았을 때, 선의는 갑자기 문 안쪽에서 크리스천의 손목을 잽싸게 끌어 잡아당

문지기가 좁은문을 열어 크리스천을 와락 잡아 당겼다

겼다. 크리스천은 당황했다.

크리스천 : 아니 왜 그러십니까?

선의 : 이 문에서 약간 떨어진 곳에 성이 하나 있는데 그 성의 주인은 바알세불이라는 악마입니다. 그와 그의 부하들은 좁은 문으로 들어가려는 사람들이 보이면 무조건 죽이려고 활을 쏘고 있지요.

크리스천 : 아……, 저는 지금 기쁘기도 하고 떨리기도 합니다.

이렇게 크리스천이 문안으로 들어서자 선의는 어떻게 이곳을 찾아 왔느냐고 물었다.

크리스천 : 전도자가 이곳에 와서 문을 두드리라고 가르쳐 주었습니다. 그리고 이 좁은 문으로 들어가면 장차 어떻게 해야 하는가를 선생님이 가르쳐 주실 거라고 했습니다.

선의 : 당신 앞에 문이 열려져 있으므로 어느 누구도 그 문을 닫을 수 없습니다.

크리스천 : 이제야 고생한 보람이 있군요.

선의 : 그런데 왜 당신은 혼자 오셨습니까?

크리스천 : 내 이웃들은 아무도 자신들이 위험하다는 사실을 깨닫지 못하고 있어요.

선의 : 당신이 오는 것을 아무도 몰랐습니까?

크리스쳔 : 아닙니다. 내 아내와 아이들이 먼저 나를 보고 뒤에서 돌아오라고 소리쳐 불렀지요. 마을 사람들 중에서도 돌아오라고 소리치며 부르는 이들이 있었고요. 그렇지만 나는 양손으로 귀를 막고 좁은 문을 향해 달려왔습니다.

선의 : 당신을 뒤따라오면서 돌아가자고 설득한 사람은 없었나요?

크리스쳔 : 있었습니다. 고집과 변덕쟁이라는 사람이었습니다. 그렇지만 저를 설득할 수 없다는 것을 알고 고집씨는 나를 조롱하며 먼저 마을로 돌아갔고, 변덕쟁이씨는 한동안 저를 따라왔었지만 그도 결국 돌아가고 말았습니다.

선의 : 왜 그 사람은 끝까지 같이 오지 않았나요?

크리스쳔 : 사실 우리 두 사람은 절망의 수렁까지는 같이 왔습니다. 그런데 절망의 수렁에 빠지고 나서는 용기를 잃어 더 이상 모험을 하려고 하지 않았습니다. 수렁에서 빠져 나온 후 다시는 나와 같은 길을 걷지 않겠다고 화를 내며 자기 집으로 돌아갔습니다. 멋진 나라는 나 혼자 가라고 하면서 말입니다. 그래서 결국 나는 혼자서 이 좁은 문으로 오게 된 것입니다.

선의 : 아, 참으로 불쌍한 사람이군요. 천국의 영광을 깨닫지

못하고 몇 가지 곤고산 때문에 영생의 구원을 포기하다니…….

크리스천 : 변덕쟁이씨 얘기를 했지만 저도 그 사람에 비해 조금도 더 나을 것이 없습니다. 사실 변덕쟁이씨는 자신의 집으로 돌아갔지만 나 또한 오던 중에 옆길로 새어 죽음의 길로 갔었으니까요. 그것도 세상 현자라는 사람의 꾐에 넘어가서 말입니다.

선의 : 아, 당신도 그 사람을 만났군요. 그 사람이 혹시 당신에게 합법이란 자를 찾아가서 그의 도움으로 짐을 벗으라고 그러지 않았나요? 그 두 사람이야말로 진짜 사기꾼들입니다. 당신은 세상 현자의 말을 받아들이셨나요?

크리스천 : 예, 저는 합법씨를 찾으러 갔었죠. 그런데 그 사람의 집 근처에 있는 산에 이르렀을 때 바위 덩어리들이 내 머리 위로 쏟아져 내릴까 두려워 그 자리에 멈춰 서고 말았지요. 아, 지금도 아찔합니다.

선의 : 그 산은 지금껏 많은 생명들을 빼앗아 갔고 앞으로도 더욱 많은 사람들이 죽게 될 것입니다. 그런데 당신은 용케도 그곳에서 죽음을 면하고 살아왔으니 정말로 다행입니다.

크리스천 : 왜 아니겠습니까? 사실 곤경에 빠져 걱정하고 있던 참에 그곳에서 전도자를 다시 만나게 되어 다행이었지요. 그렇지 않았더라면 내가 어떻게 되었을지 나도 모르는 일이지요.

오직 주님의 은총입니다. 죽을 수밖에 없는 제가 이렇게 살아 있다니요……. 전도자가 내게 다시 나타난 것도 하나님의 자비였어요. 하나님께서 도와주시지 않았더라면 내가 어떻게 이곳에 들어올 수 있었겠습니까? 아! 참으로 크신 하나님의 은혜라 말하지 않을 수 없습니다!

선의 : 우리는 누구도 거절하지 않으며 이곳에 오기 전에 무엇을 했든지 상관하지 않습니다. 이리로 오는 자를 우리는 결코 내쫓지 않습니다(요 6:37). 그러니 선한 크리스천씨, 나와 함께 조금만 가시면 당신이 가야 할 길이 나옵니다. 자, 앞을 보십시오. 좁은 길이 보이십니까? 당신이 가야 할 길이 바로 저 길입니다. 저 길은 대제사장들과 예언자들과 예수님과 예수님의 제자들이 먼저 닦아 놓은 길로, 자로 그어 놓은 것처럼 곧게 뻗어 있는 길입니다. 바로 당신이 앞으로 걸어가야 할 길입니다.

크리스천 : 저는 처음 저 길을 가는데 혹시 거기에 저 같은 초행자가 길을 잃어버릴 만한 갈래 길이나 굽은 길은 없습니까?

선의 : 있지요. 이 길로 가다 보면 길들이 많이 나타나지요. 잘못된 길들은 모두 대단히 넓으나 바른 길은 오직 한 길, 곧고 좁은 길입니다. 그러니 가야 할 길과 가지 말아야 할 길을 분명히 분별할 수 있을 것입니다(마 7:14).

그때 나는 꿈속에서 크리스천이 자신의 등에 지고 있는 짐을 벗도록 도와 달라고 선의에게 묻는 것을 보았다. 크리스천은 여전히 짐을 벗지 못하고 있었는데 누군가의 도움 없이는 도저히 짐을 혼자 벗어 버릴 수 없었기 때문이었다.

선의 : 당신은 구속의 장소에 도착할 때까지 그 짐을 지고 계셔야 한다고 생각하시오. 그곳에 가면 짐이 당신 등에서 저절로 떨어져 나갈 테니까요.

크리스천은 떠날 채비를 하고 이제 막 길을 나서려고 했다. 그러자 선의는 다시 크리스천에게 "문에서 조금만 더 가면 **해석자**(Interpreter)의 집에 도착할 것입니다. 가서 문을 두드리세요. 해석자가 당신을 데리고 들어가 놀라운 것들을 보여 줄 것입니다"라고 말해 주었다. 크리스천이 선의에게 작별 인사를 하자 선의는 크리스천에게 하나님의 은혜가 함께하기를 빌어 주었다.

순례의 길을 시작하는 죄인 | Part 1

- **영적으로 깨어난 죄인** : 번연은 성령의 책망을 통해 영적으로 깨어나는 죄인의 특징을 그 남자의 모습에 그려놓았다. 그 남자는 허름하고 남루한 옷을 입고 있었다. 이 모습은 다른 사람에게 보이는 모습이 아니라 자신이 스스로를 바라보면서 깨닫는 것이다. 남루한 옷은 죄인인 자신으로부터 어떤 덕스럽고 의로운 행위가 없으며, 오히려 지금까지 하나님의 계명을 어기면서 불의에 치우쳐서 살아온 자신의 모습을 발견하는 것을 의미한다.
- **전도자(Evangelist)** : 전도자는 청교도 목회자를 암시한다. 청교도 목회자들은 영혼의 의사로서, 영적으로 깨어난 영혼에게 그 영적 상태에 맞게 처방을 하였다.
- **고집(Obstinate)** : 이 세상 신에 의해서 눈이 감긴 자다(고후 4:4). 이 세상의 일시적인 즐거움을 인생의 목표로 삼고 영원한 것을 보지 못하는 자다.

- **변덕쟁이**(Pliable) : 순례의 길을 출발하였다가 중도에 어려움을 만나서 포기하는 "일시적 믿음"의 인물이다.
- **도움**(Helper) : 크리스천은 절망의 수렁에 빠져서 그곳으로부터 빠져 나오려고 모든 노력을 다하였지만, 본인의 힘으로 빠져 나올 수가 없었다. 결국, "도움"이라는 사람으로 인해 나올 수 있었다. 우리가 시험을 이기려고 노력을 하지만, 결국 하나님의 은혜와 도움 없이는 시험을 극복할 수 없음을 의미한다. 성경에서 도움에 해당되는 자를 꼭 집어 말할 수 없다. 아마도 존 번연 당시의 교회의 상황을 볼 때 목사를 도왔던 부목사나 집사로 추측해 볼 수 있다.
- **세상 현자**(Worldly Wiseman) : 세상 현자는 크리스천에게 무거운 짐을 스스로 벗어 버리라고 말하면서, 쉬운 길을 제시하였다. 이런 세상 현자는 영적으로 깨어난 죄인이 그리스도를 찾아가면서 만날 수 있는 시험이다.
- **도덕 마을**(Morality) : 세상 현자의 도덕 마을로 가라는 시험에서 크리스천은 세상 현자의 말을 따라서 가던 길을 바꾸기로 마음먹었다. 즉, 자신의 행위로 구원을 얻으려는 노력을 하기로 결심한 것이다. 자신의 죄 짐을 벗기 위해서 좁은 문으로 가는 것보다 도덕 마을의 합법씨를 찾아가는 것이 훨씬 쉽고 편할 것이라는 생

각을 하였다. 하지만 오히려 굉장히 높고 깊은 골짜기들이 위험하게 펼쳐져 있는 산을 만났다. 이 산은 분명 시내 산을 의미하는 것이다.

• **좁은 문** : 크리스천이 좁은 문을 두드리는 것은 그리스도에게만 소망을 두는 믿음의 표현이다. 들어가기를 힘쓰고, 문을 두드리는 것은 구원의 조건이 아니라 이미 베푸신 하나님의 은혜에 대한 믿음의 응답이다.

• **선의**(Good-willed) : 회개하는 죄인에게 용서를 베푸시는 하나님을 증거하는 자로, 모든 사람에게 유익을 주려는 마음을 소유하고 있다.

• **해석자**(Interpreter) : 해석자는 분명히 성령을 가리킨다. 성경을 정확하게 해석하실 수 있는 유일한 분은 성령이시다. 성령은 우리의 눈을 열어 하나님의 법의 놀라움을 보게 하시고, 우리의 심령에 빛을 비추어 우리의 자연적 어두움을 쫓아내시기도 한다.

– 해설 천로역정 (김홍만 저, 생명의말씀사)

The Pilgrim's Progress

The Pilgrim's Progress

PART 2

해석자의 집에서 보는
7가지 가르침

해석자의 집

이렇게 길을 떠난 크리스천은 쉬지 않고 걸음을 재촉해 마침내 해석자의 집에 도착했다. 그가 문을 계속 두드리자 어떤 사람이 나와서 무슨 일로 온 누구냐고 물었다.

크리스천 : 예, 저는 이 댁 주인과 잘 아는 분의 도움으로 오게 된 사람입니다. 주인께 드릴 말씀이 있습니다.

그 사람이 주인을 부르러 가자 조금 뒤에 주인이라는 사람이 나와 자신을 해석자라 소개하며 무슨 일로 왔느냐고 크리스천에게 물었다.

크리스천 : 네, 저는 멸망의 도시를 떠나 시온 산을 향해 가는 나그네입니다. 이 길 어귀 좁은 문에 사는 선의씨가 이곳에 들르면 여행하는 데 도움이 될 만한 굉장한 것들을 보여 주실 것이라고 당신을 찾아 가라고 하셨습니다.

해석자 : 아, 그래요. 그럼 어서 들어오십시오. 도움이 될 만한 여러 가지를 보여 드리겠소.

주인은 아랫사람에게 촛불을 밝히라고 하고 나서 크리스천에게 자기를 따라오라고 했다. 그는 크리스천을 독방으로 데리고 가서 아랫사람에게 문을 열라고 말했다. 그 사람이 문을 열자 크리스천은 벽에 걸린 액자를 보았다. 액자에는 매우 엄숙한 모습을 한 사람의 그림이 들어 있었다. 그림 속 사람의 두 눈은 하늘을 향해 있었으며 손에는 이 세상에서 가장 좋은 책을 들고 있었고 입술에는 진리의 법이 있었으며 세상을 등에 지고 있었다. 마치 세상 사람들에게 탄원하는 모습이었는데 머리에는 금면류관을 쓰고 있었다.

크리스천 : 이 그림은 무엇을 뜻하지요?

해석자 : 그림에 있는 저분에 대해서는 사도의 말에서 잘 알 수 있습니다. "그리스도 안에서 일만 스승이 있으되 아버지는 많지 아니하니 그리스도 예수 안에서 내가 복음으로써 너희를 낳았음이라……나의 자녀들아 너희 속에 그리스도의 형상이 이루기까지 다시 너희를 위하여 해산하는 수고를 하노니"(고전 4:15, 갈 4:19). 이분은 죄인된 인류를 택해 변화시켜 새로 태어나게 하시며, 그들에게 또한 젖을 먹여 양육하며 기르시는 분이십니다. 그의 손에는 가장 귀한 책이 쥐어져 있고 그의 눈은 하늘을 향하고 있지요. 그의 입술은 진리를 말하며 또한 어둠을 빛으로 밝혀서 죄인들에게 자신들의 죄인됨을 깨닫게 합니다. 또한 그분은 보시는 것처럼 사람들에게 간청하는 듯한 표정으로 서 계신데, 이는 자기가 택한 백성을 위해 중보해 주시기 때문입니다(히 7:25).

머리에 쓴 금면류관은 하나님을 사랑하고 섬기는 일로 업신여김을 당하거나 낮아질지라도 장차 올 세상에서 그로 인해 영광을 얻게 될 것을 확신하고 계신다는 것을 의미합니다. 그는 세상 것을 버리고 하늘나라를 향해 온갖 곤고산을 이기고 올라온 나그네들에게도 이 면류관을 상급으로 씌워 준답니다. 당신이 하늘나라에 이르기까지 유일한 인도자 되시는 분이 바로 이분입니다. 제가 이 그림을 맨 처음 보여 드리는 것은 바로 이분을 순례 길에서 절대 잊지 말라는 뜻에서입니다. 앞으로 당신의 가는 길에는 어떻게 하면 당신을 유혹해서 사망의 길로 끌고 갈까 하는 세력들이 많습니다. 그럴 때마다 이분을 생각하세요. 오직 이분만이 당신의 구원자되시기 때문입니다.

한 번도 치우지 않은 방

해석자는 크리스천의 손을 이끌고 손님을 맞는 커다란 거실로 데리고 들어갔다. 그 방은 한 번도 청소한 적이 없어 먼지투성이였다. 방을 한참 둘러보던 해석자는 어떤 남자에게 그곳을 청소하라고 지시했다. 그 사람이 비질을 하자 먼지가 한꺼번에 마구 일어나 크리스천은 거의 숨이 막혀 질식할 것 같았다. 그러자 해석자가 곁에 서 있던 소녀에게 물을 갖다 뿌리라고 했다. 물을 뿌리자 먼지가 가라앉았고 방은 깨끗하게 되었다.

크리스천 : 이것은 무엇을 의미합니까?

해석자 : 이 방은 썩지 않는 은혜의 말씀으로 한 번도 씻음받은 적이 없는 인간의 심히 부패하고 악독한 마음을 의미합니다. 먼지는 사람의 원죄와 마음속에서 그의 전신을 더럽히는 썩은 것들이지요. 그리고 이 방을 쓸었던 자는 율법을 의미합니다. 율법이 비질을 하자 먼지가 방안을 뒤덮고 거의 숨이 막힐 지경이 되었지요. 이것처럼 율법은 죄로 더러워진 마음을 깨끗케 하기는커녕 아무리 주의하고 금지시켜도 인간의 부패한 마음에 자리 잡은 죄의 뿌리를 뽑지 못하고 오히려 죄를 되살아나게 하고(롬 7:9) 죄를 부추기는 힘이 되며(고전 15:56) 영혼의 죄까지 들추어내서 증가시킵니다(롬 5:20). 율법은 죄를 깨닫게 하고 죄를 짓지 못하게 해 주지만 죄를 지배할 수는 없기 때문이지요. 그리고 물을 뿌린 소녀는 복음을 의미합니다. 소녀가 물을 뿌려 먼지를 가라앉힌 후에야 방이 깨끗이 되었던 것처럼 복음은 사람의 마음을 감화시키고 죄를 물리치며 그 마음을 거룩하게 하는 능력이 있어 사람들로 하여금 죄를 다스리고 정복할 수 있게 해 줍니다. 그 복음을 믿고 받아들이게 되면 영혼도 깨끗해져서 결국 영광의 왕과 함께 영광에 참여하게 되는 것입니다. 복음은 사람의 영혼을

깨끗케 합니다(요 15:3; 엡 5:26; 행 15:9; 롬 16:25, 26; 요 15:13).

격정이와 인내

나는 꿈에서 해석자가 크리스천의 손을 이끌고 어떤 작은 방으로 데리고 들어가는 것을 보았다. 그 방에는 두 아이가 각기 자기 의자에 앉아 있었다. 나이가 많은 아이의 이름은 **격정**(Passion)이었고 다른 아이의 이름은 **인내**(Patience)였다. 격정이는 무척 심통이 난 듯 보였으나 인내는 매우 침착하게 얌전히 앉아 있었다. 크리스천이 물었다.

크리스천 : 격정이는 왜 저렇게 불만에 차 있습니까?

해석자 : 저 아이들의 아버지가 아이들 각자에게 내년까지 기다리면 가장 좋은 것들을 주겠다고 했는데도 저 아이는 지금 모든 것을 다 가지겠다고 하는 거죠. 그렇지만 인내는 즐거운 마음으로 기다리고 있지요.

그때 나는 한 사람이 격정이에게 다가오는 것을 보았다. 그 사람은 보물 자루를 가져다가 격정이의 발 앞에 쏟아 놓았다. 그 아이는 보물을 쥐어들고 기뻐하면서 인내를 비웃기까지 했다. 그러나 그것은 잠시였다. 격정이는 갖고 있던 것을 금방 다 써

버려 남은 것이라고는 다 떨어진 옷가지들뿐이었다.

크리스천 : 해석자 선생님, 이건 또 무슨 의미인지 자세히 가르쳐 주시겠습니까?

해석자 : 이 두 아이는 상징적 인물이지요. 걱정이는 바로 이 세상에 속한 육의 사람이요, 인내는 장차 올 세상 곧 영에 속한 믿음의 사람을 뜻합니다. 당신이 봤듯이 걱정이는 올해에 모든 것을 다 가지려고 합니다. 다시 말해 이 세상에 속한 사람들은 지금 당장 세상의 모든 것을 얻고 즐기고 싶어하며 현세의 것에만 만족하고 종말을 바라보지 않습니다. 그러니까 내세에서 저렇게 누더기차림이 되는 것이지요. 세상 사람들에게는 하나님의 말씀이 아무런 가치가 없는 것으로 들립니다. 그러한 사람들에게는 "손 안에 있는 새 한 마리는 숲에서 날아다니는 새 두 마리와 같다"는 속담이 장차 우리에게 나타날 세상의 영광에 대해 약속하고 계시는 하나님의 말씀보다 더 솔깃하게 들리는 것입니다. 그러나 걱정이가 보화를 이내 흥청망청 다 써 버리고 지금은 떨어진 옷만 남기게 된 것처럼 세상의 부귀영화를 얻고자 하는 사람들은 세상 끝날에 그 아이와 같은 꼴을 당하게 될 것입니다.

크리스천 : 인내라는 아이는 훌륭한 지혜를 소유한 것 같습니다. 귀한 것을 위해 참고 기다릴 줄 알고 결국 다른 사람들이 거

지 신세가 되었을 때 인내는 빛나는 영광에 참여하여 자신의 분깃을 누리게 될 테니까요.

해석자 : 아니, 더욱 중요한 것이 있지요. 지금 현세의 영광은 순식간에 물거품이 되지만 장차 우리에게 나타날 세상의 영광은 결코 썩어 없어지지 않는 영원불멸한 것이라는 점입니다. 격정이가 먼저 좋은 것을 얻었다고 인내를 비웃을 이유가 없는 거지요. 오히려 인내가 격정이를 비웃어야 할 것입니다. 그 아이는 마지막에 좋은 것을 자기의 분깃으로 얻었으니까요. 먼저 얻은 사람이 나중 사람에게 자리를 내주어야 하듯이, 가장 나중에 얻은 자는 자리를 내주어야 할 때가 오더라도 내어 줄 것이 없기 때문입니다. 곧 더 이상 이어받을 사람이 없다는 것입니다. 부자에 관한 이런 말씀이 있습니다. "너는 살았을 때에 좋은 것을 받았고 나사로는 고난을 받았으니……이제 그는 여기서 위로를 받고 너는 괴로움을 받느니라"(눅 16:25).

크리스천 : 저는 지금 깊이 깨달았습니다. 지금 보이는 것들을 탐내는 것보다 다가올 미래의 영광을 기다리며 사는 것이 가장 중요하다는 것을 말입니다.

해석자 : 하하하……, 당신은 진리를 말씀하셨군요. 우리의 눈앞에 보이는 것은 잠깐이요 보이지 않는 것은 영원한 것입니다

(고후 4:18). 그러나 이와 같을지라도 이 세상에 있는 것들과 육신을 좇고자 하는 마음은 서로 아주 가깝고, 장차 우리에게 나타날 것과 육신을 좇는 마음은 서로 거리가 멀지요. 그렇기 때문에 이 세상 것과 육신을 좇는 마음은 금세 친해지지만 앞으로 우리에게 나타날 것과 육신을 좇는 마음과는 계속해서 거리가 있게 됩니다(롬 7:15-25).

은혜의 불길

꿈속에서 보니 해석자가 크리스천의 손을 이끌고 또 다른 방으로 데리고 들어갔다. 그 방의 한쪽 벽에는 불길이 활활 타오르고 있었다. 거기에는 한 사람이 서서 그 불길을 잡으려고 위에서 계속 많은 물을 쏟아 붓고 있었다. 그렇지만 불길은 더욱 거세고 뜨겁게 타올랐다.

크리스천 : 이건 무엇을 의미합니까?

해석자 : 예, 저기 타고 있는 저 불길은 사람 마음에 작용하는 성령의 은총을 뜻합니다. 저 불을 끄려고 물을 쏟아 붓는 자는 마귀인데 그가 계속해서 불을 끄려고 물을 부으면 부을수록 불길은 더욱 더 세차게 타오르지요. 이제 당신은 마귀가 방해하는데도 불구하고 불길이 더욱 더 뜨겁게 타오르는 이유를 알게 될

것입니다.

해석자는 크리스천을 벽의 뒤쪽으로 데리고 갔다. 거기에서 크리스천은 한 사람이 역시 손에 기름 항아리를 들고 계속해서 몰래 기름을 불에 퍼붓고 있는 것을 보았다.

크리스천 : 이것은 무엇을 뜻합니까?

해석자 : 이분은 바로 그리스도이십니다. 그분은 인간 마음속의 은총을 보존하기 위해서 끊임없이 은혜의 기름을 계속 부어 주시고 계시는 것입니다. 그렇기 때문에 악한 마귀가 제 아무리 불을 끄려고 해도 끄지 못하는 것이며 주를 믿는 백성의 영혼은 마귀의 방해에도 불구하고 계속해서 은혜를 누릴 수 있습니다 (고후 12:9). 당신은 주님이 벽 뒤에서 끊임없이 기름을 부어 주시고 계신 것을 보셨을 것입니다. 그것은 시험에 빠진 영혼에게 성령의 은총을 유지시키는 것이 얼마나 힘든 일인가를 당신에게 보이고 깨닫게 하려는 것이랍니다.

하늘 궁전

해석자가 크리스천의 손을 이끌고 아주 웅장한 궁전이 서 있는 보기에도 매우 아름답고 즐거운 곳으로 데리고 가는 것을 나는 꿈속에서 보았다. 궁전을 보자 크리스천은 무척 기뻐했다. 그 아름다운 궁전 위에는 금빛 옷을 입은 사람들이 거닐고 있었다.

크리스천 : 우리도 저 성안에 들어가 볼 수 있을까요?

해석자는 크리스천을 데리고 궁전 대문 앞까지 갔다. 문 앞에는 많은 사람들이 몰려들어 웅성거리고 있었다. 모두 궁전에 들어가기를 바라는 사람들이었지만 무슨 일인지 모두들 감히 들어가지 못하고 서 있었다. 궁전 문에서 조금 떨어진 곳에는 어떤 사람이 책상 앞에 앉아 있었는데, 책상 위에는 잉크가 담긴 뿔로 된 그릇과 책이 놓여 있었다. 그 사람은 궁전에 들어가려는 사람들의 이름을 책에 적고 있었다. 문 앞에는 갑옷 입은 장정들이 문을 지키고 서 있었는데, 그들은 궁전 안으로 들어가려는 사람이 있으면 달려들어 상처를 입히든지 속임수를 쓰든지 해서 어떻게든 막으려 하고 있었다. 크리스천은 뜻밖의 광경에 매우 놀랐다.

결국 모든 사람들은 무장을 한 사람의 위협으로 겁을 먹어 뒤로 물러나기 시작했다. 그때 크리스천은 매우 용감해 보이는 어떤 남자가 책상에 앉아 이름을 적고 있는 사람에게 다가가는 것을 보았다. 그 사람은 "내 이름을 적어 주십시오"라고 말했다. 이름이 적히자 그 사람은 칼을 뽑아 들고 머리에 투구를 눌러 쓰고는 문 앞에서 무장을 하고 지키고 서 있는 장정들을 향해 용감하게 나아갔다. 무장한 사람들은 죽을 힘을 다해 그를 막았다. 그러나 그 사람은 조금도 용기를 잃지 않고 칼을 마구 휘두르며 치열하게 싸움을 벌이면서 필사적으로 나아갔다. 그 사람은 안으로 들어가지 못하게 하려는 무사들과 맞서 많은 상처를 입기도 하고 또 입히기도 한 끝에(마 11:12, 행 14:22) 갑옷 입은 사람들을 모두 밀치고 마침내 궁전 안으로 들어갈 수 있었다. 그러자 궁전 안에 있는 사람들이 즐거워하는 목소리가 들렸다. 더욱이 그 궁전 위에서 금빛 옷을 걸치고 거닐고 있던 사람들의 환화하는 소리가 들려왔다.

들어오라, 들어오라.
영원한 영광을 누리게 되리라.

궁전으로 들어간 그 사람은 궁전 안에 있는 사람들과 같은 옷을 입게 되었다. 이를 본 크리스천은 웃으며 말했다. "무엇을 뜻하는지 잘 알 것 같습니다."

낙심한 사람을 만나다
크리스천 : 이제 저는 길을 떠나야 하겠습니다.

해석자 : 아니오, 아직 당신에게 더 보여 드릴 것이 있습니다. 그걸 보고 나서 가시오.

해석자는 다시 크리스천의 손을 이끌어 어둡고 캄캄한 방으로 데리고 들어갔다. 거기에는 어떤 남자가 철창에 갇혀 앉아 있었다. 그 사람은 깊은 슬픔에 젖어 있었다. 바닥을 향해 시선을 고정한 채 팔짱을 끼고 땅이 꺼질 듯이 한숨만 내쉬고 있었다.

크리스천 : 이것은 또 무엇을 의미하는 것이죠?

이 질문에 해석자는 크리스천에게 그 사람과 직접 이야기를 나누어 보라고 했다.

크리스천 : 당신은 누구신데 왜 여기에 있습니까?

남자 : 지금의 난 과거의 내가 아닙니다.

크리스천 : 예전에는 어떤 사람이었는데요?

남자 : 한때는 나도 모든 사람들이 인정해 주던 훌륭한 신자였고 지식도 많은 사람이었소(눅 8:13). 그 당시만 해도 하늘나라에 소망을 두고 확신하며 기쁨에 찬 생활을 하며 살았지요.

크리스천 : 그런데 무슨 일이 있었습니까?

남자 : 이 철창 안에 갇혀 아무 데도 갈 수 없는 절망의 인간이 되었습니다. 이젠, 괴로움만 있을 뿐입니다. 아무리 해도 이 절망감에서 벗어날 수가 없단 말이오. 벗어날 수가!

철장에 갇혀 있는 남자

크리스천 : 도대체 어쩌다가 이렇게 되셨습니까?

남자 : 난 항상 깨어서 기도하지 못했고, 그로 인해 세상적으로 살면서 내 정욕이 나를 둘러 감았고 하나님의 선하심과 그 말씀에 거역하는 죄를 범하게 되었답니다. 성령을 거스르고 훼방하므로 성령님은 슬퍼서 나를 떠나고 말았습니다. 마귀에게 눈짓했더니 곧 마귀가 내게로 왔습니다. 나는 마귀의 유혹에 넘어가 그의 노예가 되었지요. 늘 하나님을 노엽게 했으니 하나님께서 떠나시고 내 마음은 이제 회개조차 할 수 없는 아주 강퍅하고 부패한 마음이 되어 버렸어요.

크리스천 : 이보시오, 도대체 왜 그렇게 됐습니까? 그럼 이제 전혀 가망이 없단 말입니까?

남자 : 이 세상 정욕, 쾌락, 헛된 부귀영화가 날 행복하게 해 줄 것으로 알았는데 그것이 아니었소. 나에게 기쁨을 가져다주기는커녕 오히려 지금은 그러한 것들 하나하나가 모두 독충처럼 나를 물어뜯고 괴롭히고 있소(눅 19:14).

해석자 : 그 사람의 비참함과 고통을 잘 기억하여 이 사람을 영원히 잊어버리지 않을 교훈으로 삼으시오. 끝까지 마음속에 지침이 되어야 합니다.

크리스천 : 잘 알았습니다. 무서운 일이군요! 아, 하나님 항상 깨어 기도하게 하소서. 이 불쌍한 남자와 같이 비참한 처지가 되지 않게 도와주소서. 선생님, 이젠 길을 떠나도 될까요?

해석자 : 한 가지 더 보여 드릴 것이 있으니 기다리십시오. 그러고 나서 길을 떠나셔도 좋습니다.

심판의 꿈

해석자는 다시 크리스천의 손을 이끌어 다른 방으로 인도했다. 그 방에는 한 사람이 침대에서 일어나 앉아 있었다. 옷을 입을 때 그 사람의 몸이 떨려 흔들리고 있는 것을 보았다. 그때 크리스천이 물었다.

크리스천 : 저 사람은 왜 저렇게 떨고 있습니까?

해석자는 그 사람에게 직접 이유를 물어보라고 했다.

남자 : 지난 밤 나는 잠을 자다가 꿈을 꾸었지요. 꿈에서 보니 하늘은 암흑으로 뒤덮히고 우레와 번개가 아주 무섭게 내리쳤어요. 난 공포와 두려움과 슬픔에 빠졌습니다. 그후 눈을 들어 보니 구름이 예사롭지 않게 움직이고 있었어요. 하늘 위에 구름이 겹겹이 싸이더니 갑자기 휘몰아 쳤어요. 그때였어요. 구름 위에서 요란한 나팔 소리가 들리더니 천지가 진동하고 구름 위에서

는 어떤 사람이 수천 명의 시중을 받고 있는 것이 보였습니다. 그분 주위에는 구름이 무척 많이 몰려 있었지요. 구름들은 모두 불길을 뿜고 있어서 하늘은 전부 불바다였습니다. 그때 "일어나라, 너희 죽은 자들아. 깨어서 일어나 심판을 받으러 올라오라"는 우렁찬 목소리가 울려 퍼졌습니다. 그 음성이 끝나자 사방에서 바위가 갈라지고 무덤들이 열리면서 죽은 자들이 살아 밖으로 걸어 나오는 것이었습니다(요 5:28-29; 고전 15:51-52; 살후 1:7-9). 기쁨에 못 이겨 위를 바라보는 사람이 있는가 하면 무서워서 산 밑에 숨으려고 달려가는 사람도 있었습니다. 구름 위에 앉은 그분이 책을 펴고 사람들에게 그 책 앞으로 다 나아오라고 하셨습니다. 그분 앞에는 무서운 불길이 계속 타오르고 있어서 그분과 그분 앞에 선 사람들과의 거리는 마치 법정에 선 재판장과 죄인들의 간격을 이룬 것 같았습니다(고전 15:51-58; 살전 4:16; 유 15절; 요 5:28-29; 계 20:11-14; 사 26:21; 미 7:16-17; 시 5:4; 50:1-3; 말 3:2-3; 단 7:9-10). 구름 위에 앉은 분이 시중드는 사람들에게 다음과 같이 선포하는 소리가 내 귀에 들려 왔습니다. "가라지와 쭉정이와 지푸라기들은 모두 거두어 들여 불 못에 던지우라"(마 3:12; 13:30; 24:30; 말 4:1). 그때 바로 내가 서 있는 곳에서 밑이 없는 구덩이가 열렸습니다. 바로 지옥문이 열린 것입니다. 지옥문 입구에서는 연기와 화염이 엄청나게 쏟아져 나왔고 소름이 끼칠 정도로 처참한 비명 소리들이 여기저기서 들려왔어요. 시중드는 사람들에게 다시 한번 명령이 내렸습니다. "알곡을 곳간에 모아들이라"(눅 3:17). 그러자 많은 사람들이 구름 속으로 들려 올라가는 것이 보였습니다. 그런데 나만 홀로 땅에 남아 있었습니다(살전 4:16-17). 나 역시 숨으려고 했지만 숨을 곳이 없었어요. 구름 위에 계신 분이 계속해서 나를 내려다보고 계셨기 때문에 피할 수도 없고 어쩔 줄을 몰랐어요. 게다가 지금껏 저지른 죄악들이 떠올라 내 양심을 괴롭히고 내 모든 죄악과 허물을 드러내었습니다(롬 2:14-15). 그러고는 소스라치게 놀라서 나는 잠에서 깼습니다.

크리스천 : 그런데 왜 당신은 그 꿈 때문에 이렇게 떨고 있나요? 무엇이 그렇게 두려우셨나요?

남자 : 예, 심판 날은 다가왔는데 나는 그날을 맞을 준비가 되어 있지 않다는 생각이 들었어요. 그래서 무척 겁이 났습니다. 나는 들림을 받지 못했어요, 다른 이들은 다 올라갔는데……. 게다가 지옥의 문마저 바로 내가 서 있던 그 자리에서 열렸지요. 나의 양심이 나를 몹시 괴롭히고 있습니다. 그리고 심판 주께서는 나를 노엽게 바라보시고, 나는 피할 수도 없었단 말입니다.

해석자 : 당신은 지금까지 본 것들을 신중히 생각해 보셨습

니까?

크리스천 : 예, 제 마음에 두려움과 기쁨을 동시에 갖게 되었습니다.

해석자 : 그래요, 좋은 교훈이 될 수 있도록 지금껏 보았던 일들을 명심하십시오. 앞으로 당신이 가는 길에 이것이 힘이 되길 바라겠습니다.

크리스천은 혼자 길 떠날 채비를 마쳤다.

해석자 : 선한 크리스천씨. 우리의 위로자가 되시는 주님께서 당신의 가는 길에 늘 함께하셔서 당신을 항상 지켜 줄 것입니다.

해석자의 집에서 보는 7가지 가르침 | Part 2

크리스천이 해석자의 집을 방문한 이유는 특별히 성령이 깨닫게 하시는 것과 **조명**(Illumination)이 필요하기 때문이다. 해석자는 크리스천을 인도할 때 하인에게 촛불을 켜라고 명령하였는데, 이는 성령의 조명하시는 사역을 의미한다.

1. 참 목자상 : 해석자가 참된 목회자의 특징에 대해서 가장 먼저 가르쳐 주는 이유는 그림에서 묘사하고 있는 특징을 가진 목회자를 따라가야 천성의 도시까지 안전하게 도달할 수 있기 때문이다.

2. 율법과 복음 : 율법이라는 사람이 쓸었을 때 온통 먼지가 일어났으나, 한 처녀가 물을 뿌렸을 때 먼지는 가라앉고 마침내 방은 말끔히 청소되었다. 물을 갖다 뿌려 준 처녀는 복음을 의미하는데, 복음이 영혼에게 이르러서 죄를 깨끗하게 씻는다.

3. 격정이와 인내 : 세상적인 사람과 경건한 사람의 특징을 설명하고 있다. 이 땅의 일시적인 것과 장차 영원한 것 가운데 어느 것을 택할 것인가를 요구하는 것이다. 눈앞에 보이는 일시적인 이 땅의 것을 택하기보다는 눈에 보이지 않는 영원한 것들을 택해야 한다. 영원한 것을 택하는 자에게는 이 땅에서 분명 환난과 어려

움이 있겠으나, 인내함으로 영혼을 얻게 된다(눅 21:19, 히 10:36).

4. 은혜의 불길 : 심령의 불을 꺼지지 않게 일하시는 장면은 참 성도를 마지막까지 보존하시는 은혜를 설명한다. 우리의 심령 안에 있는 은혜의 불을 끄지 않기 위해 일하시는 그리스도를 깨닫고, 그리스도를 바라보는 것이 믿음이다.

5. 용감한 사나이 : 진정한 그리스도인, 혹은 제자의 특징을 그리스도의 군사와 천국을 위한 후보자로 설명하는 장면이다. 예수님께서 사역하실 때 예수님을 따라다니는 무리의 숫자는 많았어도 진정으로 예수님을 따르는 사람은 적었다. 결국 제자도를 요구하는 말씀으로 인하여 예수님을 더 이상 따르지 않는 무리와 끝까지 예수님을 따르겠다는 제자로 구별되었다(요 6:66-67).

6. 낙심한 사람 : 한 남자의 '타락의 장면'은 천로역정에서 가장 무섭고 심각한 장면이기도 하다. 타락과 배교에 대한 경고는 성도에게 경건한 두려움을 주어서 지속적으로 죄와 세상과 싸우도록 만드는 은혜의 수단이며, 우리로 겸손하게 만들어서 주의를 기울이고 경계하도록 만든다.

7. 심판의 꿈 : 이 장면은 마지막 심판에 대한 가르침의 목적을 의미하고 있다. 마지막 심판의 가르침은 성도에게 경고로써 깨어 있으라는 것으로 언제나 예수님을 맞이할 준비를 하도록 만든다.

– 해설 천로역정 (김홍만 저. 생명의말씀사)

The Pilgrim's Progress

PART **3**

죄의 짐을 벗긴 십자가

십자가 앞에 이르다

나는 꿈에서 크리스천이 가야 할 길 양 쪽에 담이 서 있는 것을 보았다. 구원이라고 불리는 담이었다(사 26:1). 크리스천은 그 길로 달려 올라갔다. 그렇지만 등에 진 짐 때문에 수월하지는 않았다. 이렇게 달려간 끝에 크리스천은 약간 경사진 오르막길에 이르렀다. 그곳에는 십자가가 하나 서 있었고 십자가에서 조금 아래로 떨어진 곳 바닥에는 돌로 된 커다란 무덤이 있었다. 나는 크리스천이 십자가 앞에 도착하자마자 어깨에서 짐이 스스로 풀려 등에서 떨어져 나가 굴러 내려가는 것을 꿈속에서 보았다. 그 짐은 계속 굴러 내려가 마침내 무덤 입구 속으로 빠져 들어갔다. 그 뒤로는 더 이상 보이지 않았다.

크리스천은 날아갈 듯이 기뻐했고 홀가분해졌다. 그는 기쁨에 넘쳐 고백했다. "그분이 슬픔을 당하셨기 때문에 내가 쉼을 얻었고 그분께서 죽으심으로 내가 생명을 얻었나이다." 그리고 나서 크리스천은 한동안 넋 나간 사람처럼 십자가를 바라보며 멍하니 서 있었다. 십자가 앞에서 이렇게 쉽사리 짐을 벗어 버리게 된 사실에 그는 놀라움을 금치 못했다. 크리스천은 십자가를 보고 또 보았다. 마침내 그의 눈에는 눈물이 맺혀 두 볼을 타고 주르르 흘러내렸다(슥 12:10).

크리스첸의 죄 짐이 십자가 앞에서 떨어져 나갔다

크리스천이 울며 십자가를 바라보고 서 있을 때 몸에서 광채가 나는 세 사람이 그에게 다가왔다. "평강이 네게 있을지어다." 먼저 한 사람은 "네 죄 사함을 받았느니라"(막 2:5)고 말했다. 다른 한 사람은 크리스천의 더러운 옷을 벗기고 아름다운 옷으로 갈아입혀 주었다(슥 3:4). 마지막 남은 한 사람은 크리스천의 이마에 인을 찍어 주었다. 또한 봉해진 두루마리 하나를 크리스천에게 건네주며 달려가다가 그것을 펴보고, 하늘나라의 문 앞에 이르렀을 때 그 두루마리를 보여 주어야 한다고 했다. 그러고 나서 세 사람은 자기들의 갈 길로 가 버렸다. 크리스천은 기뻐서 껑충껑충 뛰면서 주님을 찬양하며 걸어갔다.

이제까지 나 무거운 죄의 짐을 지고 있었네.
슬픔에 빠져 있던 나, 헤어날 수조차 없었다네.
여기! 놀라운 이곳에 오기까지!
이제 축복은 시작되었구나.
이제 여기서 내 등의 짐이 모두 벗어졌구나.
나를 묶고 있던 죄의 끈이 끊어져 버렸구나.
놀라운 십자가! 놀라운 무덤!
날 위해 대신 부끄러움을 당하신 고마우신 분이로다!

천박, 나태, 거만

계속 찬송을 부르며 걸어가는 크리스천을 나는 꿈속에서 보았다. 크리스천은 마침내 길 아래까지 내려왔다. 길에서 조금 떨어진 곳에는 세 명의 남자가 발목에 쇠고랑을 찬 채 깊이 잠들어 있었다. 그들의 이름은 각각 **천박**(Simple), **나태**(Sloth), **거만**(Presumption)이었다.

잠들어 있는 그들을 깨워야겠다는 생각에 크리스천은 가까이 다가가 소리를 질렀다.

크리스천 : 이보시오. 당신네들은 바다 한가운데 있는 돛대 꼭대기에서 자고 있는 사람들 같군요(잠 23:34). 당신들 아래는 밑도 없이 깊은 죽음의 바다가 도사리고 있단 말입니다. 어서들 일어나십시오. 자, 나와 함께 이곳을 떠납시다. 원하신다면 제가 당신들 발목에 채워져 있는 이 쇠고랑을 풀어 드리겠습니다. 이러다가는 우는 사자(벧전 5:8)같이 두루 돌아다니는 마귀의 먹이가 되고 맙니다. 잠자던 그들은 제각기 크리스천을 올려다보고는 한마디씩 대꾸하기 시작했다.

천박 : 아유 졸려……, 그냥 내버려 둬요. 위험하기는 뭐가 위험하단 말이오.

나태 : 난 조금만 더 자야겠소.

거만 : 당신 일이나 걱정하시오. 우리는 상관 말고.

그 사람들은 다시 누워 잠을 잤고 크리스천은 자기 갈 길로 갔다. 그렇지만 크리스천은 그들을 깨워서 위험에 처해 있음을 알려 주고 쇠고랑을 벗도록 도와주겠다고 했는데도 자기의 성의를 달갑지 않게 여기는 그 사람들을 생각하니 마음이 편치 않았다.

허례와 위선

위험에 처한 그 사람들을 생각하며 괴로워하고 있던 바로 그 때 크리스천은 멀리 좁은 길 왼쪽 담으로 두 사람이 뛰어넘어 오는 것을 목격했다. 그들은 크리스천에게로 다가오고 있었다. 한 사람의 이름은 **허례**(Formalist)였고 다른 한 사람은 **위선**(Hypocrisy)이었다. 두 사람은 점점 크리스천에게로 다가왔다. 그들은 서로 이야기를 나누게 되었다.

크리스천 : 선생님들, 당신들은 어느 마을 사람이신가요? 어디로 가시는 길입니까?

허례와 위선 : 우리는 **헛된 영광**(Vain-Glory)이라는 도시에 사는 사람들입니다만 지금은 시온 산으로 찬양을 드리러 가는 중이오.

크리스천 : 그런데 왜 문이 아닌 담을 넘어 들어오십니까? 문

으로 들어가지 아니하고 다른 데로 넘어가는 사람은 절도며 강도요(요 10:1)라는 말씀을 모르십니까?

허례와 위선 : 그 문으로 가기까진 너무 멀지요. 그래서 우리 마을 사람들은 보통 지름길을 이용합니다. 지금 우리도 그들처럼 담을 넘어서 온 것입니다.

크리스천 : 그렇지만 그 방법은 우리가 가는 곳에 계신 주인의 뜻에 어긋나는 것 아닐까요? 그렇다면 우리에게 나타내신 그분의 뜻을 거역하는 것이 아닙니까?

그러자 그들은 그 점에 관한 한 크리스천이 걱정할 필요가 없다고 잘라 말했다. 본인들은 관습에 따라 그렇게 해 왔고 필요하다면 일천 년 이상 행해 온 증거들을 보여 줄 수도 있기 때문이라는 것이었다.

크리스천 : 그러면 당신들이 따르는 관습은 법정에서 인정받을 수 있을까요?

그들은 천년도 넘게 관습으로 유지되어 왔으므로 공정한 재판관이라면 틀림없이 적법한 것으로 인정할 것이라고 말했다. 또 현재 이곳으로 들어왔으면 그만이지 어느 길로 들어왔는지 그게 무슨 상관이 있느냐고 하면서 문으로 들어온 당신도 이 길에 서 있고 담으로 넘어 온 우리 또한 이 길에 서 있으니 당신이 지금 우리보다 나을 것이 뭐가 있느냐고 덧붙였다.

크리스천 : 나는 우리 주님이 지시하는 대로 따르지만 당신들은 당신들 마음대로 판단하고 함부로 행동합니다. 이 길로 인도하시는 주님께서는 당신들을 이미 도둑이라고 하셨습니다. 따라서 이 길을 다 가고 나면 당신들이 잘못되었다는 것이 드러날 겁니다. 당신들은 그분의 명령을 따르지 않고 당신들 생각대로 이곳에 들어왔으니 그분의 자비를 받지 못하고 쫓겨나게 될 것입니다.

크리스천의 말을 듣고 두 사람은 거의 아무 말도 하지 못했다. 다만 크리스천에게 당신 앞가림이나 잘하라고 했다. 게다가 율법이나 행위에 관한 한 자기네들은 크리스천과 마찬가지로 양심적으로 행했기 때문에 크리스천과 다를 바가 없다고 말했다. 다만 다른 것이 있다면 크리스천이 입은 겉옷만이 자신들의 옷차림과는 다르다는 것이었는데, 그들은 크리스천의 옷은 그의 이웃이 벌거벗은 그의 수치를 가리라고 준 옷쯤으로 여기고 있었다.

크리스천 : 율법이나 행위로는 구원받을 수 없습니다. 좁은 문으로 들어와야만 됩니다(갈 2:16). 무거운 짐을 벗던 날, 주님은 사랑의 증표로 이 옷을 입혀 주셨지요. 당신들 말대로 나의 부끄러

운 허물을 덮어 주기 위함이지요. 이전에는 내겐 더러운 옷밖에 없었습니다. 이제 내가 하늘나라 문 앞에 이르면 주님은 그 옷을 보고 나를 알아보실 것입니다. 내 무거운 짐을 벗던 날, 주님은 내 더러운 옷을 벗겨 주시고 값없이 나에게 이 새 옷으로 갈아 입혀 주셨습니다. 뿐만 아니라 당신들은 보지 못했겠지만 내 이마에는 그 날 내 주님과 가장 가까운 분 중의 한 분이 인쳐 주신 징표도 있고 선물 받은 봉해진 두루마리 책도 하나 갖고 있지요. 그 두루마리는 내가 가는 도중에 읽고 위안을 받기 위한 책일 뿐 아니라 하늘나라 문에 들어갈 때는 반드시 그 책을 제시해야 한다고 했습니다. 당신들은 문을 통해 들어오지 않았기 때문에 이러한 증거물들이 없을 텐데 걱정이군요. 그것들 없이는 하늘나라 문 안으로 들어갈 수 없을 것입니다.

이야기를 다 듣고 난 그들은 아무런 대꾸도 하지 않았다. 서로를 쳐다보며 웃을 뿐이었다. 그리고 나서 세 사람 모두 다시 걸어가기 시작했다. 크리스천은 앞서 혼자 걸으면서 때로는 혼잣말로 중얼거리기도 하고 때로는 한숨을 지으면서 스스로를 위로하기도 했다. 크리스천은 몸에서 광채가 나던 사람 중 한 사람이 준 두루마리 책을 자주 읽었는데 그럴 때마다 새로운 힘을 얻었다.

세 갈래 길

나는 그 세 사람 모두 **고난의 언덕**(the hill Difficulty) 기슭에까지 거의 다다른 것을 보았다. 언덕 아래는 샘 하나와 세 갈래의 길이 있었다. 하나는 좁은 문에서 곧게 뻗어 나온 좁은 길이었으며 다른 하나는 왼쪽으로 나머지 하나는 오른쪽으로 굽어 있었다. 굽어진 두 길과는 달리 좁은 길은 언덕 꼭대기까지 직선으로 곧장 뻗어 있었다. 그곳으로 올라가는 비탈길의 이름은 **고난**(Difficulty)이었다. 크리스천은 샘에 이르러(사 49:10) 그 물을 마시고 새 힘을 얻었다. 그리고는 언덕 꼭대기까지 쭉 뻗어 있는 고난의 길을 택해 흥얼거리며 언덕을 올라가기 시작했다.

언덕이 높다 할지라도 나는 진정 올라가길 원하네.
곤고산이 나를 막지는 못 하리라.
나, 생명의 길이 여기 있음을 알기에
자! 힘을 내자. 용기를 내자.
약해지거나 두려워하지 말지니,
가야 할 길이 아무리 힘들고 험난할지라도
재앙으로 인도하는 그릇된 길보다
가야 할 그 바른 길 가는 것이 더 즐겁지 아니한가?

허례와 위선도 언덕 기슭에 이르렀다. 언덕은 가파르고 높았으며, 크리스천이 간 길은 좁고 험난해 보였다. 그들은 옆에 넓게 나 있는 두 굽은 길을 택하기로 마음먹었다. 한 길의 이름은 **위험**(Danger), 또 다른 길의 이름은 **멸망**(Destruction)이었다. 이렇게 해서 위험이란 길을 택한 사람은 **빽빽**한 숲을 만났고, 멸망이란 길로 곧장 들어선 사람은 어두운 산들이 가득 들어서 있는 넓은 벌판을 만나 거기서 넘어지고 쓰러져 다시 일어나지 못했다. 나는 크리스천이 언덕을 잘 올라가고 있는지 살펴보았다. 그는 처음에는 달려가다가, 중간에 가서는 걸어가더니만 나중에는 손과 무릎으로 기어가고 있었다. 언덕은 심히 가팔랐다.

쉬어 가는 정자

언덕 중턱쯤에는 지친 나그네들이 쉬어 가라고 언덕의 주인이 세워 놓은 평안한 정자가 있었다. 크리스천도 그곳에 앉아 쉬어 가게 되었다. 그는 위안을 얻으려고 품에서 두루마리를 꺼내 그 안에 적혀 있는 말씀을 읽었다. 그리고 십자가 옆에 서 있을 때 자신에게 입혀 주었던 옷을 다시 한번 훑어 보고 만져 보며 잠시 기쁨에 잠겼다. 피곤에 지쳤는지 그는 깜박 졸다 이내 깊은 잠에 빠져들었다. 그는 오랜 시간 동안 잠에서 깨어나지 못했다. 가는 길이 점점 지체되고 있었다. 게다가 잠결에 그는 손에 들고 있던 두루마리를 그만 떨어뜨렸다. "게으른 자여 개미에게로 가서 그 하는 것을 보고 지혜를 얻으라." 누군가 다가와 잠이 든 크리스천에게 말했다. 이 소리를 듣고서야 비로소 크리스천은 잠에서 깨어났다. 그는 벌떡 일어나 가던 걸음을 재촉해 언덕 꼭대기를 향해 열심히 달려갔다.

겁쟁이와 의심쟁이

크리스천이 언덕 꼭대기에 이르렀을 때 저쪽에서 크리스천을 향해 허겁지겁 마주 달려오는 두 사람이 있었다. 한 사람은 **겁쟁이**(Timorous)라는 사람이었고 다른 사람은 **의심쟁이**(Mistrust)라는 사람이었다. 크리스천은 그들에게 말을 걸었다.

크리스천 : 이보시오. 잠깐만요. 왜 되돌아오시는 것입니까?

그들은 시온 성을 향해 가고 있는데 도저히 무서워서 갈 수가 없어 다시 되돌아가는 길이라고 겁쟁이가 대답했다.

의심쟁이 : 그래요, 조금만 더 가면 사자 두 마리가 물어 삼킬 듯이 버티고 있어요. 길을 가로 막고 누워 있는데 잠들어 있는지 깨어 있는지 도무지 알 수가 없어요. 그렇지만 가까이 가면 당장 그 사자들한테 잡아먹힐 것만 같아요.

크리스천 : 당신들 말을 들으니 나도 무섭군요. 그러나 어쩔 수 없지 않소? 그렇다고 멸망할 것을 뻔히 알면서 불과 유황이 기다리고 있는 마을로 다시 돌아 갈 수는 없지 않습니까? 하늘나라에 도착하는 날에 틀림없이 우리는 안전할 것입니다. 그러니 곤고산을 이겨내야 합니다. 돌아간다는 것은 죽음일 뿐입니다. 앞으로 계속 나아가는 길에 죽음의 두려움이 있으나 그것을 이기고 나면 영원한 생명을 얻게 됩니다. 저는 절대로 돌아가지 않을 것입니다.

의심쟁이와 겁쟁이는 언덕을 내려와 되돌아갔고 크리스천은 가던 길을 계속해서 갔다. 그러나 그 사람들한테 들은 이야기가 생각나 크리스천은 밀려드는 공포와 두려움에 떨었다. 그는 용기와 위안을 얻으려고 앞가슴에 품고 있던 두루마리를 더듬어 찾았다. 그러나 두루마리를 찾을 수가 없었다. 앞이 캄캄해졌다. 그 두루마리는 자신에게 용기를 불어넣어 주며, 하늘나라에 들어가려면 꼭 증거물로 제시해야 하는 것이었다. 크리스천은 매우 당황해서 어쩔 줄을 몰랐다. 그러다 크리스천은 언덕을 올라오다 쉬었던 정자에서 잠이 깜박 들었던 것이 생각났다. 그는 무릎을 꿇고 하나님께서 자신의 어리석었던 행동을 용서해 주시기를 빌었다. 그러고는 두루마리를 찾으러 오던 길을 힘들게 되돌아갔다. 그 험난한 길을 다시 갔다 다시 와야 하는 크리스천의 슬프고 기막힌 심정을 누가 말로써 충분히 표현할 수 있겠는가? 크리스천은 한숨을 내쉬기도 하고 울기도 하며 잠시 쉬어가는 곳에서 바보같이 대낮에 잠에 빠진 자기 자신을 원망하기도 했다. 크리스천은 되돌아가면서도 그렇게 많은 도움을 주었던 두루마리를 혹시 길에 떨어뜨리지는 않았나 싶어 여기저기 두리번거리며 걸어갔다. 이렇게 해서 마침내 크리스천은 깜박 잠이 들었던 정자가 보이는 곳에 이르렀다. 정자의 모습을 보니 새삼 자신이 어리석게 잠이 들었던 사실이 마음속에 떠올라 또다시 슬퍼졌다(계 2:4; 살전 5:6-8).

그는 정자에 앉아 잠시 울었다. 그러다 슬픔에 잠겨 정자 아래를 내려다보았는데(하나님께서 그렇게 이끄신 것처럼) 거기에 두루마리가 보였다. 그는 떨리는 손으로 허겁지겁 그것을 집어 들어 품 안에 소중하게 집어넣고 꼬옥 안았다. 잃었던 두루마리를 다시 찾게 된 그 기쁨을 이루 말할 수 없었다. 그 두루마리야말로 하늘나라에 들어갈 수 있는 통행증이요, 영생을 보장해 주는 증서가 아니던가! 크리스천은 다시 찾은 두루마리로 인해 기쁨의 눈물을 흘리며 주님께 감사드렸다. 그는 다시 산꼭대기를 향해 걸었다.

그의 발걸음은 가벼웠으며 걷는 속도도 이전과 비교할 수 없을 만큼 빨랐다. 그러나 산꼭대기에 올라가기도 전에 이미 해가 져버렸다. 크리스천은 또다시 자기가 어리석게 대낮에 잠을 잤던 일이 생각나 애통해 했다.

크리스천 : 아! 너 죄스러운 잠이여! 너 낮잠 때문에 내가 어리석은 인간이 되었구나! 아! 낮잠 때문에 이 어둡고 무서운 밤길을 걸어가야 하다니……. 나는 해가 없이 걸어가야 하고 어둠이 내 갈 길을 가로막으며, 무시무시한 짐승들의 울부짖는 소리를 들으면서 가야만 하는구나. 바로 너 낮잠 때문에…….

크리스천은 또한 물어 삼킬 듯이 버티고 서 있다는 의심쟁이와 겁쟁이가 말한 사자들 이야기가 다시 떠올랐다. 밤에 먹이를 찾아 여기저기를 돌아다니고 있는 굶주린 짐승들과 어둠 속에서 마주치게 된다면 어떻게 싸울 것인지 아니면 어떻게 안전하게 피할 수 있을 것인가를 골똘히 생각하며 다시 한번 자신의 어리석음을 한탄했다. 크리스천은 어둠 속을 헤치며 발걸음을 계속 재촉했다.

죄의 짐을 벗긴 십자가 | Part 3

1. 십자가 앞에 이르다 : 청교도들은 십자가의 체험(회심의 체험)을 매우 중요시하였다. 단지 개념적인 십자가가 아니라 나를 위해 피를 흘리신 그리스도의 십자가를 체험할 것을 강조하였다. 그 이유는 감격적인 십자가 체험이 있어야 하나님을 올바르게 섬길 수 있으며, 진정한 감사와 헌신이 있을 수 있고, 그리스도를 위해 나 자신을 다 드려도 아깝지 않기 때문이다(갈 2:20). 한편으로 청교도들은 십자가 체험 없이 교회의 회원(세례교인)이 되는 것을 매우 경계하였는데, 왜냐하면 이들은 위선자가 되기 쉬우며, 교회의 경건을 무너트리는 요인으로 작용했기 때문이다.

2. 천박, 나태, 거만 : 잠을 자고 있는 세 사람은 교회와 교회 밖에서 볼 수 있는 유형의 사람들이다. 교회 안에서 이러한 사람들은 이름만 가지고 있는 명목적 그리스도인들이다. 예수님을 믿는 것처럼 보이나 게으름과 죄의 습관에 매여 있으며, 세상에 의해서

심령이 완전히 점령당한 자들이다. 교회 밖에서의 이러한 사람들은 종교적으로 무관심한 자들이라고 할 수 있다.

3. **허례와 위선** : 종교의 외적인 것을 준수하면서 경건의 모양을 취하고 있는 자들이다. 허례와 위선의 차이점은 그 정도에 있는데, 허례는 자신을 속이고 있지만, 위선자는 자신뿐 아니라 다른 사람까지 속이고 있다.

4. **세 갈래 길** : 허례와 위선은 지금까지 어렵고 힘든 회개의 좁은 문을 피하였고, 믿음의 십자가를 피하였으며, 쉬운 지름길을 택하여 담을 넘은 자들이다. 따라서 허례와 위선에게는 고난의 언덕을 택하는 것이 어리석은 일이었다. 그래서 두 사람은 힘들고 어려운 것을 피하여 보다 쉬운 길을 택하였다. 쉬운 길을 택한 허례와 위선은 어두움과 거치는 돌에 넘어져서 일어날 수 없었으며, 결국 멸망하였다. 여기서 우리가 깨달을 수 있는 것은 믿음의 길에서 쉽고 편한 것만을 추구하면서 고난을 피하는 것은 매우 위험한 일이라는 것이다. 고난의 언덕은 성도로 하여금 자기를 부정하도록 만든다. 고난의 언덕과 고난의 길은 힘들고 어려운 길이기 때문에 자신의 힘을 의지하지 않고 하나님의 은혜만을 붙잡도록 만든다.

5. **쉬어 가는 정자** : 크리스천이 정자에서 잠에 깊이 빠짐으로 순

례의 여정이 지연되고, 더욱이 두루마리를 떨어뜨려 잃어버리는 장면은 우리에게 영적 게으름에 대해 교훈한다. 하나님의 특별한 은혜와 특권이 주어졌을 때 오히려 게을러질 수 있다. 정자는 순례의 여행자들을 쉴 수 있도록 만든 하나님의 특별한 은혜이다. 크리스천은 특별한 은혜를 남용하여 깊은 잠에 빠졌다.

6. 겁쟁이와 의심쟁이 : 겁쟁이와 의심쟁이는 순례의 길에 어려움과 위험한 것 때문에 중도에 포기하는 자들을 나타낸다.

– 해설 천로역정 (김홍만 저, 생명의말씀사)

The Pilgrim's Progress

The Pilgrim's Progress

PART **4**

아름다움이라는 저택에서의 가르침

아름다움이라는 저택

자신의 어리석은 행동을 슬퍼하며 후회하고 있던 크리스천이 눈을 들어 보니 앞에 커다란 집 한 채가 매우 웅장한 모습으로 서 있었다. 그 집의 이름은 아름다움이었는데 크리스천이 걸어가는 길 한 편 가장자리에 위치해 있었다(계 3:2; 살전 5:7-8).

나는 꿈에서 혹 그 집에서 좀 쉬어갈 수 있을까 하고 앞으로 걸음을 재촉해 나가는 크리스천을 보았다. 얼마 가지 않아 그는 아주 좁은 길로 들어섰다. 그 길에서 문지기가 있는 곳까지는 얼마 떨어지지 않았다. 걸어가는 동안 크리스천은 앞을 주의 깊게 살펴보았다. 크리스천의 눈에는 곧 길을 가로막고 누워 있는 사자 두 마리가 들어왔다. 의심쟁이와 겁쟁이가 무서워 돌아갔던 위험이 바로 저것이었구나 하고 크리스천은 생각했다(사자들은 사슬이 채워져 있었지만 크리스천은 보지 못했다). 크리스천은 겁이 났다. 그는 어차피 사자들 사이로 지나가다가는 죽을 것이라고 생각하고 앞서 돌아간 두 사람처럼 자기도 돌아가야겠다고 마음먹었다. 그 순간 문간에 있던 **경계**(Watchful)라는 문지기가 돌아가려는 듯 머뭇거리고 있는 그를 보고 소리치며 불렀다.

문지기 : 당신은 그렇게도 용기가 없으시오?(막 4:40) 사자들을 무서워할 것 없소. 저 사자들은 사슬에 묶여 있소. 현재의 믿음

을 시험해 보고, 믿음이 없는 자들을 알아보기 위해 거기 놓여 있는 것이오. 길 한가운데로만 걸어가면 아무런 상처도 입지 않을 거요.

그러고 나서 보니 크리스천은 사자들에 대한 두려움으로 덜덜 떨며 길 한가운데로 걸어가고 있었다. 그는 문지기가 지시하는 대로 잘 따랐다. 사자들이 으르렁거리는 소리가 들렸으나 크리스천에게 아무런 상처도 입히지 못했다. 그 사이를 무사히 통과한 크리스천은 손뼉을 치며 문지기가 있는 문 앞까지 갔다.

크리스천 : (문지기에게) 이 집은 무슨 집이죠? 하루 묵어갈 수 있습니까?

문지기 : 이 집은 이 언덕의 주인께서 순례자들을 안전하게 쉬어가게 하려고 지으셨소.

문지기 역시 크리스천에게 어디서 왔으며 어디로 가는 길이냐고 물어보았다.

크리스천 : 나는 멸망의 도시에서 온 사람입니다. 시온 산으로 가고 있는 중이지요. 벌써 해가 저물어서 그런데 이곳에서 하룻밤 묵을 수는 없습니까?

문지기 : 이름이 어떻게 됩니까?

크리스천 : 크리스천이라고 하지만 처음에는 "하나님께 버림

아름다움이라는 저택으로 가는 길을 막고 있는 사자들

받음"이었습니다. 나는 야벳 족속에서 태어났지만 하나님께서 우리를 셈의 장막에 가서 살게 하셨습니다(창 9:27).

문지기 : 그런데 당신은 왜 이렇게 밤늦게 오셨나요?

크리스천 : 좀 더 일찍 올 수 있었을 텐데, 한심하게도 산 중턱의 정자에서 깜박 잠이 들었지 뭡니까? 게다가 잠자다 두루마리까지 잃어버린 것도 모르고 언덕 위까지 올라갔지 않았겠어요. 그걸 되돌아가서 찾아오느라고 이렇게 늦었습니다.

문지기 : 그렇다면 우선 이 집의 한 아가씨를 부르지요. 그 아가씨가 당신의 이야기를 호의적으로 받아들이면 이 집의 규칙대로 나머지 가족들을 만나게 해 줄 것이오.

문지기 경계는 종을 울렸다. 종소리를 듣고 침착하고 신중하게 생긴 한 아가씨가 밖으로 나왔다. **신중**(Discretion)이라는 아가씨였는데 무슨 일이냐고 물었다.

문지기 : 이 사람은 멸망의 도시에서 떠나와 시온 산으로 가는 순례자랍니다. 날도 저문데다 피곤하고 지쳐 있어서 오늘 하룻밤 여기서 묵게 해 달라고 간청하는데 이 사람과 이야기를 나눈 후 결정해 주십시오.

그러자 그 아가씨는 크리스천에게 어디서 왔으며 어디로 가는 길이냐고 물어보았다. 크리스천이 대답하자 아가씨는 어떻게 이 길로 오게 되었느냐고, 그리고 오는 도중에 무슨 일을 보고 겪었느냐고 물어보았다. 크리스천이 다 대답을 하자 마지막으로 이름이 무엇이냐고 물었다. 크리스천은 대답했다.

크리스천 : 크리스천입니다. 이곳은 이 언덕의 주인께서 순례자들이 편히 쉬어가라고 지어 놓은 집으로 생각되니 더더욱 여기서 하룻밤 쉬었다 가길 진심으로 원합니다.

그러자 아가씨는 살짝 웃음을 지었는데 두 눈에는 눈물이 고여 있었다. 잠시 후에 아가씨가 말했다.

신중 : 가족들을 두세 명 더 불러오겠어요.

그 아가씨는 문으로 뛰어가 **분별**(Prudence), **경건**(Piety), **자애**(Charity)를 불러냈다. 그들은 얼마간 크리스천과 이야기를 나눈 후에 그를 가족들에게 데리고 갔다. 가족들 여러 명이 문 앞에서 크리스천을 맞이하러 나왔다.

가족 : 주님의 축복을 받으신 분이시여. 어서 들어오십시오. 이 집은 당신과 같은 순례자들을 기쁘게 맞아들이려고 언덕의 주인님께서 지으셨습니다.

크리스천은 머리 숙여 인사하고 나서 그들을 따라 집안으로 들어갔다. 집안으로 들어가 자리에 앉자 가족들은 마실 것을 내왔다. 저녁이 준비될 때까지는 시간이 남아 있으므로 가족 중 몇 사람은 크리스천과 조금씩 이야기를 나누는 것이 좋을 것이라 생각하여 그렇게 하기로 동의하고 경건과 분별과 자애더러 크리스천과 이야기를 나누라고 부탁했다. 이렇게 해서 그들의 대화는 시작되었다.

경건과의 이야기

경건 : 자, 선한 크리스천씨, 오늘밤 저희가 당신을 호의적으로 받아들여 저희 집에서 하룻밤 묵어가시게 된 것을 진심으로 환영합니다. 그리고 저희와 함께 자리를 해 주셔서 정말 감사해요. 저희는 순례자님께 궁금한 게 많아요. 당신이 순례길에서 보고 겪은 일들을 들려주실 수 있습니까?

크리스천 : 기꺼이 이야기해 드리지요. 이렇게 따뜻하게 대해 주시니 기쁩니다.

경건 : 어떻게 해서 처음에 이 길을 오게 되었나요?

크리스천 : 내가 살던 멸망의 도시가 머지 않아 멸망할 것이라는 음성이 계속 내 귀에 들려 왔어요. 그래서 나는 그곳을 떠나 왔습니다.

경건 : 그런데 어떻게 이 좁은 길로 오게 되었나요?

크리스천 : 하나님께서 저를 이 길로 인도해 주셨습니다. 멸망

의 두려움에 빠져 갈 길을 몰라 떨며 울고 있을 때 어떤 사람이 나에게 다가왔어요. 그는 전도자라는 사람이었는데 그가 좁은 문으로 가라고 알려 주었습니다. 그분이 아니었더라면 나는 그 좁은 문을 찾지 못했을 것입니다. 그러나 그가 일러준 대로 오다 보니 그 좁은 문을 지나 곧장 이 집에 오는 길로 들어서게 되었지요.

경건 : 그렇다면 해석자도 만나셨겠군요?

크리스천 : 예, 그분의 집에서 많은 것을 보고 깨달았지요. 거기서 나는 평생 잊지 못할 것들도 보았지요. 무엇보다도 가장 잊지 못할 세 가지는 그리스도께서 사단의 방해에도 불구하고 우리의 마음속에 성령의 은혜의 역사가 끊이지 않게 하신다는 것과 인간은 하나님의 자비를 바랄 수 없을 만큼 죄를 지었다는 것과 깨어서 기도하지 못하고 잠을 자다가 준비 없이 심판의 날을 맞았다고 생각하던 철창에 갇힌 어떤 사람의 꿈입니다.

경건 : 그렇다면 그 사람이 하던 꿈 이야기를 들으셨습니까?

크리스천 : 예, 그가 묘사한 심판 날의 광경은 참으로 무섭고도 은혜로운 이야기였습니다. 이야기를 듣는 동안 그 사람이 불쌍한 생각도 들고, 제 마음이 몹시 찔리고 괴로웠으나 깨달음을 얻은 저는 한편으로는 기쁘고 힘이 났습니다. 그 이야기를 들은

것이 얼마나 다행인지 모릅니다.

경건 : 해석자의 집에서 본 것은 그게 전부입니까?

크리스천 : 아닙니다. 또 있어요. 그는 황금 옷을 입은 사람들이 거닐고 있는 어느 큰 성으로 나를 데려가기도 했습니다. 나는 거기서 성에 들어가려는 이들을 위협하는 무장한 사람들을 싸워 이긴 한 용감한 사나이를 보았습니다. 그는 당당히 성에 들어가 영원한 영광을 얻었습니다. 그 용사를 전 잊지 못할 것입니다. 그 모습은 제 마음속에 정말 밝은 빛이 되었지요. 그때 앞으로 가야 할 길이 없었더라면 아마 유순한 해석자의 집에서 일 년이라도 머물러 있었을 것입니다.

경건 : 그 밖에 오시는 길에서 또 무엇을 보셨나요?

크리스천 : 보았지요! 엄청난 것이었어요. 구원의 언덕에 막 올라, 십자가 나무에 못 박혀 피 흘리시는 주님을 보는 순간 제 등에 짊어졌던 짐이 저절로 떨어져 나갔습니다. 그리고 나서 십자가를 바라보고 있는데(바라보지 않을려야 않을 수가 없었죠) 그때 갑자기 몸에서 빛을 발하는 세 분이 나타나셨어요. 한 분은 나의 죄가 사함을 받았다고 하셨고, 또 한 분은 나의 더러운 누더기 옷을 벗기시고 이렇게 수놓인 새 옷으로 갈아입혀 주셨지요. 그리고 또 다른 한 분은 당신도 보듯이 이렇게 내 이마에 인을 찍어 주

시고 봉해진 이 두루마리를 나에게 주셨습니다(그렇게 말하면서 크리스천은 품속에 간직하고 있던 두루마리를 꺼냈다).

분별과의 이야기

그런 다음 이번에는 분별이 크리스천에게 몇 가지 질문을 했다.

분별 : 순례자님, 간혹 떠나 온 고향이 그리울 땐 없었나요?

크리스천 : 있지요. 그러나 떠나 온 고향을 생각하면 이제는 부끄러움과 싫증을 함께 느낍니다. 사실 고향이 그리웠더라면 얼마든지 돌아갈 수 있었습니다. 그렇지만 이제는 내가 진정으로 바라고 돌아가고자 하는 본향이 있습니다. 바로 지금 가고 있는 하늘나라지요(히 11:15-16).

분별 : 그 밖에도 친했던 친구들이나 그곳에서 즐거웠던 일에 대한 미련은 없나요?

크리스천 : 그때 당시만 하더라도 모든 마을 사람들처럼 저도 육체적 쾌락을 쫓고 세속적인 정욕에 사로잡혀 그곳 생활이 인생의 전부였고 큰 기쁨이자 행복이라 여겼지요. 그러나 이제는 아닙니다. 이제 저는 육에 속한 모든 생각들을 슬픔으로 여기며 생각조차 하기 싫어요. 그러나 그렇게 하려 해도 가장 옳다고 생

각되는 일을 하려고 들면 과거 나의 추했던 모습과 죄악들이 동시에 내 안에 일어나서 괴로울 때가 있답니다(롬 7:15-21).

분별 : 그런 괴로움들이 이전에는 당신을 당황스럽게 만들고 혼란에 빠뜨렸으나 이제는 그것들을 극복할 수 있는 힘이 생겼다고 생각되지 않으십니까?

크리스천 : 예, 지금은 그런 것들로 괴로워하거나 자책하는 일이 거의 없지요.

분별 : 극복할 수 있는 힘은 무엇이라고 생각하나요?

크리스천 : 예, 십자가에서 내가 보았던 것을 생각할 때 그런 어지러운 생각에서 벗어날 수 있습니다. 그리고 나에게 갈아입혀 준 이 수놓은 옷을 바라볼 때나 내 가슴속에 품고 다니는 이 두루마리 책을 들여다볼 때면 힘이 생기지요. 내가 지금 향하고 있는 본향을 간절히 사모할 때도 그렇습니다.

분별 : 순례자님이 그토록 시온 산으로 가고자 하는 까닭은 무엇이지요?

크리스천 : 그곳에서 십자가에 달려 돌아가신, 살아 계신 그분 뵙기를 원하기 때문입니다. 또한 그곳에 가서 지금까지도 내 마음속에서 나를 괴롭히고 있는 모든 고통과 슬픔을 떨쳐 버리기를 원하기 때문이죠. 그곳은 죽음이 없을 뿐 아니라(사 25:8; 계 21:4)

여러 성도들과 주님을 영원이 찬양하며 내가 좋아하는 사람들과 같이 영원히 살 수 있게 될 것이라고 들었습니다. 사실 솔직히 말해 그분으로 말미암아 내 무거운 짐을 벗게 되어서 나는 그분을 사랑하게 되었습니다. 그리고 마음의 병들로 지쳐 있는 내 자신이 그곳에 가면 완전히 치유될 수 있다는 것을 믿기 때문입니다. 나는 더 이상 죽음이 없으며 성도들과 함께 거룩, 거룩, 거룩이라 영원히 주님을 찬양할 수 있는 하늘나라에 가기를 고대하고 있습니다.

자애와의 이야기

자애 : 순례자님은 결혼하셨는지요? 자녀들은 있으신지요?

크리스천 : 예, 아내와 네 명의 자식들이 있습니다.

자애 : 그들과 왜 함께 오지 않았나요?

크리스천 : (울먹이며) 같이 가자고 애원하다시피 했지요. 그렇지만 식구들은 모두 내가 순례의 길을 떠나는 데 전적으로 반대하고 나섰습니다.

자애 : 그렇지만 식구들에게도 남아 있으면 겪게 될 위험에 대해 알려 주어야 하지 않았을까요?

크리스천 : 물론 알려 주었지요. 하나님께서 나에게 우리가 살

고 있는 마을이 멸망하리라는 것을 나타내 보여 주셨다는 것도 이야기했습니다. 그렇지만 식구들은 나를 미친 사람처럼 여길 뿐, 내 말을 믿으려 들지 않았습니다(창 19:14).

자애 : 가족들을 설득해 달라고 하나님께 기도를 해 보시지는 않았나요?

크리스천 : 예, 정말로 뜨겁게 기도했어요. 당신도 아시겠지만 누구에게나 가족보다 더 소중한 사람들은 없으니까요.

자애 : 그렇다면 당신이 느끼는 슬픔과 멸망에 대한 두려움을 식구들에게 말했나요? 세상이 멸망하리라는 사실을 당신은 확실히 알고 있었던 것 같은데.

크리스천 : 예, 수도 없이 여러 번 이야기했죠. 뿐만 아니라 식구들은 내 얼굴과 내 눈물과 또한 당장에 있게 될 심판에 대한 걱정으로 떨고 있는 나의 모습에서 두려움을 느낄 수 있었을 것입니다. 그렇지만 어떤 것도 그들이 나를 따라오게 설득하지는 못했습니다.

자애 : 도대체 식구들이 뭐라고 하면서 당신을 따라올 수 없다고 하던가요?

크리스천 : 아내는 이 세상적이고 물질적인 것에 미련을 버리지 못한 것 같고 아이들은 어리석은 젊음의 쾌락에 푹 빠져 내

말이 귀에 들리지 않았나 봅니다. 그들은 이런 저런 핑계를 대며 나 혼자 이렇게 순례자의 길을 떠나도록 내버려 두었습니다.

자애 : 혹 당신의 무질서하고 성실치 못한 행동으로 당신이 함께 동행하자고 했을 때 설득하지 못했다고 생각지는 않나요?

크리스천 : 나도 내 생활을 자랑할 수는 없습니다. 과거 나의 생활을 돌이켜 보면 부끄러운 점들이 많습니다. 대부분의 사람들이 변론과 설득으로 다른 사람들에게 선한 일을 하라고 해놓고는 실제 행동은 말과 달라서 신뢰를 잃는 경우가 있음을 압니다. 그렇지만 나는 나의 행동에 세심한 주의를 기울여 왔습니다. 사실 그 점에 있어서 그들은 내가 너무 엄격하고 자기네들이 보기엔 아무런 악도 없는 것 같다고 나에게 말하곤 했어요. 혹시 그들 보기에 내 행동에 거슬리는 점이 있었다면 그것은 내가 하나님께 죄를 짓는 일과 이웃에게 해를 끼치는 일을 하기는 아주 싫어했다는 점일 겁니다.

자애 : 사실 가인은 자신이 한 일은 악하고 아우가 한 일은 하나님 보시기에 의로웠기 때문에 자기 아우를 몹시 미워했습니다(요일 3:12). 만약 그러한 이유로 당신 아내나 아이들이 당신을 비난했다면 그것은 가족들 스스로 선해질 수 없다는 것을 보여주는 것입니다. 그러니 식구들이 죄악 중에 죽어도 당신은 책임

이 없습니다(겔 3:19).

저녁 식사를 하며 이야기를 나누다

이렇게 나는 꿈속에서 크리스천과 대저택의 식구들이 모여 앉아 저녁이 준비될 때까지 이야기를 나누고 있는 것을 보았다. 식사 준비가 다 되자 사람들은 모두 저녁을 먹으려고 앉았다. 식탁 위에는 기름진 음식들과 알맞게 익은 포도주가 차려져 있었다. 그들은 저녁을 먹으면서 언덕의 주인에 대해 많은 이야기를 나누었다. 그분이 무슨 일을 하셨는지, 왜 그런 일들을 하셨는지, 왜 그 집을 지으셨는지에 관한 이야기였다. 그들의 이야기를 듣고 나는 언덕의 주인은 사망의 권세를 가진 자와 싸워 승리한 아주 훌륭한 용사였으며(히 2:14-15), 그분 자신도 커다란 위험을 겪었다는 것을 알게 되었고 또한 그분을 더욱 더 사랑하게 되었다.

크리스천 : 예, 당신들이 이야기한 것처럼 그분은 사망의 권세를 가진 자와 싸워 승리하기 위해 많은 피를 흘리시고 자신의 일을 이루셨음을 저도 믿습니다. 그렇지만 그분이 하신 모든 일이 더욱 더 빛나고 영광스런 까닭은 그분께서는 자신의 나라와 이 땅의 영혼들을 사랑하는 순결한 마음에서 이 모든 일을 행하셨기 때문입니다.

분별, 경건, 자애가 크리스천에게 질문을 하고 있다

그러자 그 집에 함께 사는 몇몇 사람들은 십자가에서 돌아가신 이후에도 그분을 보고 그분과 함께 이야기했다고 말하는 사람들도 있었다고 했다. 그들은 입을 열어 간증하기를 이 세상 누구보다도 그분은 가난한 순례자들을 사랑하셨다며 이를 확신하는 다음과 같은 증거를 내보였다. 그분께서는 가난한 사람들을 위해 스스로 영광을 버리셨다는 것과, 시온 산에 혼자 계시지 않으리라고 분명하게 말씀하시는 것을 들었다는 사실이었다. 게다가 본디 거지처럼 가난하고 비천한 존재로 태어나 거름더미 같은 곳에서 살아 온 순례자라도 그분은 그들을 왕처럼 존귀한 자로 대접하고 삼으셨다고 했다(삼상 2:8; 시 113:7).

평강의 방

크리스천은 그들과 함께 밤이 늦도록 대화를 나누었다. 그러고는 모두들 주님의 보호하심에 자신들을 맡기고 잠을 자러 각자 방으로 들어갔다. 그들은 크리스천을 커다란 이층 방으로 안내했다. 그 방은 해 돋는 쪽으로 창문이 하나 트여 있었다. 방의 이름은 평강이었다. 크리스천은 아침이 밝아 올 때까지 그 방에서 편히 잠을 잤다. 그는 일어나서 노래를 불렀다.

내가 머물고 있는 지금 여기 이곳이 어디인가.
순례자들을 사랑하시고 아끼시는 예수님이 준비하신
순례자들의 쉼터가 아닌가.
주님께서 이렇게 예비하시고 내 죄 용서하시다니
이미 나는 하늘 문 옆에 살고 있도다.

아침이 되어 모두들 일어났다. 조금 더 이야기를 나눈 후에 그 집 식구들은 크리스천이 순례의 길에 다시 오르기 전 꼭 보여 줄 것이 있다고 했다.

서재

그들은 크리스천을 서재로 인도했다. 그리고는 그에게 아주 오래된 일들을 기록해 놓은 책을 여러 권 보여 주었는데 내 기억으로 그들이 크리스천에게 가장 먼저 보여 준 것은 언덕 주인의 족보였다. 족보는 주인이 옛적부터 선하셨고 영원부터 계신 분임을 말해 주고 있었다. 거기에는 주인이 행한 행적들이 자세하게 적혀 있었으며 자신의 사역을 위해 세웠던 수백 명의 사람들 이름이 적혀 있었다. 그리고 그 주인이 어떻게 오랜 세월과 풍상에서도 무너지거나 없어지지 않는 견고한 거처에 그들을 살게 했는가도 자세히 기록되어 있었다.

그리고 나서 그들은 크리스천에게 그들의 주인을 섬겼던 사람들의 훌륭한 업적들에 관해 조금 읽어 주었다. 저희가 어떻게 여러 나라의 왕들과 싸워 승리를 거두었으며, 의로운 일들을 행하였으며, 약속을 받기도 하고, 사자들의 입을 막기도 하며, 사나운 불길을 끄고, 칼날을 피하기도 하며, 약한 데서 강해지고 불길 속에서 더욱 용감해지고, 이방 사람들의 진을 물리쳤는가에 관한 이야기들이었다(히 11:33-34).

다음에는 그 집에 있는 또 다른 기록들을 읽어 주었는데, 거기에는 주님께서 어느 누구라도, 비록 한때 주님의 인격과 행위에 심한 모욕을 주었던 사람일지라도 끝까지 은혜 베푸시기를 원하신다는 그분의 사랑이 나타나 있었다. 그 밖에도 다른 유명한 역사적인 사건들을 기록한 책들도 있었는데 그들은 이러한 책들을 하나하나 일일이 다 크리스천에게 보여 주었다. 그 중에는 과거나 현재에 확실하게 성취되었거나 이루어진 예언과 선견들이 적혀 있었다. 그것들은 원수들에게는 두렵고 떨리는 것이지만 순례자들에게는 위로와 힘이 되는 것들이었다.

병기 창고

다음날 크리스천은 식구들을 따라 병기 창고로 갔다. 거기에는 순례자들을 무장시키기 위해 주인이 마련해 둔 병기들, 곧 칼이며 방패, 투구, 흉배, 온갖 기도문과 해지지 않은 신발들과 같은 온갖 장비들이 준비되어 있었다. 그 병기들은 하늘의 별같이 수많은 주인의 종들을 무장시키고도 남을 만큼 많이 준비되어 있었다.

주님의 종들이 놀라운 일을 행했을 때 사용되었던 여러 가지 도구들도 볼 수 있었다. 홍해를 가를 때 사용되었던 모세의 지팡이며(출 14:16), 시스라를 죽일 때 사용되었던 야엘의 말뚝과 방망이도(삿 4:21), 미디안의 군사를 물리칠 때 사용되었던 기드온의 빈 항아리와 나팔과 횃불도 바로 거기에(삿 7:16-23) 있었다. 그들은 육백 명을 죽였던 삼갈의 소 모는 막대기와 그토록 놀라운 일을 일으켰던 삼손의 턱뼈도(삿 15:15) 보여 주었다. 가드에 배치되어 있던 다윗이 골리앗을 쓰러뜨릴 때 사용되었던 다윗의 물매와 돌도(삼상 17:49) 보여 주었다. 그리고 주님께서 심판의 날 죄인들을 멸하실 때 사용될 칼도(렘 21:9) 보여 주었다. 이 밖에도 그들이 보여 준 여러 가지 놀랍고도 은혜스러운 도구들을 구경하면서 크리스천은 매우 기뻤다. 병기 창고를 다 둘러본 후 그들 모두는 또 다시 휴식을 취하러 각자 잠자리로 돌아갔다.

기쁨의 산을 바라보다

나는 다음날 아침 크리스천이 일어나 길 떠날 채비를 하고 있는 것을 꿈속에서 보았다. 그러나 그 집의 식구들은 하루만 더 머물기를 바랐다.

식구들 : 날씨만 개면 아름다운 산을 보여 드리겠습니다. 그 산은 여기보다 우리가 사모하는 하늘나라와 더 가까운 곳에 있어서 당신이 보시면 힘이 나실 것입니다.

그래서 크리스천은 그 집에 하루 더 머물기로 했다. 점심때가 되자 그 집의 식구들은 크리스천을 데리고 집의 맨 꼭대기로 올라갔다. 그들은 남쪽을 바라보라고 했다. 남쪽을 보니 꽤 멀리 떨어진 곳에 그림같이 아름다운 산지가 펼쳐져 있었다. 아름다운 숲과 포도밭이며 온갖 과일의 열매와 꽃들이 샘과 폭포와 어우러져 산지의 아름다움을 더하며 장관을 이루고 있었다(사 32:16-17). 크리스천이 그곳의 이름을 묻자 **임마누엘의 땅**(Immanuel's Land)이라고 했다.

식구들 : 저 땅은 이 언덕만큼이나 오가는 순례자들에게 잘 알려진 곳입니다. 그곳 산꼭대기에 올라가서 보면 하늘나라의

문을 볼 수 있을 것입니다. 또한 양을 치는 목자님들도 만나실 겁니다.

다시 순례길에 오르다

크리스천이 이제 그만 떠나야겠다고 하자 이번에는 그 집의 식구들도 선뜻 응해 주었다.

식구들 : 저……, 잠깐 떠나시기에 앞서 마지막으로 드릴 것이 있어요. 무척 중요한 것입니다.

식구들은 크리스천을 데리고 모두 병기창고로 갔다. 창고에 다다르자 그 집의 식구들은 가는 길에 위험을 당하지 않도록 크리스천에게 머리부터 발끝까지 전신갑주를 입혀 주며 단단히 무장시켜 주었다. 이렇게 몸 전체를 무장한 크리스천은 그 집의 식구들과 함께 문 있는 곳까지 나왔다. 거기서 크리스천은 문지기에게 그곳을 지나가는 다른 순례자는 없었느냐고 물어보았다.

문지기 : 아니오, 있었습니다.

크리스천 : 그가 누군지 아십니까?

문지기 : 이름을 물었더니 **믿음**(Faithful)이라고 하더군요.

크리스천 : 아는 사람입니다! 동네 사람으로 나와 가까이 사는 이웃입니다. 우리 고향에서 온 사람이죠. 지금쯤 얼마나 멀리 갔

을까요?

　문지기 : 지금쯤이면 아마 언덕 밑을 내려가고 있을 겁니다.

　크리스천 : 예, 잘 알겠습니다. 하나님이 당신과 항상 함께하시기를 바랍니다. 이렇게 친절하게 해 주신 데 대해 주님의 충만하신 은혜가 더욱 넘치기를 바랍니다.

아름다움이라는 저택에서의 가르침 | Part 4

1. 아름다운 저택 : 아름다운 저택은 유형 교회를 의미하는 것으로 하나님의 순수한 말씀이 충성스럽게 외쳐지고, 그리스도께서 제정하신 성례가 행해지는 곳이다. 아름다운 궁전에 들어가는 것은 교회에 들어간다는 것을 의미하는 것으로, 공적인 신앙고백을 하고 자신을 하나님의 백성과 연합시키고, 그들과의 교제를 통해서 교회의 특권을 즐기는 것이다.

2. 신중 : 신중은 교회 직원으로서 세례후보자를 살피도록 지정된 자다. 교회 직원을 처녀로 묘사하는 이유는 세례후보자를 살피는 데 있어서 아름다운 성품과 애정을 가지고 있어야 하며, 분별력이 있어야 하기 때문이다.

3. 분별, 경건, 자애 : 분별, 경건, 자애라는 세 처녀는 교회의 직원을 상징하는데, 교회에 받아들여진 크리스천이 주의 성찬을 받기에 합당한지의 여부를 살피는 자들이다. 세 처녀의 질문들은 추

상적인 개념들에 대한 것이 아니라, 실제적인 개인 체험들에 대한 것으로 그 심령을 살피기 위한 것이다. 처녀들의 질문은 매우 날카로웠는데, 주의 성찬이 남용되거나 오용되지 않도록 교회의 직원들에 의하여 감독되는 것을 의미한다.

4. **서재** : 교회의 직원이 여러 책들을 크리스천에게 보여 주었는데, 성경의 다양한 주제에 대해서 배워야 하는 것을 의미한다. 교회의 중요한 기능으로서의 도서관은 성도들을 말씀으로 양육하는 것을 의미한다.

5. **무기창고** : 무기창고는 에베소서 6장 13-18절의 전신갑주의 본문을 배경으로 하고 있다. 영적 전투에서 반드시 필요한 장비들을 언급하고 있으며, 주님을 위해 일하고자 하는 사람은 반드시 무장해야 함을 말하고 있다.

6. **기쁨의 산** : 기쁨의 산은 높은 수준의 영적 상태를 의미한다. 강한 믿음을 소유하고 천국을 보다 분명하게 바라보는 영적 상태를 말하는 것이다. 크리스천에게 기쁨의 산이 아직 멀리 보이는 이유는 그가 아직 영적인 실체를 다 깨닫지 못하고 확신할 수 없는 상태이기 때문이다.

- 해설 천로역정 (김홍만 저. 생명의말씀사)

The Pilgrim's Progress

PART 5

겸손의 골짜기와
사망의 음침한 골짜기

겸손의 골짜기

크리스천은 갈 길을 향해 걸어 나가기 시작했다. 그런데 신중과 경건, 자애와 분별이 함께 언덕 아래까지 배웅해 주겠다며 크리스천을 따라 내려왔다. 그들은 전에 하던 이야기를 나누면서 계속 걸어 마침내 언덕 아래까지 내려왔다.

크리스천 : 올라올 때도 힘이 들었다는 생각이 드는데 내려가는 길도 마찬가지로 험난하고 위태롭군요.

분별 : 예, 그렇습니다. 지금 당신이 있는 이 겸손의 골짜기를 한발짝도 헛디디지 않고 내려가기란 무척 힘이 드는 일이지요. 그래서 저희가 언덕 아래까지 당신과 함께 동행하자고 나섰던 거예요.

그는 아주 조심스럽게 내려갔지만 한두 번은 발을 헛디뎌 미끄러지고 말았다. 언덕을 다 내려가자 이 유순한 친구들이 크리스천에게 빵 한 덩어리와 포도주 한 병, 포도 한 송이를 건네주는 것을 보았고 크리스천은 계속해서 순례의 길 가는 것을 나는 꿈속에서 보았다.

아볼루온을 만나다

가엾은 크리스천은 그만 겸손의 골짜기에서 곤고산에 빠지게 되었다. 얼마 가지 않아 크리스천은 흉칙하게 생긴 악마 하나가 들판 건너편에서 다가오는 것을 보았다. 크리스천은 겁이 나 돌아서서 가야 할지 아니면 그 자리에 버티고 서 있어야 할지 어찌할 바를 모르고 망설였다. 그러나 가슴받이 갑옷만 입은 채 등에는 무장을 하고 있지 않아서 돌아서서 등을 보이면 악마가 더욱 쉽사리 자신을 창으로 찌를 수 있을 거라는 생각이 들었다. 크리스천은 맞서서 싸우기로 마음먹고 그 자리에 버티고 서 있었다. 그 자리를 지키고 서 있는 것만이 살 수 있는 최선의 방법이라 여겼기 때문이었다.

그는 앞으로 계속 나아가 마침내 아볼루온과 마주쳤다. 가까이 보니 그 악마는 소름이 끼칠 만큼 추하고 무서웠다. 물고기 비늘같이 생긴 옷을 입고 있었는데 용처럼 생긴 날개가 있었고 곰 같은 발에다 배에서는 불과 연기를 뿜고 있었고 입은 사자 입 같아 보였다. 악마는 가까이 다가와서 경멸하는 자세로 크리스천을 쳐다보았다. 악마는 크리스천에게 묻기 시작했다.

아볼루온 : 너는 어디서 온 누구냐? 지금 어디를 가는 중이지?

크리스천 : 나는 멸망의 도시에서 온 사람으로, 악이 가득한 그 마을을 떠나 시온의 나라로 가는 중이다.

아볼루온 : 그렇다면 너는 내 종이구나. 이 세상은 모두 내 것

으로 나는 세상의 왕인 동시에 세상을 지배하는 신이다. 그런데 어떻게 네가 나에게서 도망칠 수가 있단 말이냐? 내가 너를 더욱 충실한 종으로 부릴 생각만 없었더라면 지금 당장 한 주먹에 너를 땅에 꼬꾸라뜨렸을 거다.

크리스천 : 사실 나는 네가 다스리는 마을에서 태어나기는 했지만 지금은 주님께 믿음을 맹세한 주님의 종이다. 너를 섬기는 일은 어렵고 네가 주는 삯으로는 사람이 살아갈 수가 없다. 죄의 삯은 사망이기 때문이다(롬 6:23). 그러므로 나이가 들어 나도 다른 생각 있는 사람들이 그렇듯이 나 자신을 변화시킬 방법을 찾아보았다.

아볼루온 : 세상에 어떠한 왕도 이렇게 쉽사리 자기의 종을 잃지는 않아. 나 또한 너를 놓칠 순 없다. 나를 섬기는 일이나 품삯이 마음에 들지 않았다면 돌아오라. 널 용서하고 내 나라에 가면 할 수 있는 한 그 모든 것을 너에게 채워 주겠다고 이 자리에서 분명히 약속하겠다.

크리스천 : 헛소리 마라! 나는 영원한 하나님의 자녀다! 나는 이미 그분께 내 몸을 바쳤다. 그분은 왕 중의 왕이신데 내가 어찌 너에게 돌아갈 것이라 생각하느냐?

아볼루온 : "혹 떼려다 혹 붙인다"는 말이 있는데 네가 바로

그 꼴이구나. 하나님인가 뭔가 하는 자를 섬긴다고 따라가다가도 다시 내게로 돌아온 자들이 얼마나 많은지 아느냐? 너도 결국 돌아온다. 자, 내게로 돌아오라. 네 모든 것을 용서해 줄 테니까.

크리스천 : 나는 이미 나의 왕께 내 믿음을 드렸고 믿음을 맹세했다. 내가 어떻게 이 일에서 돌이킬 수 있으며 또 배신자로서 어찌 죽음을 피할 수 있겠느냐?

아볼루온 : 너는 나에게도 배반을 했어. 그렇지만 지금이라도 다시 내게 돌아온다면 네가 한 모든 일은 기꺼이 용서해 주겠다.

크리스천 : 너와 약속했던 때는 내가 어렸을 때야. 게다가 지금 나의 산성 되시는 왕께서는 나를 받아들일 뿐 아니라 내가 너를 섬겼던 사실까지도 용서하시는 분이다. 너 죽음으로 이끄는 멸망의 왕 아볼루온아! 사실 난 그분의 돌보심과 그분이 주시는 유산과 그분을 섬기는 일과 그분의 왕국과 기업과 나라가 너의 것보다 더 좋다. 그러니 이제 더 이상 나를 설득하는 일은 그만둬라. 나는 그분의 종으로 그분을 따를 테다.

아볼루온 : 흐흐흐……, 가엾은 크리스천, 흥분하지 말고 내 말을 잘 들어봐. 네가 가는 길에 어떤 일을 겪게 될지 다시 한번 생각해 봐라. 너와 같은 예수쟁이들은 모두 불행해지고 비참하게 죽지. 내게서 돌아서서 내 법을 어겼기 때문이야. 게다가 너

의 왕이 나보다 더 잘 대우해 준다고? 그러나 나는 네가 섬기겠다는 하나님과는 다르다. 그는 자기를 섬겼던 종들을 구해 내려고 한 번도 너희들이 있는 곳에 오지 않았어. 그렇지만 온 세상이 잘 알듯이 나는 나를 열심히 섬겼던 사람들을 너희 왕과 왕국으로부터 힘으로 혹은 꾀로 얼마나 자주 건져 냈는지 모른다. 비록 그들이 왕과 왕국을 사모하고 있을지라도 말이야. 그러니 이제 너를 데리고 가야겠다.

크리스천 : 왕이 즉시 구원하러 오시지 않는 것은 우리의 믿음을 시험하시고 연단시키기 위함이다. 그리고 너는 우리 왕의 종들이 불행해진다고 했는데 그것이야말로 종들이 가장 영광으로 여기는 것이다. 그들은 편안함을 기대하지 않고 장차 자신들이 누리게 될 영광을 기다리기 때문이야. 장차 그들의 왕이 영광 중에 천사들과 함께 오시는 날에는 왕을 섬기던 종들은 그 영광을 얻게 될 것이다.

아볼루온 : 너는 이미 왕을 충실하게 섬겨 오지 않았어. 그러면서 어떻게 너의 왕께 네 삯을 받으리라고 생각하지?

크리스천 : 오, 아볼루온! 내가 언제 왕께 충실하지 못했단 말이냐?

아볼루온 : 처음 길을 나섰을 때 너는 마음이 약해져서 절망의

수렁에 빠져 죽을 뻔했어. 너의 왕이 짐을 벗겨 줄 때까지 기다려야 하는데도 너는 스스로 짐에서 벗어나 보려고 잘못된 길로 가 보았지. 너는 어리석은 낮잠을 자서 또 소중한 물건을 잃어버렸어. 또한 사자들을 보고는 두려워 도망치려 했고, 신중, 분별, 경건, 자애와 순례길에서 보고 들은 것을 이야기할 때도 너의 중심은 썩어 없어질 세상의 영광 곧 자기 기만과 허영으로 가득 차 있었잖느냐? 안 그러냐?

크리스천 : 귀신같은 놈! 그렇다. 네 놈의 말이 모두 사실이다. 사실 네가 이야기한 것 말고도 더 있다. 그러나 너는 모르는구나. 내가 섬기는 존경하는 왕은 자비로우셔서 언제라도 나를 용서해 주신다. 내 잘못들이 너의 나라에 있을 때는 속속들이 내게 파고들었지. 나는 죄책감에 빠져 늘 괴로워하고 슬프게 여겼으니까. 그러나 나의 왕께서는 그런 결점까지도 용서하셨다.

아볼루온 : (비통한 표정으로 화가 나서) 나는 너희 왕과는 원수로 너희 왕의 사람과 법과 백성들을 증오한다. 어차피 널 멸하러 왔으니 네 놈을 가루도 없이 죽여 주리라, 각오해라!

크리스천 : 악한 마귀 아볼루온아, 네가 하는 일이 어떤 일인지 잘 알아 두어라. 나는 지금 왕의 길, 곧 거룩한 길을 가고 있는 중이니 나의 가는 길을 막지 말아라.

아볼루온은 크리스천의 앞을 가로막고 섰다.

아볼루온 : 이까짓 일은 하나도 두렵지 않아. 지옥의 굴을 두고 맹세컨대 한 발짝도 더 못 가게 할 테니 죽을 준비나 해라. 여기서 네 놈을 끝장내 버리겠다.

아볼루온과 싸우다

아볼루온은 불붙은 활을 크리스천의 가슴으로 던졌다. 그렇지만 크리스천은 손에 든 방패로 불화살을 막아 위험을 면했다.

크리스천은 용기를 내야 할 때라고 생각하면서 조금 앞으로 나아갔다. 그러자 아볼루온은 여러 개의 창을 우박처럼 퍼부으며 무섭게 달려들었다. 피할 겨를도 없이 크리스천은 머리와 손과 발에 상처를 입었다. 크리스천은 조금 주춤했다. 이때가 기회라 생각한 아볼루온은 다시 온 힘을 다해 달려들었다. 크리스천은 다시 힘을 내어 담대하게 맞서 싸웠다. 이 숨 막히는 싸움은 반나절도 넘게 계속되었다. 싸움중 입은 상처로 크리스천은 점점 더 힘이 들고 지쳐갔다.

한편 아볼루온은 공격할 기회를 엿보면서 크리스천에게 다가서기 시작했다. 그러고는 달려들더니 크리스천을 들어 무지막지하게 땅에 내리쳤다. 그 바람에 크리스천은 손에 쥐고 있던 칼을 떨어뜨렸다. 아볼루온은 말했다. "이제 넌 죽었다."

아볼루온은 크리스천의 숨이 거의 끊어지도록 짓눌렀다. 크리스천은 이제 죽는구나 생각했다. 절망에 빠져 신음하고 있는 크리스천을 완전히 끝장내 버리려고 아볼루온이 마지막으로 주먹을 휘두르려 할 때, 마치 하나님이 도와주신 것처럼 크리스천은 재빨리 손을 뻗어 떨어진 칼을 집어 들었다. "나의 대적 아볼루온아! 나로 인하여 기뻐하지 말지어다. 나는 엎드러질지라도 일어날 것이다"(미 7:8). 크리스천은 이렇게 외치며 있는 힘을 다해 칼로 아볼루온을 찔렀다. 아볼루온은 심히 치명적인 상처를 입고는 뒤로 주춤했다. 크리스천은 외쳤다. "보아라, 너 아볼루온아! 나를 사랑하시는 하나님으로 말미암아 나는 너를 넉넉히 이긴다"(롬 8:37). 이제 크리스천이 반격하려고 하자 아볼루온은 용의 날개를 펴서 부리나케 멀리 달아나 버렸다. 크리스천은 더 이상 그를 보지 못했다(약 4:7).

이 싸움을 나처럼 보고 듣지 않았으면, 아볼루온이 싸우는 내내 얼마나 큰소리로 악을 썼으며 소름이 끼치도록 무서운 소리로 으르렁거렸는지 아무도 상상조차 할 수 없을 것이다. 아볼루온은 용 같은 소리를 지르며 말했다. 또한 크리스천 가슴속에서 터져나오는 한숨과 신음소리는 어떠했던가! 양날이 선 칼로 아볼루온을 찌른 것을 알았을 때까지 나는 한 번도 그에게서 기쁜 낯빛을 볼 수가 없었다. 아볼루온을 이기고야 마침내 크리스천은 미소를 머금고 고개를 들어 하늘을 바라보았다. 그 싸움은 정말 일찍이 보지 못했던 가장 치열하고도 무시무시한 싸움이었다.

싸움이 끝나자 사자의 입으로부터 자신을 건지시고 이제 또다시 마귀의 대장 아볼루온을 이길 수 있게 하신 하나님께 그는 감사의 기도와 찬송을 드렸다. 그러자 그곳에서 갑자기 손 하나가 불쑥 나타났는데 그 손에는 생명나무 잎사귀가 쥐어져 있었다. 크리스천은 그 잎사귀를 건네받아서 싸우다 입은 상처에 가져다 대었다. 그랬더니 상처가 금방 아물었다. 그곳에 앉아서 떠날 때 받은 **빵과 포도주**를 먹고 마셨다. 크리스천은 다시 새 힘을 얻고 순례길에 올랐다. 어떠한 원수가 가까이 있을지 알 수 없노라고 혼잣말을 하면서 크리스천은 칼을 손에 단단히 쥐었다. 그러나 골짜기를 다 지나는 동안 다른 원수들을 만나지는 않았다.

사망의 음침한 골짜기

골짜기를 다 지나니 이제 또 다른 골짜기가 있었다. **사망의**

마귀 아볼루온을 이길 수 있게 하신
하나님께 감사의 찬송과 기도를 드리는 크리스천

음침한 골짜기(The Valley of the Shadow of Death)라 부르는 곳이었다. 하나님 나라로 가는 길은 그 골짜기 한가운데 나 있었다. 크리스천은 그곳을 비켜갈 수 없는 상황이었다. 골짜기는 매우 음침했다. 그 골짜기는 선지자 예레미야가 묘사한 대로 "광야 곧 사막과 구덩이 땅, 건조하고 사망의 그늘진 땅, 사람이 그 곳으로 다니지 아니하고 그 곳에 사람이 거주하지 아니하는 땅을(그리스도인만) 통과케 하시던"(렘 2:6) 곳이었다.

이제 크리스천은 아볼루온과 싸우던 때보다 더 악한 처지에 놓이게 되었다. 나는 그때 크리스천이 사망의 음침한 골짜기 가까이에 이르러 두 남자와 만나는 것을 꿈속에서 보았다. 그들은 기름진 땅에 대해 악평을 한 사람들의 자손으로 급히 되돌아가고 있는 중이었다(민 13:32). 그 사람들에게 크리스천이 물었다.

크리스천 : 어디로 가는 겁니까?

남자들 : 돌아가시오, 돌아가. 당신도 살고 싶거나 평안을 원한다면 우리처럼 돌아가길 바라오.

크리스천 : 아니, 도대체 무슨 일입니까?

남자들 : 무슨 일이냐고! 우리는 당신과 마찬가지로 이 길을 가던 사람들로 갈 수 있는 데까지 위험을 무릅쓰고 갔소. 정말이지 우리는 돌아오지 못할 뻔했소.

크리스천 : 무슨 일을 겪으셨습니까?

남자들 : 말도 마십시오. 죽을 뻔했소. 우리가 계속 걸어갔다면 벌써 죽었을 것이오. 다행히도 그 사망의 음침한 골짜기에 막 들어서려는데 우리 앞에 놓인 위험을 보게 된 겁니다(시 44:19; 107:10).

크리스천 : 도대체 무엇을 보았는데요?

남자들 : 그 골짜기 자체가 구덩이처럼 깜깜했어요. 그 구덩이 속에는 이상한 괴물과 용들이 있었어요. 뿐만 아니라 귀신 웃음소리, 야수의 부르짖음, 악을 쓰는 비명소리까지 들려왔어요. 그 비명소리는 말할 수 없이 참담한 고통 속에 갇혀 쇠사슬에 묶인 채 괴로워하는 사람들의 외침과도 같았어요. 절망과 어지러움의 구름이 깔려 있는데다 죽음의 그림자가 언제나 골짜기 위에서 날갯짓하고 있지요. 한마디로 말해 구석구석 온통 무시무시함과 괴로움이 뒤섞여 질서라고는 찾아볼 수 없는 공포와 혼란의 도가니 바로 그 자체입니다(욥 3:5; 10:22).

크리스천 : 그런 위험이 있어도 길은 이 길밖엔 없잖소? 어쨌든 이 길은 우리가 그토록 바라는 하나님 나라로 가는 길(시 44:18-19; 렘 2:6)이니 그래도 계속 가야 하는 것 아닙니까?

남자들 : 그건 당신 맘이요. 우리는 돌아갑니다. 어디 한번 잘 가 보시오.

이렇게 해서 크리스천은 그들과 헤어지고서 제 갈 길을 갔다. 크리스천은 언제 위험을 당하게 될까 두려워 여전히 칼을 손에 단단히 쥐고 있었다.

무서운 골짜기의 광경

그때 나는 꿈속에서 골짜기가 다할 때까지 오른쪽에 매우 깊은 도랑이 있는 것을 보았다. 예나 지금이나 그 도랑으로 장님이 장님을 데리고 갔다. 그래서 이끌어 준 장님도 따라간 장님도 모두 그곳에서 비참하게 죽었다. 또 보니 골짜기 왼쪽에는 빠져 나오기 매우 힘든 위험한 수렁이 있었다. 그 수렁은 착한 사람이 빠져도 발 딛고 일어설 만한 바닥을 찾을 수 없는 끝도 없이 깊은 수렁이었다. 다윗 왕도 그곳에 한 번 빠졌는데 능력의 하나님께서 그를 건져 주시지 않았다면 틀림없이 거기서 질식해 죽었을 것이다(시 69:14).

그곳에 나 있는 길 또한 매우 좁아서 조심하지 않으면 엄청 위험한 곳이었다. 캄캄한 어둠 속에서 도랑을 피하려고 하면 금방이라도 반대쪽 진흙으로 떨어질 듯했고, 진흙에 빠지지 않으려고 하다 보니 아주 조심하지 않으면 곧 도랑에 빠질 것만 같았다. 크리스천은 정신을 바짝 차리고 계속해서 걸어갔다. 그때 나는 크리스천이 땅이 꺼질 듯이 한숨 쉬는 소리를 들을 수 있었다. 칠흑과 같은 어둠 속에서 밑도 없는 도랑과 위험한 수렁 사이를 걸어가며 때때로 앞으로 가려고 한 발을 들고 나면 그 다음엔 어디에다 발을 두어야 할지 알 수 없었기 때문이었다.

나는 골짜기 한가운데쯤 되는 곳, 길 바로 옆에 지옥이 입을 벌리고 있는 것을 보았다. '어떻게 하나?' 크리스천은 생각했다. 지옥에선 이따금씩 무시무시한 소리를 내면서 불꽃과 연기가 번쩍이며 엄청나게 쏟아져 나오곤 했다. 그런 것들은 전에 아볼루온과 싸울 때처럼 크리스천이 가지고 있는 칼로 무찌를 수 있는 것들이 아니었다. 크리스천은 칼을 칼집에 집어넣고서 다른 병기를 써야만 했다. 그것은 모든 병기 중에 병기, 기도(엡 6:18)였다. 크리스천은 소리쳤다. "여호와여 내가 주께 구하오니 내 영혼을 건지소서"(시 116:4). 이같이 기도하며 그는 상당히 오랫동안 걸어갔다. 걸어가는 도중에도 불길은 여전히 크리스천을 삼키려고 혀를 널름널름거렸다. 여기저기서는 울부짖는 구슬픈 신음 소리들이 크리스천의 귀에 들려왔다. 때때로 그는 마치 자신의 몸이 갈기갈기 찢기거나 길옆에 있는 진흙처럼 잘근잘근 짓밟히는 듯한 생각을 하면서 걸어갔다.

수십 리를 가는 동안 크리스천은 이 끔찍한 광경을 보았고 소

사망의 음침한 골짜기를 통과하는 크리스천

름끼치는 소리를 함께 들었다. 앞에서 마귀 떼 다가오는 소리가 들린다고 여겨질 때면, 그는 멈춰 서서 어떻게 해야 좋을지 생각하다 머뭇거리기도 하고, 때로는 돌아가고 싶은 마음이 들기도 했다. 그러다 자신이 이미 골짜기의 반은 지나왔을 거라고 생각하니 용기가 나서 계속 걸어갔다. 그는 자신이 이미 얼마나 여러 번 곤고산을 물리쳐 왔던가를 떠올렸고, 앞으로 계속 가는 것보다 다시 돌아가면서 겪게 될 곤고산이 훨씬 더 많을 거라고 여겼다. 크리스천은 계속해서 가던 길을 가기로 마음먹었다. 마귀들이 점점 더 가까이 다가와 바로 자기 옆까지 왔다고 생각되면 그는 목이 터져라 소리를 질렀다. "나는 주 하나님의 능력으로 걸어가리라." 그러면 마귀들은 뒤로 물러가 더 가까이 다가오지 않았다.

한 가지 빠뜨릴 수 없는 이야기가 있다. 이제 선한 크리스천이 심히 혼란에 빠져 자신의 목소리를 분간할 수 없게 되었다는 사실을 나는 알아차렸다. 마침 크리스천이 불길이 타오르고 있는 구덩이의 입구 가까이 이르자 이때 악한 무리 중 하나가 뒤에서 크리스천에게 살그머니 다가가 하나님을 마구 욕하며 그의 귀에 속삭였다. 크리스천은 그 더러운 말이 꼭 자기 마음속에서 나오는 것 같았다. 이것은 이제껏 겪었던 어떤 일보다 크리스천을 더욱더 괴롭게 한 것이었다. 자신이 그토록 사랑했던 하나님을 지금 모독하는 것이 아닌가 하는 생각으로 크리스천은 괴로웠다. 크리스천은 그 소리를 피하지도 못했고, 자신의 귀를 틀어막거나 그런 지독한 말들이 어디서 나오는가 알아보려 할 만큼 판단도 서지 않았다. 크리스천은 이런 절망적인 상황에서 꽤 오랫동안 헤매다가 "내가 사망의 음침한 골짜기로 다닐지라도 해를 두려워하지 않을 것은 주께서 나와 함께하심이라"(시 23:4)고 찬송하는 남자의 목소리를 들었다.

크리스천은 뛸 듯이 기뻤다. 그것은 다음과 같은 이유 때문이었다.

첫째로 크리스천은 그 골짜기에 자기 혼자가 아니라 하나님을 두려워하는 사람이 또 있다는 것을 알게 되었기 때문이었다.

둘째로 비록 어둡고 위험한 곳이라 할지라도 믿는 자들과 함께하셨던 하나님이 자기와도 함께하신다는 사실을 다시 한번 깨닫게 되었기 때문이었다. 비록 이곳에서 나를 가로막는 위험들로 인한 공포로 인해 내가 그분을 느끼지 못할지라도 하나님께서는 항상 자신과 함께하신다는(욥 9:11) 생각을 크리스천은 했던 것이다.

셋째로 앞서 가는 순례자들을 따라잡아 곧 그들과 함께 가게 되리라고 믿었기 때문이다.

크리스천은 힘을 얻어 계속 걸어가면서 앞에 가는 사람을 불렀다. 그렇지만 그 사람은 대답하지 않았다. 그 사람 또한 자기 자신이 혼자라고 생각하며 걷고 있었기 때문이었다. 차츰 날이 밝아오기 시작하자 크리스천은 "주께서 사망의 그늘로 아침이 되게 하셨구나"(암 5:8) 하고 소리쳤다.

아침이 오자 크리스천은 뒤를 돌아다보았다. 돌아가고 싶은 생각에서가 아니라 밝은 빛 아래서 캄캄한 가운데 자신이 걸어 왔던 길이 과연 어떠했을까를 보고 싶었기 때문이었다. 크리스천의 눈에는 한쪽의 도랑과 다른 한쪽의 습지가 더욱 똑똑히 보였다. 그 사이에 놓인 길이 얼마나 좁은 길인지도 보였다. 구덩이 속의 괴물과 용들이 조금 떨어진 곳에 있는 게 보였다. 날이 새고 난 다음이라 그들은 가까이 오지 않았다. 그렇지만 그들은 "어두운 가운데에서 은밀한 것을 드러내시며 죽음의 그늘을 광명한 데로 나오게 하시며"(욥 12:22)란 말씀 그대로 다 드러나 보였다.

크리스천은 이 외로운 길의 모든 위험에서 살아난 것이 무척 감격스러웠다. 비록 그 위험한 것들이 어둠 속에서 만났을 때는 두려웠지만 이제 낮의 밝은 빛이 그것들을 더욱 선명하게 드러내 보여 주고 있었기 때문이었다.

해가 떠오르고 있었다. 그것은 크리스천에게 또 다른 은총이었다. 크리스천이 앞으로 가야 할 길에는 훨씬 더 많고 큰 위험이 도사리고 있기 때문이었다. 지금 서 있는 곳에서부터 골짜기 끝까지 이르는 길 양쪽에는 우글거리는 뱀뿐만 아니라, 온갖 덫과 함정과 그물들이 도사리고 있었고 수렁과 깊은 함정, 가파른 비탈이 여기저기 곳곳에 너무 많이 널려 있었기 때문이었다. 크리스천이 처음 이 골짜기를 지나올 때처럼 어두웠더라면, 그가 천 개의 영혼이 있을지라도 이 길을 지날 때 다 잃어버렸을 것이다. 하지만 점점 더 높이 떠오르는 해가 있으므로 그는 용기를 내었다. "그의 등불이 내 머리에 비치시매 내가 그의 밝은 빛을 힘입어 흑암에서도 행하였노라"(욥 29:3). 크리스천은 낮의 밝은 햇볕을 받으며 골짜기 끝까지 이르렀다. 그는 노래를 불렀다.

참으로 놀랍고 놀랍도다.
내 이 곤고산과 위험 가운데서도
살아남게 되었다니!
고통 속에서 나를 건져 내신 자비로우신 손길이여!
어두움과 악마와 지옥과 죄의 골짜기의 위험이

나를 둘러싸고

온갖 위험과 덫과 그물 깊은 함정의 수렁들이

나를 삼키려고 도사리고 있었으나

내 가는 길에서 어리석은 바보처럼

붙잡히고 걸리고 깊은 수렁에 빠질 수도 있었으나

나 이렇게 살아 있으니 이 모두 주님의 은혜라,

예수께 영광을 돌리세!

겸손의 골짜기와
사망의 음침한 골짜기 | Part 5

1. 겸손의 골짜기 : 산비탈을 내려올 때 몸을 바짝 낮추어야 넘어지지 않는다. 만약 몸을 세우면 무게 중심이 위에 있기 때문에 쉽게 넘어질 수밖에 없다. 영적으로 중무장을 했다고 교만하여 몸을 세우고 산비탈을 내려오게 되면 넘어지기 마련이다. 크리스천은 아름다운 저택에서 커다란 영적 체험을 하였고, 곧이어 겸손의 골짜기를 만나게 되었다. 이렇게 겸손의 골짜기로 인도하시는 것은 크리스천을 겸손하게 만들어 하나님의 은혜를 계속 누리게 하고, 장래의 사역을 잘 수행할 수 있도록 준비시키는 작업이다.

2. 마귀 아볼루온 : 마귀는 성도들을 두렵게 함으로써 성도에게 있는 믿음을 약화시키거나 없애려한다. 만약 성도가 마귀의 이러한 전략에 지게 되면 두려움에 싸이게 되고, 걱정을 하고, 염려에 빠지게 된다. 두려움으로 인하여 성도는 확신이 흔들리고, 하나님의 약속을 믿지 못하고, 기도하지 않고, 결국 믿음을 다 잃어버리

고, 시험에 빠져 넘어지게 된다. 믿음의 사람들은 마귀의 공세에 반드시 정면으로 대적해야 한다. 뒤로 물러서게 되면 마귀의 쏘는 화살에 맞아 쓰러지게 되어 있다. 그리스도의 군사는 뒤로 물러서지 못하도록 갑옷이 가슴만 가리도록 되어있다. 반드시 적에 대해서 담대하게 정면으로 굳건히 서서 대적해야 하며, 물러설 수 없다.

3. 사망의 음침한 골짜기 : 아볼루온과의 전투 직후, 사망의 음침한 골짜기로 인도되는 이유는 전투에서 칼을 놓친 것과 부상당한 것 때문이다. 사망의 음침한 골짜기를 통해 칼을 보다 잘 사용하는 훈련을 받아서 크리스천의 약점을 보완할 필요가 있었다. 사망의 음침한 골짜기는 가나안 땅을 들어가기 위해서 광야를 지나가야 하듯 하나님의 백성이 반드시 통과해야 하는 곳이다.

– 해설 천로역정 (김홍만 저, 생명의말씀사)

The Pilgrim's Progress

PART **6**

믿음과의 동행
그리고 순교

교만하여 넘어진 크리스천을 일으켜 주고 있는 믿음

믿음을 만나다

계속해서 길을 가던 크리스천은 작은 언덕에 이르렀다. 순례자들이 올라가서 앞을 내다볼 수 있게 해 놓은 곳이었다. 크리스천이 언덕 위로 올라가서 앞을 내려다보니 믿음이 자기보다 앞서 길을 가고 있는 것이 보였다. 크리스천은 크게 소리쳐 그를 불렀다.

크리스천 : 어이, 이봐요! 기다리시오, 같이 갑시다.

믿음은 고개를 돌려 크리스천을 돌아보았다. 크리스천은 다시 한번 그 사람을 향해 소리를 질렀다.

크리스천 : 멈춰요, 내가 그리로 갈 때까지 좀 멈추시오.

믿음 : 그럴 수 없소. 내 목숨이 달려 있어요. 피의 복수자가 나를 따라오고 있습니다.

그 말에 크리스천은 약간 놀라서 온 힘을 다해 달려가 믿음을 따라잡았다. 뿐만 아니라 오히려 그를 앞서가게 되었다. 나중에 온 자가 먼저 간 자를 앞서게 된 것이다. 동료를 앞질렀다는 강한 자만에 빠져 크리스천은 웃음을 지어 보였다. 그 바람에 앞을 조심해서 보지 않아 크리스천은 갑자기 휘청거리며 넘어지고 말았다. 믿음이 와서 도와 줄 때까지 그는 일어날 수가 없었다.

그러고 나서 꿈에서 보니 두 사람은 순례길을 오는 동안 각자 겪은 모든 일들을 재미있게 주고받으며 아주 다정하게 걸어가고 있었다. 크리스천이 이야기를 시작했다.

크리스천 : 주님의 인도로 믿음씨와 동행하게 된 것을 주님께 감사드립니다.

믿음 : 사랑하는 친구여, 나는 마을에 있을 때부터 당신과 함께 가기를 몹시 바랐으나 당신이 먼저 떠났기 때문에 이렇게 먼 길을 혼자 올 수밖에 없었습니다.

크리스천 : 나를 따라 순례의 길을 떠나기까지 멸망의 도시에서 얼마나 계셨습니까?

믿음 : 더 이상 머물러 있을 수가 없었습니다. 사람들은 당신이 떠나자마자, 우리가 살고 있는 도시에 머지않아 하늘에서 유황불이 떨어져 도시 전체가 멸망한다고 했지요.

크리스천 : 아니! 마을 사람들이 그런 이야기를 했단 말입니까?

믿음 : 예, 그렇습니다. 얼마 동안 모든 사람들의 입에 그런 이야기가 나돌았죠.

크리스천 : 이럴 수가! 그런데도 당신 말고는 아무도 그 위험을 피하려고 마을을 떠나는 사람이 없었습니까?

믿음 : 내가 말했듯이 도시가 멸망할 거라는 이야기를 많이 했

으나, 사람들은 그 사실을 심각하게 믿는 것 같지는 않았습니다. 그들 중에는 당신을 비웃으며 당신이 소망 없는 여행을 떠났다고 하는 사람도 있었거든요. 그렇지만 나는 확실히 믿었고 지금도 우리 도시에 불과 유황이 내릴 것이라고 믿고 있습니다. 그렇기 때문에 이렇게 도망쳐 왔어요.

크리스천 : 그런데 잠시나마 나와 같이 갔던 변덕쟁이씨 소식은 아시나요?

믿음 : 아, 변덕쟁이씨요? 그 사람이 당신을 절망의 수렁까지 따라갔다고 들었습니다. 변덕쟁이씨가 절망의 수렁에 빠졌다고 하는 사람도 있던데요. 온 몸에 흙을 묻힌 채 돌아왔지요. 그런데 그는 자기가 수렁에 빠졌던 사실을 숨기려고 했어요.

크리스천 : 사람들은 변덕쟁이씨에게 뭐라고 했습니까?

믿음 : 변덕쟁이씨는 가다가 돌아왔기 때문에 마을 사람들 누구에게나 비웃음을 샀지요. 변덕쟁이씨를 조롱하는 사람도 있었고 무시하는 사람도 더러 있어 나중에는 거의 일자리도 얻기가 힘이 들었습니다. 그 사람은 지금 마을을 떠나지 않았을 때보다 훨씬 더 비참한 처지에 놓여 있습니다.

크리스천 : 사람들은 변덕쟁이씨가 포기한 길을 욕하면서도 왜 그 사람이 돌아온 데 대해 그렇게 못마땅하게 여기는 것입니까?

믿음 : 예, 사람들은 그가 변절자라고 손가락질하는 거지요. 하나님께서도 이 길에서 돌아선 그에게 진노하사 마을 사람들이 변덕쟁이씨를 미워하도록 내버려 두셨나 봐요(렘 29:18, 19).

크리스천 : 마을을 떠나오기 전에 변덕쟁이씨와 한 번도 말을 해 본 적이 없습니까?

믿음 : 길에서 딱 한 번 본 적이 있어요. 그렇지만 그는 나와 만나는 것을 피하는 눈치였어요. 마치 자기가 했던 일을 부끄러워하는 사람처럼 보였지요. 그래서 변덕쟁이씨에게 말을 걸 수가 없었습니다.

크리스천 : 그래요, 처음 떠날 때는 나도 그 사람에게 기대를 했어요. 그렇지만 이제 도시가 파멸될 때 변덕쟁이씨도 함께 멸망하게 되겠군요. 속담에 이르기를 개가 그 토하였던 것을 다시 먹고 돼지가 씻은 후 다시 더러운 구덩이 뒹군다고 하더니만(벧후 2:22) 변덕쟁이씨가 바로 그 꼴이 된 것 같군요.

믿음 : 나도 변덕쟁이씨가 걱정이 됩니다만 장차 일어날 일을 누가 막을 수 있겠어요?

크리스천 : 그건 그렇고 지금껏 겪어 온 일을 알고 싶군요. 오면서 여러 가지 일을 겪으셨을 테니까요. 아니라면 이상한 일이죠.

믿음이 겪은 일

믿음 : 나는 당신이 빠졌던 수렁을 가까스로 피해 좁은 문까지 별 어려움 없이 갈 수 있었습니다. 그런데 **음란**(Wanton)이라는 여자를 만났지요. 그 여자는 나를 곤경에 빠뜨리려고 했습니다.

크리스천 : 그 여자의 덫을 빠져 나오기를 잘하셨소. 요셉도 그 여자 때문에 몹시 난처한 지경에 빠졌었지요. 그도 당신처럼 그 여자로부터 달아나기는 했지만 하마터면 목숨을 잃을 뻔했어요(창 39:11-13). 그런데 그 여자가 당신에게 어떻게 하던가요?

믿음 : 당신도 어느 정도 알고는 있겠지만 그 여자가 얼마나 달콤한 말로 나를 꾀었는지 상상도 못 할 거요. 그 여자는 온갖 만족을 주겠다며 자기와 함께 넓은 길로 가서 멋지게 즐기면서 살자고 얼마나 나를 졸라댔는지 모릅니다.

크리스천 : 그 여자가 선한 양심을 만족시켜 주겠다고 하지는 않았을 테죠?

믿음 : 당신도 알겠지만 그 여자가 요구한 것은 모두 정욕과 육신의 만족이었어요.

크리스천 : 당신이 그 여자의 유혹에 빠지지 않은 것을 하나님께 감사드리시오. 여호와의 노를 당한 자는 음녀의 함정에 빠진다고 했습니다(잠 22:14).

믿음 : 난 아직 자신이 없습니다. 내가 온전히 그 음녀의 유혹에서 벗어났는지 아직 잘 모르겠습니다.

크리스천 : 아니 그럼, 그 여자의 요구를 들어 줬다는 건가요? 그건 아니겠죠?

믿음 : 물론 아닙니다. 그때 마침 성경 구절이 생각났지요. 음녀의 발걸음은 음부로 내려간다(잠 5:5)는 구절을 묵상하며 음녀의 유혹에 홀리지 않으려고 눈을 감아 버렸답니다(욥 31:1). 그러자 그 여자는 급기야 화를 내며 마구 내게 욕을 퍼붓더니 떠나갔지요. 그제서야 나는 내 갈 길로 갔습니다.

크리스천 : 그 뒤로 오는 길에 또 다른 시험은 없었나요?

믿음 : **곤고산**(Difficulty)이라는 산 중턱에서 매우 나이 든 한 사람을 만났지요. 그는 내가 무엇을 하는 사람이며 어디로 가는 길이냐고 물어보았어요. 그래서 나는 순례자며 **하나님 나라**(Celestial City)로 가는 중이라고 대답했습니다. 그 노인은 "당신은 상당히 정직해 보이는구먼. 내가 삯을 줄 테니 나와 함께 살지 않겠나?" 하더군요. 그래서 어디 사는 누구시냐고 물어보았어요. 그는 자기 이름은 **첫 사람 아담**(Adam the First)이며 **속임이란 이름의 도시**(the town of Deceit)에 산다고 했습니다. 그래서 그럼 내가 할 일은 무엇이며, 그 품삯은 얼마나 되는지를 물어보았죠. 그 노인은 내게

말하기를 일이란 그저 **많은 쾌락거리**(many Delights)를 즐기는 것이며 내가 받을 품삯은 그 자신의 상속자가 되는 것이라고 했어요. 나는 그 사람에게 어떤 집에서 어떤 하인들을 데리고 사는지 구체적으로 물어보았죠. 그러자 그가 말하기를 자기 집은 모은 것이 풍족하여 세상의 온갖 맛좋은 음식들이 다 있으며, 종들은 모두 자기가 낳은 자식들이라고 했어요. 아이가 몇이냐고 물었더니 딸만 셋 있는데 각각 **육신의 정욕**(the Lust of Flesh), **안목의 정욕**(the Lust of Eyes), **이생의 자랑**(the Pride of Life)이라고 했습니다(요일 2:16). 그는 내가 원한다면 자기 딸과 결혼시켜 주겠다고 했어요. 그래서 당신과 얼마나 함께 살아야 하느냐고 물었더니 자기가 죽을 때까지 계속 같이 살아야 한다고 했습니다(요 2:16).

크리스천 : 그래서 둘 사이의 이야기가 결국 어떻게 끝났습니까?

믿음 : 사실 처음엔 나도 조금은 그 사람의 말에 귀가 솔깃해졌지요. 그 사람이 그럴 듯한 이야기를 하고 있다고 여겼기 때문에 따라갈까 생각했었지요. 그런데…… 그의 얼굴을 쳐다보다가 그 사람 이마에 "사람을 그 행실과 함께 벗어 버려라"고 쓰여 있는 글을 보게 되었어요.

크리스천 : 그래서 어떻게 했습니까?

믿음 : 그때 갑자기 노인이 뭐라고 이야기하든 어떤 듣기 좋은 소리를 할지라도 그 노인을 따라갔다가는 평생 종으로 팔려 혹 사당하다가 필경은 비참하게 죽을 것이라는 생각이 번뜩 들었어요. 그래서 그가 무슨 말을 해도 집까진 갈 수가 없다고 잘라 말하고는 더 이상 말을 하지 않았습니다. 그러자 그 노인은 내게 욕지거리를 하면서 내게 사람을 하나 붙여서 내 영혼을 괴롭히겠다고 했어요. 나는 몸을 돌려 그 노인으로부터 도망치려고 했지요. 그런데 몸을 돌리는 순간 뒤에서 그 노인이 내 몸을 확 붙잡고는 온 힘을 다해 잡아당기는 것을 느꼈습니다. 내 몸의 어딘가를 잡고 자기 쪽으로 끌어당기고 있다는 생각이 들었어요. 나는 "오호라 난 진정 곤고한 자로다"(롬 7:24)를 부르짖으며, 그 즉시 곤고산을 뛰어 올라갔습니다.

그런데 언덕 중턱쯤에 올라 뒤를 돌아보니 그곳에서부터 나를 급히 쫓아오던 한 남자가 있었어요. 그 남자는 마침내 정자가 있는 곳에서 나를 따라잡았지요.

크리스천 : 아, 그 장소! 바로 거기가 내가 잠깐 쉬려고 앉았던 곳입니다. 그러다가 쏟아져 내리는 잠을 못 이겨 가슴에 품고 있던 두루마리 책을 잃어버리기도 했지요.

모세에게 호되게 혼난 믿음

믿음 : 아무튼 크리스천씨, 내 말을 끝까지 들어 보십시오. 그 남자는 쏜살같이 나를 따라잡자마자 다짜고짜 나에게 주먹을 휘둘렀습니다. 느닷없이 당한 나는 잠시 기절을 했죠. 다시 깨어난 후 도대체 무슨 이유로 날 쳤느냐고 그에게 물었습니다. 그는 내가 죄를 지었다면서 좀 전에 만났던 첫사람 아담이라는 노인의 유혹에 내가 따라갈 마음을 갖지 않았느냐고 호통을 쳤어요. 그리고 그는 또 다시 내 가슴에 일격을 가했습니다. 나는 또 한 번 그 사람의 발 앞에 쓰러졌죠. 정신이 다시 들어 나는 울면서 잘못을 용서해 달라고 그에게 자비를 구했습니다. 그렇지만 그는 자기는 자비를 베풀 줄 모른다면서 나를 다시 땅에 내다 박았습니다. 그런데 바로 그때 누군가 나타나 나를 치던 자를 만류하더군요.

크리스천 : 그 사람이 누구였는데요?

믿음 : 처음에 나는 그 사람이 누군지 몰랐지요. 그가 옆에 지나가실 때 그 손과 옆구리에 난 구멍과 핏자국을 보고 나서야 전 그분이 주님인 걸 알게 됐지요. 그래서 난 계속 산위로 올라갈 수 있었습니다.

크리스천 : 당신을 따라와 때린 자는 바로 모세입니다. 그는

율법을 어긴 자는 절대 용서하지 않습니다. 그리고 절대 자비를 베풀 줄도 모르죠.

믿음 : 맞아요. 내가 그를 만난 것은 그때가 처음이 아니었으니까요. 그는 내가 멸망의 도시를 떠나기 전에도 나타났었죠. 내가 집에서 아무 걱정 없이 살고 있을 때 나를 찾아와서 계속 집에 머물러 있으면서 멸망의 도시를 떠나지 않는다면 내가 보는 앞에서 집을 불살라 버리겠다고 경고했죠.

크리스천 : 그런데 혹시, 당신은 모세를 만났던 그 언덕 꼭대기에 집이 있는 것을 보지 못했습니까?

믿음 : 아! 그때 사자 두 마리가 잠자고 있어서 전 그냥 그 옆을 지나쳐 왔어요. 그때는 점심때라서 하루가 꽤 많이 남아 있었기 때문에 문지기를 그냥 지나쳐 언덕을 내려왔습니다.

크리스천 : 문지기가 당신이 가는 것을 보았다고 내게 말해 주더군요. 그렇지만 당신이 그 집에 들렀더라면 더 좋았을 텐데요. 그 집에 갔더라면 당신이 죽을 때까지 잊지 못할 진기한 것들을 보았을 겁니다. 그런데 혹시, 겸손의 골짜기에서는 아무도 만나지 않았나요?

불만

믿음 : 아, 그곳에선 **불만**(Discontent)이라는 사람을 만났어요. 그 사람은 자기와 함께 다시 돌아가자고 열심히 나를 설득했어요. 게다가 계속 그 길로 가는 것은 **교만**(Pride)이나 **오만**(Arrogancy), **자기기만**(Self-Conceit), **세상 영광**(Worldly Glory)이라는 친구들의 의리를 배신하는 행위가 아니냐고 말하더군요. 그들은 내가 많은 사람들로부터 비난을 면치 못할 것이라고 했습니다.

크리스천 : 그래서 뭐라고 대답했습니까?

믿음 : 나는 불만씨에게 얘기했죠. 그가 이야기한 사람들과 한때는 친했을지 몰라도, 또한 그랬던 것도 사실이지만(그들은 육에 속한 나의 친척들이었기 때문에), 이제 나는 새사람이 되려 순례의 길에 오른 이상 그들과의 옛 관계는 모두 끊어졌으며 나 또한 그들을 거절했으므로 지금은 더 이상 상관없는 이들이라고 말했어요. 또 불만씨가 이 골짜기에 대해 상당히 잘못 알고 있다는 이야기도 했습니다. "겸손은 존귀의 길잡이요, 교만은 패망의 선봉"(잠 15:33; 16:18)이라고 했으니, 나는 불만씨가 가장 가치 있다고 여기는 정욕을 채우기보다는 차라리 가장 지혜로운 사람들이 소중히 여기는 것을 찾아 영광으로 이르는 겸손의 골짜기를 택하고 그 길로 가겠노라고 했습니다.

수치

크리스천 : 겸손의 골짜기에서 또 다른 사람은 안 만났습니까?

믿음 : **수치**(Shame)라는 사람을 만났어요. 순례의 길을 걸어오면서 내가 만났던 사람들 중에서 그 사람보다 더 나쁜 사람도 없었던 것 같아요. 다른 사람들은 조금 이야기를 나누고 나면 다소 돌이킴이 있었는데 이 뻔뻔스러운 수치는 절대로 그렇지가 않았습니다.

크리스천 : 왜요, 그 사람이 당신에게 뭐라고 그랬는데요?

믿음 : 내 참! 그는 아예 종교 자체를 부정했어요. 못난 놈들이나 종교를 갖는 거지, 사내답지 않게 무슨 하나님을 의지하냐며 떠들어댔지요. 그는 양심에 민감한 것은 사내답지 못하다며, 요즘 용감한 사람들이 으레 행하는 방종한 자유를 삼가려고 말과 행동을 조심하다 보면 모두 비웃음거리가 될 것이라고 하더군요. 수치는 또한 권세 있고 돈 많은 똑똑한 사람들이라면 나와 같이 하나님을 믿을 생각은 하지 않을 것이며, 아무도 모든 것을 잃고 모험을 하는 바보가 되지는 않을 것이라고 큰소리치더군요 (고전 1:26; 3:18; 빌 3:7-9; 요 7:48). 게다가 그는 이 세상의 순례자들은 다 낮고 천한 신분과 지위를 갖고 살며, 모든 자연과학을 잘 모를뿐더러 이해하지 못한다고 비난했습니다. 그래요, 그는 그런 식

으로 내가 지금 늘어놓은 것보다 훨씬 더 많은 것들을 내세워 비난했어요. 설교를 듣고는 은혜 받았다고 울다가도 집에 돌아와서는 한숨을 쉬고 괴로워한다면서 흉을 보더군요. 이웃에게 자신의 조그만 잘못을 위해 용서를 빈다거나, 빼앗은 것을 되돌려 준다던가 하는 일들은 부끄러운 일이라고 그는 믿고 있었어요. 그 사람은 또한 종교가 몇 가지 악습(수치는 더 나쁘게 말했다)을 가지고 사람을 굉장히 이상하게 만든다고도 이야기했습니다. 모두 한 신앙 안의 형제라는 이유로 낮은 처지에 있는 사람들을 받아들이고 귀히 여기는데 이것이 부끄러운 일이 아니고 무엇이냐고 내게 묻더군요.

크리스천 : 참으로 대책 없는 사람이군요. 그래서 뭐라고 하셨습니까?

믿음 : 뭐라고 하다니요! 처음에는 뭐라 대답할 수도 없었습니다. 맨 처음에는 그의 일방적인 몰아붙이기와 공격적인 말투에 울화가 치밀어 올라 그가 알아챌 정도로 내 얼굴이 붉어졌지요. 그러나 다음 순간 그가 말하는 모든 것이 인본주의적인 생각임을 알았어요. 그는 성경 말씀은 전혀 모르는 자였으니까요. 나는 사람들에게 높임을 받는 것은 하나님 앞에 미움을 받는다는 (눅 16:15) 성경 말씀이 생각났어요. 그뿐 아니라 마지막 날 우리가

심판 받을 때는 이 세상에서 부리던 허세는 아무 소용없고 지극히 높으신 하나님의 지혜와 법에 따라 죽느냐 사느냐가 결정된다는 생각이 들었습니다. 세상 것에 중심을 두고 있는 그의 눈엔 우리가 비천하고 우둔하게 보일지 모르나 진실로 영의 눈으로 봤을 때는 우리가 지혜로운 자들이요, 세상의 것을 많이 가졌다고 하는 자들보다 더 부요한 자들임을 깨닫게 되었어요. 나는 그에게 이렇게 소리쳤습니다. "수치야, 물러가라. 너는 내 구원의 원수다. 내가 나를 다스리는 하나님을 거역하고 너를 받아들인다면 내 어떻게 주님 오시는 날 그분을 바로 쳐다볼 수 있겠느냐?(막 8:38) 내가 주님의 길을 따르고 주의 종이 되기를 부끄러워한다면 어떻게 그분의 축복을 바랄 수 있겠느냐?" 그런데 그 수치란 자가 얼마나 뻔뻔스럽고 지독한 놈인지 떨쳐 버리기가 여간 어렵지 않더군요. 그는 정말 끈질기게 나를 유혹했습니다. 내게 수시로 나타나서 하나님을 믿으면서도 무기력한 사람들의 이야기를 해대고 나의 허물과 부족함뿐 아니라 하나님을 믿는 성도들의 부족함과 연약한 부분들까지도 끊임없이 속삭여 대곤 했어요. 그렇지만 나는 하나님께서는 우리의 허물과 연약함을 다 아실 뿐 아니라 그것까지 다 사랑하시고 있는 모습 그대로 받아 주시므로 그런 수작을 계속 내게 부려 봤자 소용없는 헛된 짓이라고 말해 주었죠. 결국 나는 그 끈질긴 녀석으로부터 벗어날 수 있게 되었습니다. 수치를 떨쳐 버리고 나서 나는 이렇게 노래했습니다.

 온갖 시험과 유혹이 있으나
 순례자들은 하늘의 부르심을 따랐다네.
 시험의 시험이 항상 그대들을 쓰러뜨리려
 끈질기게 둘러싸고 유혹의 손짓을 보낼지라도
 굳건한 반석 위에 서리라.
 오! 그대 천성을 향해 가는 순례자들이여,
 지금, 아니 그 언제라도
 그러한 유혹의 덫에 걸려 넘어지기 쉬우니
 항상 깨어 있어, 사내답게 담대하게 떨쳐 버릴지어다!

크리스천 : 형제여, 당신이 그런 악한 자를 아주 용감하게 물리쳤다니 참 기쁩니다. 무엇보다도 당신 말대로 그는 악한 자 중에 악한 자인 것 같네요. 그는 길에서 우리를 따라다니며 모든 사람들이 보는 데서 우리를 부끄럽게 만들려는 뻔뻔스러운 사람이니 말입니다. 사실 그 사람은 우리가 옳은 일을 하는 것을 부

끄럽게 여기도록 하려고 노력하지요. 그러니 얼마나 뻔뻔스러운 자입니까? 수치가 아무리 떠벌린다 해도 그는 어리석은 일을 꾸며 내려는 것뿐이니 끝까지 그와 맞섭시다. 솔로몬은 "지혜로운 자는 영광을 기업으로 받거니와 미련한 자의 영달함은 수치가 되느니라"(잠 3:35)고 했습니다.

믿음 : 우린 그런 자들에게 담대히 진리를 선포할 수 있게 해 달라고 기도해야 할 것입니다.

크리스천 : 옳은 말씀입니다. 겸손의 골짜기에서 또 다른 사람은 만나지 않았습니까?

믿음 : 예, 그 밖에 만난 사람은 없습니다. 남은 길을 지날 때 뿐 아니라 사망의 음침한 골짜기를 지날 때도 햇볕이 내내 비추었으니까요.

수다쟁이와 믿음이 이야기하다

나는 꿈에서 두 사람이 함께 계속 걸어가는 것을 보았다. 믿음이 우연히 고개를 돌렸는데 수다쟁이(Talkative)라는 사람이 그들 곁에서 좀 떨어져 걸어가고 있었다. 세 사람이 같이 걸어갈 만한 길이었다. 멀리서 보기에 그는 키가 크고 어딘지 모르게 훌륭한 사람처럼 보였다. 이 사람에게 믿음이 말을 걸었다.

믿음 : 여보시오. 어디로 가는 길입니까? 하늘나라로 가십니까?

수다쟁이 : 예, 그리로 가는 길이지요.

믿음 : 이거, 동행자를 만나서 반갑군요.

수다쟁이 : 동감이요.

믿음 : 우리 같이 가면서 은혜로운 이야기를 나눕시다.

수다쟁이 : 괜히 무익한 잡담이나 하는 자들을 만날까 걱정했지요. 헌데 유익한 얘기를 하면서 길을 가게 됐으니 다행이군요.

믿음 : 그래요. 하나님께 관한 이야기는 가장 소중한 것이지요. 이 땅에서 사람의 입과 혀로 할 수 있는 가장 유익한 것 중 하나님의 일을 말하는 것보다 더 유익한 것이 어디 있겠습니까?

수다쟁이 : 맞아요. 그렇게 이야기하시는 걸 보니 퍽 기쁘고 반갑군요. 게다가 하나님에 관하여 이야기하는 것만큼 즐겁고 우리에게 도움이 되는 것이 또 어디 있겠소? 그보다 기쁜 일이 어디 있겠습니까? 우리가 기쁨을 찾을 수 있는 다른 훌륭한 것들이 있느냐는 이야기지요. 사람들이 역사나 풀리지 않는 수수께끼 이야기를 하기 좋아하거나 기사나 이적, 징조 등에 관하여 이야기하기를 좋아한다 해도 거룩한 하나님의 말씀만큼 기쁨이 넘치고 달콤하게 쓰여 있는 것들을 어디서 발견하겠습니까?

믿음 : 옳은 말씀입니다. 그러나 그러한 것들을 이야기함으로

써 유익을 얻는 것이 우리가 바라야 할 일이지요.

 수다쟁이 : 맞아요, 맞아. 바로 내 말이 그 말이오. 그런 얘기야말로 우리에게 가장 큰 도움이 되지요. 그런 이야기를 나눔으로 세상 것들은 헛되고 하늘의 것들이 가치 있다는 것을 더욱 깊이 깨닫게 됩니다. 특별히 우리는 거듭남의 필요성과 영생은 우리의 힘으로는 부족하며 그리스도의 공의가 필요하다는 것을 깨닫게 됩니다. 게다가 그런 이야기를 하면서 회개, 믿음, 기도, 고난과 같은 것들이 무엇인지 알게 된다오. 복음의 커다란 약속과 위로가 어떠한 것인지 알고 위로도 받게 됩니다. 나아가 그러한 이야기를 통해 우리는 잘못된 생각들을 뿌리치고 진리를 지켜 나가야 하고 잘 모르는 사람들에게 우리의 참된 원리를 가르쳐 줘야 하죠.

 믿음 : 아……, 이러한 이야기를 듣게 되어 정말 기쁩니다.

 수다쟁이 : 그런 대화가 부족하기 때문에 거의 모든 사람들은 영원한 생명을 얻기 위해서 믿음과 그들 영혼에 내리는 은총의 역사가 필요하다는 것을 알지 못합니다. 그러한 사실을 모른 채 사람들은 율법대로만 살아가는데, 율법에 의해서는 결코 하늘나라를 얻을 수 없지요.

 믿음 : 아, 그런데, 하늘나라에 관해 아는 지식은 하나님의 선

물입니다. 인간의 노력이나 그것에 관해 이야기함으로써 하나님 나라에 이를 수는 없지요.

수다쟁이 : 나도 그건 잘 알고 있소. 하나님께서 주시지 않는다면 사람은 아무것도 얻을 수가 없지요. 모든 것은 하나님의 은혜로 되는 것이지 사람의 노력으로 되는 게 아니니까요. 나는 이러한 사실을 증명할 수 있는 성경 구절을 백 군데라도 얘기해 줄 수 있소.

믿음 : 예, 그러면 이번에는 어떤 이야기를 할까요?

수다쟁이 : 당신이 하고 싶은 얘기라면 무슨 얘기든 좋소. 하늘 나라에 관한 이야기나 이 세상에 관한 이야기, 도덕적인 것과 복음적인 것, 거룩한 것과 하나님을 모독하는 것, 지난 일이나 앞으로 올 일, 이방 이야기나 우리 이야기, 좀 더 근본적인 것과 부수적인 것 등등 우리에게 도움이 되는 이야기라면 다 해 봅시다.

수다쟁이의 사람됨

믿음은 이상한 생각이 들기 시작했다. 그래서 크리스천에게 다가가(그때까지 크리스천은 계속 혼자 걷고 있었기 때문이다.) 살짝 이야기했다.

믿음 : 우린 참으로 대단한 친구를 만났습니다! 틀림없이 저 사람은 훌륭한 순례자일 것입니다.

그 말을 듣고 크리스천은 웃음을 참으며 말했다.

크리스천 : 당신이 그렇게 좋게 생각하는 그 사람을 처음 보는 사람들은 모두 그렇게 감쪽같이 속아 넘어가지요.

믿음 : 아니, 저 사람을 아나요?

크리스천 : 그 사람을 아느냐고요! 저 사람이 자기를 아는 것보다 내가 그 사람을 더 잘 알 겁니다.

믿음 : 그래요? 얘기해 봐요.

크리스천 : 저 사람은 수다쟁이란 사람으로 우리 마을 사람입니다. 당신이 그 사람을 모르다니 좀 이상하군요. 우리 마을이 크다고는 하지만 말입니다.

믿음 : 어느 집 아들입니까? 어디 사는 사람이지요?

크리스천 : 그 사람은 달변(Say-well)이란 사람의 아들로 **입씨름을 일삼음**(Prating-row)이라는 거리에 살고 있는데 사람들 모두 그를 "입씨름을 일삼음"이라는 거리의 수다쟁이로 알고 있죠. 말은 잘하지만 보잘것없는 사람입니다.

믿음 : 아니, 어떻게 그런 말을……. 꽤 괜찮은 사람 같아 보이던데요.

크리스천 : 그를 잘 모르는 사람은 그렇게 생각하죠. 그 사람은 모르는 사람에게는 아주 훌륭하게 보이지만 가까운 이웃들은

그가 아주 형편없다는 것을 다 알고 있지요. 그 사람이 훌륭한 사람 같아 보인다는 말을 들으니 내가 감상했던 화가의 그림이 생각나는군요. 그 그림은 멀리서 볼 때는 멋있었지만 가까이서 보면 심히 형편없는 그림이었소.

믿음 : 그렇지만 난 아직도 당신이 웃고 있는 걸 보니 농담을 하고 있다는 생각이 드는군요.

크리스천 : (내가 웃고는 있지만) 근거 없이 남을 비방하는 일은 잘못된 일이지요. 그 사람에 관해 더 자세히 알려 주지요. 그는 지금 당신과 이야기하듯 아무하고나 무슨 말이든 하길 좋아하기 때문에 술좌석에 앉아서도 지껄일 겁니다. 술이 들어갈수록 말은 입에서 점점 더 많아지지요. 저 사람은 입술로만 종교인이지 행동으로는 세상 사람들보다 더 악한 자입니다. 혀에는 거짓말뿐이기 때문에 그 사람의 종교란 그것으로 더욱 시끄러운 소리를 낼 뿐입니다.

믿음 : 그래요? 그렇다면 난 저 사람한테 단단히 속았군요.

크리스천 : 속았지요! 틀림없이 속았다고 할 수 있어요. "그들은 말만 하고 행하지 아니하며"(마 23:3), "하나님의 나라는 말에 있지 아니하고 오직 능력에 있음이라"(고전 4:20)는 말을 기억해 보십시오. 저 사람은 기도나 회개, 믿음, 거듭남에 관해 이야기하지

만 말로만 할 뿐 행동으로 보여 주지는 않습니다. 나는 저 사람과 같은 집에 머문 적이 있어 저 사람에 대해서 좀 아는데 그의 집에 갔을 때 그 집에는 신앙의 냄새조차 없고 말로만 기도, 회개하지 실제로는 기도나 죄를 회개하는 모습은 찾아볼 수조차 없습니다. 헌신이나 전도한다는 것은 기적이구요. 마치 잎만 무성한 무화과 나무 같은 사람입니다. 오히려 저 사람 집에 있는 개가 저 사람보다 하나님을 훨씬 더 잘 섬길 것입니다. 저 사람은 그를 아는 모든 사람들에게 종교가 흠과 비난과 부끄러움의 대상이 되게 만듭니다(롬 2:24, 25). 마을 사람들 그 누구도 저 사람을 호평하는 사람은 없어요. 오죽하면 그를 아는 사람들이 그를 밖에서 보면 성도요 집에서는 악마라고 말하겠어요. 불쌍한 그의 가족들도 그가 얼마나 위선적이며 종들을 부당하게 대우한다는 사실을 알지만 그를 위해서 어떻게 해야 할지 그에게 무슨 말을 해야 할지 모르지요. 그 사람과 거래를 해 본 사람들은 그와 장사하느니 차라리 터키 사람과 거래하는 편이 더 나을 거라고 합니다. 이 수다쟁이는 할 수만 있으면 사람들을 속여 현혹시키고 기만하며 사기를 치려고 하죠. 게다가 자식들에게조차 자신을 본받도록 가르치고 있지요. 자식들 중 선한 양심을 소유한 아들이 있으면 그를 천박한 바보라고 부르며 일도 많이 시키지 않는 것은 물론이고 사람들 앞에서까지 그를 바보 취급하기 일쑤 죠. 내가 알기로 저 사람은 그런 사악한 생활 방식으로 많은 사람들을 넘어뜨려 쓰러지게 했습니다. 하나님께서 그를 막지 않으시면 점점 더 많은 사람들이 실족할 수도 있을 것입니다.

믿음 : 그렇군요, 이제 저 사람을 보니 말과 행동은 별개의 것이라는 사실을 깨달았어요. 이제부터 그 차이를 잘 살펴야 겠군요.

크리스천 : 사실상 두 가지는 달라 마치 몸과 영혼이 나뉘는 것과 마찬가지지요. 영혼이 없는 몸은 죽은 시체인 것과 마찬가지로 행동이 따르지 않는 말도 역시 죽어 있는 시체에 불과한 것이니까요. 행동이 동반되지 않는 신앙은 진정한 믿음이라 할 수 없는 것입니다. "하나님 아버지 앞에서 정결하고 더러움이 없는 경건은 곧 고아와 과부를 그 환난 중에 돌보고 또 자기를 지켜 세속에 물들지 아니하는 그것이니라"(약 1:27; 참조 22-26)고 성경은 말하고 있지요. 그러나 저 수다쟁이는 그것을 모르면서, 듣고 말만 훌륭하게 하면 훌륭한 그리스도인이 되는 줄로 알고 있어요. 그것은 결국 자신의 영혼을 속이는 일입니다. 듣는 것은 씨 뿌리는 것에 지나지 않으며, 말만으로는 마음과 생활 가운데 참된 열매가 있다는 증거가 되지 못합니다. 그러니 우리들은 심판 날에

자기가 행한 대로 심판을 받게 된다는 것을 명심합시다(마 13:23). 심판 날에 이르러 심판자는 우리에게 "너는 믿었느냐?"고 묻지 아니하시고 "너는 진실로 행하였느냐, 아니면 단지 혀로만 믿었느냐?"고 물으실 것이며 그 행함의 여부에 심판을 받게 될 것입니다. 이 세상 끝날은 추수하는 날에 비유할 수 있습니다(마 13:30). 당신도 알듯이 추수 때가 되면 농부가 관심을 두는 것은 오로지 열매밖에 없지요. 그날에 믿음 없이는 그 누구도 받아들여질 수 없으며, 수다쟁이의 달변도 다 소용없다는 것을 알려 주기 위해서 이런 말을 하는 것입니다.

믿음 : 사실, 처음부터 저 사람과 동행하는 것을 그리 좋아한 건 아니지만 이제는 진절머리가 나는군요. 어떻게 하면 저 사람을 떼어 내 버리지요?

크리스천 : 내 말을 잘 듣고 내가 시키는 대로 해 보십시오. 하나님께서 저 사람의 마음을 움직여서 돌이키시지 않는 한 저 사람을 떨쳐 버리기란 쉽지 않을 거예요.

믿음 : 내가 어떻게 했으면 좋겠습니까?

크리스천 : 저 사람에게 가서 신앙의 힘에 관해 진지한 대화를 나누십시오. 그러고 나서, 그가 응해 주면(틀림없이 그 사람은 그럴 테니까) 말하기 좋아하는 저 사람과 대화하다가 자신의 신앙이 그 사람

의 행위와 일치하는지를 분명하게 물어보십시오.

믿음이 다시 수다쟁이와 이야기하다

믿음은 다시 앞쪽으로 걸어갔다.

믿음 : 기분은 어떠시오?

수다쟁이 : 덕분에 좋소. 계속 이야기했더라면 지금쯤 이야기를 무척 많이 나누었을 텐데 아쉽군요.

믿음 : 그래요, 좋으시다면 지금이라도 당장 이야기를 더 나눕시다. 처음부터 내가 질문을 했으니 이번에도 내가 먼저 하겠습니다. 하나님의 구원의 은총이 사람의 마음속에 자리 잡을 때 그것이 어떻게 나타납니까?

수다쟁이 : 그러니까 여러 가지 능력에 관한 이야기가 되겠군요. 참 좋은 질문이오. 기꺼이 대답하지요. 대략 이렇게 나타난다고 말할 수 있죠. 먼저 하나님의 은총이 마음에 들어감으로써 죄를 비난하는 마음이 생기지요. 둘째로…….

믿음 : 아니, 잠깐만요. 한 번에 한 가지씩만 따져 봅시다. 나는 하나님의 은총이 우리 영혼으로 하여금 자기 죄를 미워하게 만드는 것으로 나타난다고 이야기하는 편이 나으리라고 생각됩니다.

수다쟁이 : 아니, 죄를 비난하는 것과 죄를 미워하는 것에 무슨 차이가 있다는 말이오?

믿음 : 저런, 아주 큰 차이가 있습니다! 사람이 죄에 대해 나쁘다고 떠들어 댈 수야 있지만 죄를 미워하지 않고서는 죄를 비난할 수 없습니다. 나는 사람들 앞에서는 죄에 대해 나쁘다고 소리치면서도 자신의 마음으로나 집에서나 이야기를 나누는 가운데 그 죄를 쉽게 짓는 사람이 많다는 이야기를 들었습니다(창 39:15). 요셉의 여주인은 자기가 무척 정숙한 여인이었던 것처럼 소리를 고래고래 질렀지만 그러한 행동에도 불구하고 그 여자는 기꺼이 요셉과 부정한 관계를 갖기 원했던 여자였습니다. 어머니가 자기 아이를 무릎에 앉혀 놓고 말을 안 듣는 나쁜 계집애라며 호되게 야단을 치다가도 이내 돌아서서 아이를 껴안고 볼에 입 맞춰 주는 식으로 죄를 비난하는 사람들도 있고요.

수다쟁이 : 당신은 억지로 남의 약점을 들추어내기를 좋아하시는 것 같군요.

믿음 : 아닙니다. 오해하지 마십시오. 저는 나타나는 것들을 옳은 대로 판단하고 싶은 것뿐입니다. 그런데 사람을 통해 은혜의 역사가 나타나는 증거로 당신이 두 번째 말씀하시려 했던 게 무엇입니까?

수다쟁이 : 복음에서 말하는 진리에 대해 많은 지식을 쌓는 것이지요.

믿음 : 그것은 가장 먼저 나타나는 증거지요. 그렇지만 먼저든 나중이든 그것 또한 잘못되었습니다. 지식으로 말하면, 곧 복음 진리에 관해 많은 지식을 가지고 있다 하더라도 마음속에 은혜의 역사가 없을 수도 있지요. 따라서 하나님의 자녀가 되지 못할 수 있다는 거지요(고전 13:2). 그리스도께서 제자들에게 "너희가 이 모든 것을 다 알았느냐?"고 물어보셨을 때 제자들이 "예" 하고 대답하자 그분께서는 다시 "너희가 그것을 행하면 복이 있도다" 하고 말씀하셨습니다. 그리스도께서는 제자들이 아는 것에 복이 있지 아니하고 행하는 것에 복이 있다고 하셨습니다. "주인의 뜻을 알고도 행하지 않느니라"는 말씀처럼 행동이 따르지 않는 신앙을 일종의 지식으로만 믿을 수 있기 때문이죠. 천사처럼 진리에 대해 그 누구보다 많이 알고도 그리스도인이 아닐 수 있다는 말입니다. 그러므로 말씀의 진리에 관해 많이 안다고 해서 그리스도인이라는 증거가 될 수는 없다는 말입니다. 사실 안다는 것은 말하기 좋아하는 사람이나 잘난 체하기 좋아하는 사람을 기쁘게 하는 것이지요. 그렇다고 지식이 없는 마음이 선할 수 있다는 이야기는 아닙니다. 사실 지식이 없는 마음은 쓸모가 없지요.

그러므로 지식에는 두 가지가 있습니다. 하나는 단순히 사색으로 끝나는 지식이고 또 다른 하나는 믿음과 사랑의 은혜가 뒤따라 사람이 마음으로부터 하나님의 뜻에 합당하게 행하도록 이끌어 주는 지식이지요. 첫 번째 것은 말하기 좋아하는 사람을 만족시키는 지식입니다. 그러나 두 번째 지식이 없다면 그리스도인은 만족을 느낄 수 없습니다. "나로 하여금 깨닫게 하여 주소서 내가 주의 법을 준행하며 전심으로 지키리이다"(시 119:34) 하고 성경은 말하고 있습니다.

수다쟁이 : 당신은 또 다시 나의 흉만 잡으려 드는군요. 그건 전혀 덕스럽지 못한 거요.

믿음 : 예, 그러면 하나님의 은총이 마음속에 있다는 것을 나타내는 또 다른 증거는 무엇인가요?

수다쟁이 : 당신과 나와 의견이 다르니 관둡시다! 당신과는 대화가 안 통하니까.

믿음 : 그러시다면 내가 말해도 되겠습니까?

수다쟁이 : 그거야 당신 자유니 마음대로 하시오.

믿음 : 하나님의 은총을 그 마음에 받은 자는 변화가 나타나지요. 그 자신의 영혼뿐 아니라 주위 사람들에게도 그 은혜 받은 마음의 영향을 미치게 됩니다. 하나님의 은혜를 입은 사람은 자

신이 죄인임을, 특히 자신 본성의 더러움과 하나님을 믿지 않은 죄(예수 그리스도를 믿어 하나님의 자비를 입지 못한다면 자신은 죽을 수밖에 없음)를 확실히 깨닫게 됩니다. 이러한 발견과 깨달음으로 인해 그 사람의 죄를 애통해 하며 부끄러워하게 됩니다(시 38:18; 렘 31:19; 요 16:8; 롬 7:24; 막 16:16; 갈 2:16; 계 1:6). 게다가 그 사람은 하나님 안에 나타나신 구세주를 발견하여 생명을 얻기 위해서는 그분을 가까이하며 살아야 할 필요를 절실히 느끼게 되지요. 따라서 그 사람에게는 그리스도를 애타게 사모하고 갈망하는 마음이 생깁니다. 그리스도를 갈망하는 이들에게 주님은 약속을 주셨기 때문입니다. 이제 구세주를 믿는 믿음의 크고 작음에 따라 기쁨과 평화가, 거룩한 것을 사모하는 마음이, 예수 그리스도를 더욱더 알고자 하는 열심이, 또한 세상에서 그분을 섬기려는 마음이 생겨나지요. 이렇게 하나님의 은총이 자기 안에 나타나게 되어도 그러한 것들이 하나님의 은혜의 결과라는 확신을 하기란 매우 힘이 듭니다. 인간이란 자신의 더러운 죄와 그릇된 이성으로 인해 이러한 은혜를 스스로 그릇 판단하게 되기도 하기 때문입니다. 따라서 하나님의 은혜를 입은 사람은 자신의 이러한 변화가 하나님이 부여하신 은총의 결과라는 것을 확고히 인식하기까지는 올바른 판단이 참으로 필요한 것입니다(요 16:9; 갈 2:15, 16; 행 4:12; 마 5:6; 계 21:6).

다음으로 주변에 있는 다른 사람들에게도 다음과 같은 은총의 열매가 나타납니다.

첫째로, 자신이 경험한 그리스도에 대한 믿음을 고백함으로써,

둘째로, 그러한 고백에 따르는 생활 모습 곧 거룩한 삶, 거룩한 마음, 거룩한 가정(만일 가족이 있다면), 거룩한 대화를 통해서 대부분 자신도 모르는 사이에 마음속으로 죄를 미워하는 마음이 생기고 은밀한 죄로 인해 자신을 미워하게 되고, 가정에서도 믿음과 성령의 열매들을 실천하려고 애쓰며 나아가 세상에서 경건을 이루어 나가게 됩니다. 그렇지만 거짓말쟁이나 수다쟁이처럼 말로써 되는 것이 아니라 세상을 다스리시는 하나님 말씀의 능력에 의지하여 믿음과 사랑 안에서 순종하고 행함으로써 이루어지는 것입니다(욥 42:5-6; 시 50:23; 겔 20:43; 마 5:8; 요 14:15; 롬 10:9-10; 겔 36:25; 빌 1:27; 3:17). 자 그럼, 선생님. 저는 지금 하나님의 은총을 받아서 나타나는 변화와 역사에 대해 간단히 말했습니다. 혹 제 의견 중에 틀린 부분이 있습니까?

수다쟁이 : 난 지금 당신이 하는 말만 듣고 있소. 계속 얘기를 해 보시구려!

믿음 : 그럼 한 가지 물어보지요. 당신은 혹시 혀로만 신앙생활을 하지는 않나요? 당신이 하는 말들을 잘 실천하면서 사시나

요? 그리고 제가 이야기한 것들을 직접 경험해 보셨나요? 제가 이야기한 변화와 역사들이 당신의 생활 속에서도 나타나던가요? 하나님 앞에서와 당신의 양심에 거리낌 없는 진실한 말로 나의 질문에 한번 대답해 보세요. 우리는 스스로 의롭다 하는 자가 아니라 하나님께서 의롭다고 인정하시는 자가 되어야 하기 때문입니다. 게다가 당신이 살던 이웃들의 증거에 의하면 당신은 말과 행동이 전혀 맞지 않는다고 하던데요.

그 말을 듣고 난 수다쟁이는 처음에는 얼굴이 붉어지기 시작했다. 그러다가 마음을 가라앉히고 대답했다.

수다쟁이 : 당신은 이제 경험이나 양심, 하나님에 대한 이야기를 하면서 당신이 하는 이야기를 정당화시키려고 하나님의 도움을 구하고 있군요. 그리고 당신은 꼭 소요리 문답 식으로 내게 질문을 하는데……. 왜 그런 걸 묻죠? 설사 당신이 교리 문답자라 할지라도 나는 당신을 내 재판관으로 삼을 생각은 추호도 없소. 게다가 나는 이런 이야기를 나누게 되리라고는 미처 생각도 못했을 뿐 아니라 그런 질문에 대답하고 싶지도 않소.

믿음 : 당신이 말만 대단히 잘 하는 사람인 줄을 내가 알지요. 사실 나는 당신의 믿음은 말뿐이며 당신의 행동으로 인해 시험받는 이가 적지 않고 또 멸망을 당할 처지에 놓인 이도 있다는

것을 들었습니다. 그리고 앞으로도 더 많은 사람들이 멸망의 위험에 놓이게 될 것이라고 하더군요. 당신의 종교는 술집과 쾌락, 도박과 사기, 헛된 맹세와 거짓말, 욕설과 이기심 등 여러 가지 악한 것들과 부합되어 있기 때문입니다. 부정한 여자가 모든 여인들의 수치였다고 한 것처럼 당신은 우리 모든 그리스도인들의 수치가 된다는 평판이 끊이질 않는다는 것도 내가 알기 때문입니다.

수다쟁이 : 그 소문을 믿고 그렇게 섣부르게 판단을 하니 당신도 세상 사람들과 다를 바가 없소. 나로서는 당신이 성급하고 가엾은 사람이라고밖에 생각되지 않는구려. 그럼 잘 가시오.

수다쟁이가 떠나가다

그러자 크리스천이 믿음에게 다가가 이야기했다.

크리스천 : 내가 뭐라고 그랬습니까? 당신의 의견과 그 사람의 탐욕은 일치할 수 없었소. 결국 그 수다쟁이란 사람은 자신의 생활을 바꾸려고 하기보다는 당신과의 동행을 거부하고 떠났군요. 내말대로 그 사람은 떠났으니 내버려 둡시다. 그 사람만 손해니까요. 이젠 어떻게 그를 멀리할까 고민하지 않아도 되겠소. 그렇지 않았더라면 그 사람은 계속 이야기했을 거요. 오히려 다행이

에요. 우리와 함께 갔더라면 그는 우리에게 오점이 되었을 것입니다. 사도들도 말했지요. 경건의 모양은 있으나 경건의 능력을 부인하는 자에게선 돌아서라고 말입니다(딤후 3:5).

믿음 : 제가 저 사람과 말한 것이 정말 잘했구나 생각돼요. 언젠가 그가 오늘 일을 생각한다면 그의 생활을 돌이킬지 모르니까요. 내가 그토록 알아듣기 쉽게 말해 주었으니 그 사람이 멸망한다 하더라도 내겐 책임이 없는 것 아니겠습니까?

크리스천 : 그 사람에게 당신이 그렇게 분명히 말한 것은 잘한 일이오. 오늘날 교회에서는 말만 앞세우고 행하지 않는 자들이 너무 많은 것 같아요. 그래서 기독교가 사회로부터 욕을 먹고 또 참 그리스도인들까지도 좌절하게 만드는 경우가 있는 것이 아닐까요? 그런 자들에게는 명백하고 진실된 기독교를 가르쳐 주는 것이 좋다고 생각합니다. 지금처럼 말입니다. 그래야 그들도 좀 더 제대로 행함이 따르는 신앙생활을 하거나 아니면 교회의 경건성에 부담을 느껴 거룩한 사람들과의 사귐에서 떠나든지 할 테니까요.

도도하게 말만 청산유수처럼 앞세우던 너 수다쟁이야!
화려한 달변의 입술로 모든 사람을 현혹시키던 자여!

믿음이 마음속 은혜의 역사를 이야기하자
보름달이 이지러지듯 떠나 버린 신앙인이여!
누구든지 진실 앞에 나오면 본색이 드러나리라!

이렇게 크리스천과 믿음은 자신들이 길을 오면서 보았던 것들에 관해 이야기하며 걸어갔다. 그래서 순례길의 발걸음이 가볍게 느껴졌다. 그렇지 않았더라면 지금 거친 광야를 지나가고 있는 두 사람은 무척이나 지루하고 피곤했을 것이다.

전도자와 함께 가게 된 두 순례자

두 사람이 이 거친 들판을 막 벗어나려고 할 때 믿음이 우연히 뒤를 돌아보니 멀리서 한 사람이 그들을 따라오고 있었다. 그는 믿음이 아는 사람이었다.

믿음 : 아니 저쪽에서 누가 오고 있는데요.

그러자 크리스천이 보고는 대답했다.

크리스천 : 저분은 전도자님이라 하는데 좋은 분이십니다.

믿음 : 아, 그분이라면 나도 압니다. 좁은 문으로 가는 길로 나를 이끌어 주었던 사람이 바로 저분이었으니까요.

전도자는 두 사람 가까이 다가와 인사를 했다.

전도자 : 평안하시오? 사랑하는 친구들. 당신들을 돕는 분들도 평안하시길 바라오.

크리스천 : 다시 만나게 되어 정말 반갑습니다, 전도자님. 영생을 향해 가는 저희를 친절하게 지도해 주신 전도자님께 진정으로 감사드립니다.

믿음 : 당신과 함께 동행하게 되어 얼마나 기쁜지 모르겠습니다. 다정하신 전도자님, 우리 같은 가엾은 순례자들에게 당신은 참으로 반가운 사람입니다!

전도자 : 지난번 나와 헤어진 뒤로 잘 지내셨소? 무슨 일을 겪었고 어떻게들 이겨 내셨는지요?

크리스천과 믿음은 전도자에게 어떤 위험을 무릅쓰고 어떻게 여기까지 왔는지 그 동안 겪은 일들을 모두 이야기했다.

전도자 : 주님의 은혜로 어려운 난관을 헤치고 오신 두 분을 보니 무척 감격스럽습니다. 당신들이 그 곤고산을 이겨 냈다니 말이오. 비록 여러 차례 약한 마음이 들었어도 지금까지 이 길로 포기하지 아니하고 왔으니, 이 모든 일들이 당신들에게 뿐만 아니라 내게도 기쁨이지요. 나는 씨를 뿌렸고 당신들은 거둬들였으니 말입니다. 그 날이 오면 뿌리는 자와 거두는 자가 함께 즐거워한다고 했으니(요 4:36), 곧 끝까지 견디고 포기하지 아니하면

때가 이르러 거둔다고 하지 않았던가요(갈 6:9). 썩지 않는 생명의 면류관이 당신들 앞에 있소. 그 면류관을 얻을 때까지 쉬지 말고 계속 달려가야 합니다(고전 9:24-27). 그러면 분명히 얻을 것입니다. 그 생명의 면류관을 쓰려고 집을 떠나 멀리 달려가는 도중에 다른 사람들이 나타나 면류관을 빼앗아 가는 경우도 있다고 합니다. 그러나 아무도 당신들의 생명의 면류관을 빼앗지 못하도록 그것을 굳게 잡으시기 바랍니다(계 3:11).

아직도 갈 길은 멀고 험합니다. 아직도 사단의 손길이 미치는 곳에서 벗어나지 못했단 말입니다. 당신들 앞에는 아직도 피 흘리며 죄와 싸워야 할 것이 남아 있기 때문입니다. 많은 환난과 고통을 이기며 가야 할 것입니다. 하늘나라가 항상 당신들 앞에 있으니, 보이지 않는 것들을 굳게 믿으십시오. 세상의 세속적인 것들을 마음에 두거나 탐욕에 걸려 넘어지지 않도록 조심하십시오. 욕심은 그 어떤 것보다 거짓되며 매우 악한 것이기 때문입니다. 마음을 굳게 먹으십시오. 하늘과 땅의 모든 권세가 당신들에게 있으니 주님만을 의지함으로써 승리하십시오.

크리스천은 전도자의 권고에 감사했다. 그리고 앞으로 남은 순례 여행을 위해 더욱 더 많은 도움과 조언을 전도자에게 부탁했다. 그들은 전도자가 예언자로서 자신들에게 무슨 일이 일어날 것과 자신들이 어떻게 곤고산에 맞서고 이겨 내야 할지 말해 줄 수 있다고 믿기 때문이었다. 전도자는 이야기를 시작했다.

전도자 : 형제님들, 당신들은 "하나님 나라에 들어가려면 많은 환난을 겪어야" 하며, 가는 곳마다 얽매임과 고통이 당신들을 따라 다닌다는 복음의 진리 말씀을 들어왔소. 그렇기 때문에 그러한 곤고산을 통과하지 않고 다른 방법으로 순례의 길을 오랫동안 갈 수 있으리라 기대하지는 마시오. 이미 당신들은 이러한 말씀이 사실이라는 것을 어느 정도 경험해서 아시겠지만 당장 앞으로도 더 많은 환난과 고통이 따를 것이오. 이제 이 들판을 거의 다 지나왔으니 곧 저 앞에 한 도시가 보일 것이오. 그 도시에 도착하면 악한 마귀는 당신들을 죽이려고 달려들 것입니다. 두 분 중 한 분은 생명을 버리면서까지 생명의 복음을 증거해야만 할 것입니다. 죽기까지 믿음을 지키면 왕께서 생명의 면류관을 주실 것입니다. 고통은 이루 말할 수 없을 테지만 천국에 먼저 다다라 다른 사람이 남은 여행 중 겪을 많은 불행들을 피할 수 있게 되겠죠. 이제 당신들이 그 도시에 들어서게 되면 내가 지금 이야기한 것들이 이루어지는 것을 보게 될 거요. 그때 내가 한 말들을 명심하고 남자답게 용감하고 담대히 행하도록 하시오. 당신들의 영혼을 신실하신 창조주 하나님께 맡기시기 바랍니다.

허영의 시장

나는 꿈속에서 두 사람이 거친 광야를 지나 바로 눈앞에 나타난 도시를 바라보고 있는 것을 보았다. 그 도시의 이름은 **허영**(Vanity)이었으며 그곳에서는 **허영의 시장**(Vanity Fair)이라는 장이 서고 있었다. 그 장은 일년 내내 열렸다. 허영의 시장이라는 이름의 장이 서게 된 까닭은 장이 열리는 도시의 사람들이 새털보다 가벼웠기 때문이고(시 62:9) 또한 거기에서 사고파는 물건들 모두가 지혜로운 사람의 "장래 일은 다 헛되도다"(전 11:8; 1:2-14; 2:11-17; 사 40:17)라는 말처럼 무가치한 것들이었기 때문이다.

이 시장은 새로 선 장이 아니라 옛날부터 있었던 것이다. 맨 처음 장이 섰을 때는 이러했다. 약 오천 년 전쯤, 이곳에는 지금 이 두 순례자처럼 하늘 도성으로 가던 순례자들이 있었다. 바알세불과 아볼루온과 레기온과 그들을 따르는 무리들은 하늘 도성으로 가기 위해 순례자들이 허영의 도시에 나 있는 길을 지난다는 것을 알았다. 그들은 이곳에 온갖 헛된 것들을 팔며 일년 내내 연중무휴로 열리는 장을 세우려고 계획했다. 이 장에서 파는 물건들은 이러한 것들이었다. 집, 토지, 명당자리, 건물, 명예, 높은 호칭들, 관직, 나라, 왕국, 탐욕, 즐거움, 온갖 쾌락들 곧 매춘부나 아내나 남편, 아이들, 주인, 종, 목숨, 피, 몸, 영혼, 은,

금, 진주를 비롯한 각종 보석들이었다.

게다가 이 시장에는 어리석은 사람들, 바보 같은 사람들, 나쁜 짓을 하는 깡패, 불량배와 같은 자들이 온갖 악행 곧, 사기도박, 협잡 노름에 빠져 살고 있었다. 또한 마술사들, 도박꾼들, 사기꾼들, 바보들, 깡패들, 불량꾼들이 파리 떼처럼 득실거리고 있어서 온갖 도둑질, 살인, 간음, 거짓맹세, 무자비한 패싸움과 같이 피 흘리는 일들이나 무서움과 공포의 사건들을 이 도시에서는 쉽게 구경할 수 있었다.

다른 시장과 같이 허영의 시장에서도 상품들의 명칭에 따라 붙인 고유한 이름의 골목과 거리들(이를테면 나라나 왕국들)이 늘어서 있어서 언제라도 물건들을 구입할 수 있었다. 거기에는 영국 거리, 프랑스 거리, 이탈리아 거리, 스페인 거리, 독일 거리와 같은 거리들이 있었는데 거기서는 여러 가지 헛된 물건을 팔고 있었다. 시장에서 가장 으뜸이 되는 물건이 있듯이 이곳에서도 로마의 물건과 상품이 제일 유명했는데 영국 사람들과 몇 나라 사람들만을 제외하고는 모두 로마의 물건을 좋게 여겼다.

하나님 나라로 가는 길이 이 허영의 도시를 통과해서 나 있었는데, 그 중에서도 그 길은 탐욕의 장이 열리고 있는 곳을 지나고 있었다. 이 시장을 지나지 않고 바깥 길로 들어서면 곧 지옥의 길이었으므로 하나님 나라로 가기 위해서는 반드시 이 길을 통과해야만 했다. 왕 중의 왕이셨던 그분도 이곳에 오셨을 때 이 도시를 지나 온갖 유혹들을 물리치고 가셨다고 했다. 그 날도 장이 섰다. 그래, 아마도 바알세불이었다고 여겨진다. 그는 이 시장의 우두머리로 자신의 헛된 것들을 사게 하려고 예수님을 불렀다. 실로 예수님이 그에게 경의를 표했더라면 그는 예수님을 그 시장의 우두머리로 삼았을 것이다. 예수님의 존귀함을 알았던 바알세불은 그분을 거리거리로 모시고 다니면서 잠깐 동안 자신의 세상 왕국들을 보이고서, 어떻게 해서든 자비로우신 분을 꾀어 자신의 헛된 것들을 사게 하려고 애썼다. 그렇지만 예수님은 그 물건들에 눈꼽만큼의 관심도 없으셨기 때문에 조그마한 흔들림 없이 이 도시를 떠나가셨다고 한다(마 4:8-10; 눅 4:5-8). 이 시장은 옛부터 있어 왔던 아주 유명한 시장이었다.

두 순례자는 허영의 시장을 지나고 있었다. 그들이 시장에 겨우 들어섰을 때, 시장 안은 떠들썩해졌다. 두 순례자에 관해 왁자지껄 말이 많았던 것이다. 거기에는 몇 가지 이유가 있었다.

첫째로, 두 순례자는 그 시장에서 파는 옷과는 전혀 다른 모양의 옷을 입고 있었다. 그래서 두 사람은 모든 지나가는 시장 사람들의 이목을 집중시켰던 것이다. 순례자들을 천박한 촌놈이라고 놀리는 사람도 있었고 미치광이라고 하는 사람도 있었으며 이방 사람들로 보는 이들도 있었다(욥 12:4; 고전 4:9).

둘째로, 겉모습을 보고 놀랐듯이 사람들은 또한 순례자들이 하는 말을 듣고도 놀랐다. 순례자들은 가나안 말을 했는데 거기서 장사를 하는 사람들은 이 세상에 속한 사람들로서 시장 어디서나 두 순례자들을 야만인처럼 보았다(고전 2:7-8).

셋째로, 무엇보다도 시장 사람들의 관심을 끌었던 것은 이 두 순례자들이 시장 물건을 하찮게 여겼던 것이다. 두 순례자는 그 많은 물건들에 눈길 한번 보내지 않았던 것이다. 사람들이 사라고 그들을 부르면 귀에 손가락을 틀어막고 "내 눈을 돌이켜 허탄한 것을 보지 말게 하소서"(시 119:37)라고 소리치면서 자기 시민권은 하늘에 있음을 분명히 나타냈다(빌 3:20-21).

두 순례자의 모양새를 보게 된 한 사람이 마침 비꼬아 "무엇을 사시렵니까?" 하고 물었다. 순례자들은 엄숙하게 그 사람들을 바라보면서 "우리는 진리를 삽니다"(잠 23:23) 하고 말했다. 그 말에 순례자들은 더욱더 사람들의 비웃음을 사게 되었다. 비웃는 사람, 욕을 하는 사람, 꾸짖듯 나무라는 사람들이 있었으며, 그들을 때리려고 사람들을 불러 모으는 이들도 있었다. 결국 큰 소동이 난 것처럼 아주 떠들썩해져서 혼란스럽게 되었다. 바야흐로

허영의 시장

이 소식을 접한 시장 주인은 곧장 자기가 믿을 만한 친구들을 시켜 시장을 발칵 뒤집어 놓다시피 한 순례자들을 조사하도록 지시를 내렸다.

체포와 심문

순례자들은 조사를 받게 되었다. 조사관들은 순례자들에게 어디 사는 누구이며 어디로 가는 중이고 그렇게 이상한 옷차림으로 무슨 짓을 했느냐며 심문했다. 그들은 자신들은 순례자이며 세상에서는 나그네 된 자로 자기들이 살 영원한 나라, 하늘 예루살렘(히 11:13-16)으로 가는 중이라고 대답했다. 그리고 자신들은 도시에서뿐 아니라 시장에서도 소란을 피우거나 사람들을 속이거나 자신들의 여행에 끌어들일 만한 행동을 한 바가 없다고 말했다. 다만 누군가 자신들에게 무엇을 사겠느냐고 물어보았을 때 진실을 사겠노라고 말했을 뿐이라고 했다. 그러나 순례자들의 조사를 맡은 조사관들은 그들의 말을 믿지 않고 다른 어느 불량배나 미치광이 혹은 시장을 어지럽히러 온 사람으로밖에 취급하지 않았다. 조사관들은 순례자들이 시장 모든 사람들의 구경거리가 되도록 그들을 잡아다 때리고 욕지거리를 하고는 옥에 가두었다.

옥에 갇히다

얼마 동안 순례자들은 옥에 갇혀 사람들의 놀림과 악의와 증오의 대상이 되었다. 그들의 이러한 수난을 보고도 시장 주인은 즐거워하며 그냥 웃기만 했다. 순례자들은 참으면서 "욕을 욕으로 갚지 않고 그들을 축복하였고" 나쁜 말을 하는 사람에게도 좋은 말로 대해 주었으며 해를 끼치는 자에게도 친절을 베풀었다. 그러자 시장에 있는 사람들 중 보다 주의 깊고 덜 편파적인 사람들은 순례자들에 대해 끊임없이 욕하는 사람들의 행동은 비열한 짓이라고 책망했다. 사람들은 화가 나서 순례자들의 편을 든 그 사람들을 옥에 갇혀 있는 순례자와 다를 바 없는 나쁜 이들로 몰아붙이면서 그들도 같이 일을 꾸미는 사람 같아 보이니 그 도시에서 생겨난 소동에 대해 함께 책임을 져야 한다고 비난했다. 순례자의 편에 선 사람들은 아무리 봐도 순례자들이 점잖고 분별이 있어 아무에게도 해를 끼칠 만한 사람들 같아 보이지 않는다고 말했다. 오히려 순례자들보다 그 순례자들을 웃음거리로 만들고 모함한 시장 장사꾼들이나 사람들이 감옥에 들어가야 더 마땅하지 않겠느냐고 주장했다. 이렇게 양쪽의 이견이 서로 팽팽하게 대립하게 되었고 급기야는 주먹이 오고 가서 싸움으로 번졌다. 그러는 동안에도 순례자들은 여전히 사람들 앞에서 지혜롭고 분별 있게 행동했다.

결국 이 가엾은 두 순례자는 시장에 소동을 일으켰다는 누명을 뒤집어쓰고 조사관들로부터 폭행을 당하고 수갑을 차게 되었고, 시장 이리저리로 끌려 다니게 되었다. 이는 그들을 본보기로 삼아 사람들에게 겁을 주어 어느 누구도 순례자들을 편들거나 그들의 행동에 가담하지 못하도록 미연에 방지하기 위한 속셈이었다. 크리스천과 믿음은 이러한 수치에도 굴하지 아니하고 더욱 지혜롭게 행동했으며 자신들에게 던져지는 욕지거리나 부끄러움을 무척 침착하고 참을성 있게 받아들였다. 따라서 그들의 담대함과 침착함을 보고 시장에서는 순례자들을 따르게 된 사람들도 몇몇 생겼다. 이러한 사실에 더욱 화가 난 모함자들은 급기야 두 순례자를 죽이기로 결심했다. 순례자들을 감옥에 가둔다고 해결될 일이 아니라 아예 죽여야 해결될 것이라고 그들은 생각했다.

순례자들은 발에 쇠고랑이 단단히 채워진 채 옥에 갇히게 되었다. 옥에 갇힌 순례자들은 성실한 순례길의 인도자며 친구인 전도자가 당부한 말이 생각났다. 특히 그들의 순례길에는 환난과 고통이 따를 것이라는 대목이었다. 두 사람은 자신들이 겪게 될 고통은 장차 더 좋은 것을 얻기 위함이라고 서로를 위로했다.

그들은 각자 은근히 그렇게 되기를 바라면서 모든 것을 다스리시고 아시며 이루시는 하나님께 자신들을 맡겨 풀려날 때까지 현재 처해 있는 상태에 만족하기로 하기도 했다.

재판

적당한 시기가 정해지자 사람들은 그들을 재판하기 위해 법정으로 끌고 갔다. 시간이 되어 두 순례자는 자기들을 모함하는 사람들 앞에 서서 심문을 받았다. 재판관의 이름은 **선을 미워함**(Lord Hates Good)이었다. 사람들은 여러 가지 내용을 들어 기소했지만 그 내용은 한결같이 같은 이야기였다. 다름이 아니라 "순례자들이 장사를 망치고 방해했으며 사람들을 부추겨 편을 갈라놓고 자기네 왕의 법을 무시하고 굉장히 위험한 자신들의 생각을 따르도록 선동했다는 것"이었다.

그러자 믿음은 자신은 단지 이 세상 어느 무엇보다 높으신 하나님을 인정하지 않는 데만 반대했을 뿐이라고 당당히 대답했다.

믿음 : 소동에 대해 말하자면 나로서는 평화를 사랑하는 사람이기 때문에 결코 그러한 일을 꾸민 바가 없습니다. 우리들을 따르는 사람들은 우리의 진실과 죄 없음을 보았기 때문이며 그 사람들은 단지 악한 길에서 돌이켜 옳은 길을 택했을 뿐입니다.

당신들이 이야기하는 왕은 우리 왕과는 원수인 바알세불이기 때문에 나는 바알세불과 그의 부하들 모두를 저주하지 않을 수 없습니다.

믿음이 증언을 마치자 왕을 위해서 피고의 말에 반대 증언을 할 사람은 나와서 증언하라는 지시가 있었다. 그러자 **질투**(Envy), **미신**(Superstition), **아첨**(Pickthank)이라는 세 사람이 법정 앞으로 나섰다. 먼저 그 사람들은 피고인들을 아느냐는 질문을 받았고 다음에는 재판관으로부터 그들의 왕을 위해 피고의 잘못에 대해 증언하라는 지시를 받았다. 그러자 질투가 맨 처음 일어서서 다음과 같은 이야기를 했다.

질투 : 재판관님, 저는 이 사람을 오래전부터 알고 있습니다. 이 신성한 법정 앞에서 맹세코 말하건데 저 사람은·······.

재판관 : 잠깐, 선서를 시키시오.

그러자 법정에서는 질투에게 선서를 시켰다.

질투 : 재판관님, 이 사람은 그럴싸한 이름을 가졌지만 우리나라에서 가장 나쁜 짓을 하는 사람 중 하나입니다. 그는 왕과 백성과 법과 관습은 다 무시하고 일반적으로 믿음과 거룩함의 원리라고 칭하는 불순한 사상을 사람들에게 주입시키려 합니다. 특히 그들이 주장하는 믿음과 거룩함의 원리는 우리 허영의 도

시 법도와는 본질적으로 다른 것이어서 결국 대립될 수밖에 없다고 주장하는 것도 들었습니다. 그렇게 말하는 것을 보면, 재판관님, 저 사람들은 우리의 아름다운 관습뿐 아니라 그러한 관습을 지키는 우리 모두를 욕되게 하고 있습니다.

재판관 : 그뿐입니까?

질투 : 재판관님, 할 말은 많지만 시간 관계상, 다른 사람들의 증언을 마치고 나서도 저 사람을 유죄 판결하기에 부족하다면 제가 더 증언하도록 하겠습니다.

질투는 옆으로 비켜 서 있으라는 명령을 받았다. 그 다음에는 미신이 불려 나왔고 재판관은 피고를 보라고 지시했다. 마찬가지로 왕을 위해 피고의 잘못에 대해 증언할 수 있느냐고 묻고 나서 미신에게 선서를 시켰다. 미신의 증언이 시작되었다.

미신 : 재판관님, 저는 저 사람에 대해 잘 모르지만 더 알고 싶지도 않습니다. 그렇지만 제가 아는 바로 저 사람은 아주 불순한 사상을 가진 자임이 틀림없습니다. 요 며칠 전에도 마을에서 저 사람과 이야기할 기회가 있었는데 그때 이야기를 나누면서 저는 그 사람이 우리 종교가 허망한 것이며 우리가 믿는 종교를 통해서는 절대로 하나님을 기쁘시게 하거나 구원에 이를 수 없다는 말을 들었습니다. 재판관님, 재판관님께서 그 사람이 하는 이야

기가 결과적으로 무엇을 뜻하는지 잘 아실 것입니다. 그 사람의 말대로라면 우리는 계속해서 헛된 숭배를 드리고 있으며 여전히 죄 가운데 빠져 있어 결국은 지옥 불에 떨어져 멸망하게 된다는 셈이 됩니다. 이상으로 제가 해야 할 말은 다했습니다.

이어서 아첨이 선서를 하고 자신들의 왕을 위해 증언을 하도록 지시받았다.

아첨 : 재판관님, 그리고 여기 모이신 여러분들, 저는 저 사람을 오랫동안 알아왔으며 저 사람이 해서는 안 될 말을 하는 것을 들었습니다. 곧 우리의 존귀하신 왕 바알세불을 모독하는 말을 하고 그분의 명예로운 친구들인 **노인경**(Lord Old Man), **음란경**(Lord Canal Delight), **사치경**(Lord Luxurious), **허영경**(Lord Desire-of-the-vain-glory), **호색경**(Lord Lechery), **탐욕경**(Sir Having-greedy)을 비롯해 우리의 많은 귀족들을 욕하고 비난했습니다. 게다가 그는 모든 사람들이 자기와 같은 생각을 가지게 된다면 앞서 말씀드린 귀족들 중 어느 한 사람도 이 도시에 남아 있지 않게 되리라고 말했습니다. 뿐만 아니라 저 사람은 지금 자신의 재판을 맡으신 재판장 나으리에 대해서도 온갖 헐뜯는 말로 욕설을 하고 악한 자라고 비방하기를 서슴지 않았는데 이러한 언사는 우리 도시에서 가장 존경받는 재판장 나으리뿐 아니라 우리 전체를 모욕하는 것입니다.

아첨이 말을 마치자 재판관은 법정에 선 죄수에게 다음과 같이 말했다.

재판관 : 도망자이며 이단자이며 배교자인 피고는 이제까지 정직한 사람들이 말한 당신의 죄상을 들었습니까?

믿음 : 제가 답변을 해도 되겠습니까?

재판관 : 아니, 당신 같은 사람은 더 이상 살려 둘 가치가 없는 사람이오. 이 자리에서 당장 죽어 마땅하나 우리가 당신에게 얼마나 관대한가를 보여 주기 위해서 당신에게 변명할 기회를 허락하도록 하겠으니, 어디 한번 하고 싶은 이야기가 무엇인지 해 보도록 하시오.

믿음 : 첫째로, 질투씨의 증언에 대해 답변하겠습니다. 저는 단지 세상의 모든 규칙이나 법, 관습이나 사람들은 하나님 말씀에 위배되는 것으로써 기독교 정신에 어긋난다는 말밖에는 하지 않았습니다. 만약 제가 한 말에 잘못이 있으면 깨우쳐 주십시오. 그러면 여러분 앞에서 당장 내 진술을 철회하겠습니다.

둘째로, 미신씨의 증언에 대해 답변드리자면 하나님을 섬기자면 거룩한 믿음이 필요하고, 그 거룩한 믿음은 하나님의 뜻을 보여 주는 거룩한 계시 없이는 얻을 수 없다는 것입니다. 그러므로 무엇이든 하나님께 드려지는 예배가 이 거룩한 믿음과 일치되지 않는다면 인간의 세상적인 믿음으로 행해지는 것이므로 그러한 믿음은 참된 신앙이 아닙니다. 그렇게 해서는 영원한 생명을 얻을 수가 없다고 했습니다.

셋째로, 아첨이 한 말에 대해 답변드리자면 제가 귀족들을 헐뜯고 비방했다거나 하는 따위의 이야기는 접어두고 이 도시의 왕과 아첨씨가 얘기하셨던 왕과 연합한 도시의 귀족들은 이 나라 이 땅보다는 차라리 지옥에서 사는 편이 더 어울릴 사람들이라는 말씀을 드리고 싶습니다. 주여! 저를 긍휼히 여기시고 지켜 보호하여 주시옵소서!

재판관의 설명

믿음의 답변이 끝나자 재판관이 배심원들에게 말했다(배심원들은 그때까지 계속해서 재판이 진행되는 과정을 곁에서 자세히 지켜보고 있었다).

재판관 : 배심원 여러분, 여러분께서 보고 계시는 이 사람은 우리 도시를 크게 혼란시킨 장본인입니다. 여러분들은 또한 여기 계신 귀하신 세 분이 이 사람의 죄에 대해 증언하는 것을 들으셨습니다. 그리고 이 사람의 답변과 자백도 들으셨습니다. 이제 이 피고를 교수형에 처하느냐 살려 주느냐는 당신들의 올바른 양심의 판단에 달려 있습니다. 그렇지만 여러분이 판단을 내

리기에 앞서 본 재판장은 우리 도시의 법률을 설명해 드림이 타당하다고 봅니다.

우리의 절대 군주이신 바알세불의 신하들 중 하나였던 바로(Pharaoh) 왕은 우리 종교에서 벗어난 이단종교가 우리의 왕국을 위협할 정도로 번성하고 강해지자 그 뿌리를 송두리째 뽑고자 그들의 사내 자식을 강에 내 던져 죽게 한 법을 제정 집행했습니다(출 1:22). 또한 우리 대왕님의 신하였던 느부갓네살 역시 왕이 세운 금 신상 앞에 엎드려 절하지 않는 모든 자는 활활 타는 풀무 속에 집어넣어 죽였으며(단 3:6), 다리오 왕도 어느 일정 기간을 정해 왕 자신 이외에 다른 어떤 신이나 우상에게 경배하고 믿는 자는 사자굴에 던져 죽였습니다(단 6:7). 중요한 것은 이런 법률은 지금까지 우리 왕국에 시행되고 있다는 것입니다. 그런데, 저 믿음이란 자는 이러한 법의 본질을 경멸하고 업신여겼을 뿐만 아니라 이 모든 법령에 위배되는 언사를 일삼았음은 물론 자신의 이단 종교로 우리를 설득하려고까지 한 엄청난 범죄자이므로 이는 절대로 용서할 수 없는 일입니다.

바로의 경우, 그의 법은 악을 예방하기 위해 만들어졌고 어떤 죄악도 나타나지 않은 상태였습니다. 그러나 지금은 하물며 범죄가 뚜렷이 드러난 이상, 느부갓네살이나 다리우스 왕 시대의 법령에 비추어 보아도 이 사람은 우리의 종교에 반대하여 저항했다는 증거가 명백하게 드러났을 뿐 아니라 자신이 자백한 것만 미루어 보아도 피고는 사형을 받아 마땅한 몸입니다.

배심원

배심원들이 밖으로 나갔다. 그들의 이름은 눈먼이(Mr. Blind-man), 선이 없음(Mr. No-good), 악의(Mr. Malice), 호색(Mr. Love-lust), 방탕(Mr. Live-loose), 완고(Mr. Heady), 교만(Mr. High-mind), 적의(Mr. Enmity), 거짓말쟁이(Mr. Liar), 잔인(Mr. Cruelty), 빛을 미워함(Mr. Hate-light), 무자비(Mr. Implacable)씨 등이었다. 각자 피고에 대한 평결을 모두 내고 난 후 법정에서 죄인을 유죄 판결하기로 만장일치를 보았다.

먼저 배심원장인 눈먼이씨가 말했다.

눈먼이 : 피고는 틀림없는 이단자라고 확신합니다.

선이 없음 : 저런 녀석은 이 땅에서 없애 버려야 하오.

악의 : 그렇소, 저는 저 사람의 행색이 아주 싫습니다.

호색 : 저런 사람은 참을 수가 없소.

방탕 : 동감입니다. 저 사람은 항상 내 생활을 비난하니 말입니다.

완고 : 저 사람을 교수형에 처합시다!

교만 : 거슬리는 녀석이지요.

적의 : 저 사람을 보기만 해도 적개심이 타오릅니다.

거짓말쟁이 : 그는 강도입니다.

잔인 : 저런 자는 교수형도 가볍습니다.

빛을 미워함 : 저 사람을 길 밖으로 쫓아냅시다.

무자비 : 세상을 다 내게 준다 해도 저 사람은 받아들일 수가 없을 것이오. 그러니 어서 그를 데려다가 사형에 처합시다.

사형이 언도되고 믿음은 본래 있던 감옥으로 끌려갔다. 거기서 더할 나위 없이 처참한 죽음을 당하게 될 것이었다.

믿음의 순교

사람들이 법적 절차에 따라 믿음을 죽이려고 끌고 나왔다. 그들은 먼저 채찍으로 치고 주먹으로 때리고 칼로 믿음의 살가죽에 상처를 냈으며 돌로 치고 가지고 있던 커다란 칼로 찔렀다. 그리고 결국에는 믿음을 말뚝에 묶어 태워 죽였다. 믿음은 이렇게 죽음을 맞이했다.

그때 나는 모여 있던 사람들 뒤에 몇 필의 말이 딸린 마차가 믿음을 기다리고 있는 것을 보았다. 그의 적들이 믿음을 죽이자마자 믿음은 곧장 마차에 실려 나팔 소리와 함께 구름을 지나 높이 하늘로 들리워져 천국 문 가까이에 다다랐다.

한편, 집행이 유예됐던 크리스천은 다시 감옥으로 보내졌으나, 결국에는 세상만물을 다스리시고 지배하시는 하나님께서 배심원들과 사람들의 분노까지도 주관하여 무사히 감옥을 빠져나왔다. 크리스천은 그 도시를 벗어나 순례의 길을 계속 갈 수 있었다. 그는 길을 가면서 이렇게 노래했다.

잘했다, 선한 믿음이여, 당신은 믿음을 신실하게 고백했네.
우리의 왕 주님의 축복이 그대와 영원히 함께하리.
그때에 믿음 없던 자들은 지옥과 같은 상태에서
헛된 기쁨을 안고 소리치고 있겠지.
찬송하고 찬송하라, 믿음이여,
그대 이름 생명책에 영원히 기록되었네.
그들은 비록 그대의 육신을 죽였으나
그대는 오히려 영생을 얻었다네.

믿음과의 동행 그리고 순교 | Part 6

1. 믿음 : 자신의 요청을 거절당한 크리스천은 화가 나서 믿음을 뒤쫓아 갔고 결국 믿음을 추월하였다. 크리스천은 앞섰다는 자만심으로 미소를 지었으나 그 순간 미끄러져 넘어지고 말았다. 이 장면은 성도 간의 경쟁심이 위험하다는 것과 높아지고자 하는 자는 넘어지게 되어 있음을 가르쳐 주고 있다.

2. 첫 사람 아담 : 첫 사람 아담은 우리 본성에 있는 사악한 정욕을 의미한다. 아담이 범죄한 이후 타락하고 부패한 속성이 인류에게 내려오고 있다. 그래서 첫 사람 아담을 노인으로 묘사하였다. 그리스도인에게는 아직도 옛 사람이 남아 있다. 그래서 순례의 길을 나선 믿음의 옛 사람의 성품에 충동을 주어 유혹하였다. 성도에게 아직도 남아 있는 부패한 옛 성품은 성도들을 계속 유혹해 세상의 쾌락적인 삶과 교만, 명예, 부를 추구하게 만든다.

3. 불만과 수치 : 겸손의 골짜기는 은혜를 받는 성도가 낮아지는

곳이다. 그러나 성도는 낮아지는 과정 속에서 어려움 때문에 불평할 수 있다. 그런데 믿음은 겸손의 골짜기에서 불만이라는 자를 만났다. 즉, 불평할 수 있는 상황에서 만족하지 못하는 심령을 부추기는 시험을 만난 것이다. 겸손은 또 다른 원수인 수치라는 자를 만났다. 수치라는 자는 믿음 생활의 중요한 요소들을 비난하는 자다. 수치가 비난하는 것으로 인하여 신앙고백과 신앙생활을 부끄러워한다면 죄를 짓게 되는 것이다.

4. 수다쟁이 : 존 번연은 수다쟁이의 특징을 묘사하면서 한 영혼의 심령 속에 진정한 은혜의 여부가 있는지에 대해서 살피는 것과 분별하는 것이 얼마나 중요한지를 교훈하고 있다. 수다쟁이는 진정한 구원의 은혜 없이 성경에 대한 수많은 지식을 가지고 있는 자다. 그래서 많은 사람들이 수다쟁이를 믿음이 있는 자라고 착각한다. 수다쟁이는 유사 그리스도인과 명목적 그리스도인의 유형에 속한다.

5. 허영의 시장 : 허영의 시장은 성도가 극복해야 할 세 번째 원수로서 세상의 유혹에 대한 설명이다. 세상은 하나님과 성도를 미워하는 적대 세력이다. 세상은 순례의 길에 있는 성도를 유혹하고 있지만, 그렇다고 이러한 세상을 피해서 다른 길로 천성을 갈 수 있는 것도 아니다. 성도는 반드시 허영의 도시와 시장을

통과해야 한다. 그 이유는 성도가 세상에 속해 있지는 않지만 세상에 살고 있기 때문이다.

6. 순교 : 존 번연은 허영의 도시의 마지막 장면에서 믿음은 순교하고, 크리스천은 집행유예를 받고 있다가 탈출하는 것으로 묘사하고 있는데, 이것은 하나님께서 믿음과 크리스천에 대해 돌보시는 은혜를 말하고자 하는 것이다. 비록 믿음은 순교하지만 하나님께서 지름길로 천국에 이르게 하셨다. 반면에 크리스천은 하나님의 은혜로 탈출하여 하나님의 뜻이 성취되기 전까지 지옥의 권세나 능력으로 성도들을 잘라내지 못함을 증거하게 하셨다.

– 해설 천로역정 (김홍만 저, 생명의말씀사)

The Pilgrim's Progress

The Pilgrim's Progress

PART 7

소망과의 동행

소망과의 동행

소망이 크리스천과 함께 가다

내가 꿈속에서 크리스천을 보았을 때 그는 혼자가 아니었다. **소망**(Hopeful)이라는 사람이 함께하고 있었다. 그는 크리스천과 믿음이 시장에서 고난을 받으면서 보여 주었던 행동을 보고 자신의 이름을 그렇게 붙였다. 소망은 먼저 크리스천에게 다가와 의형제를 맺고 그와 같이 동행하겠다고 했다. 이렇게 하여 한 사람은 진리를 증거하기 위해 기꺼이 자신의 목숨을 내놓았고, 불에 탄 그 주검을 보고 또 다른 한 사람은 크리스천과 함께 순례길을 가겠다고 자청하고 나선 것이다. 이 소망이라는 사람은 크리스천에게 허영의 도시에서 많은 사람들이 순례의 길을 나서고 있다는 소식을 들려주었다.

나는 두 사람이 시장을 나오자마자 곧 그들보다 앞서 가던 한 사람을 따라잡는 것을 보았다. 앞서 가던 사람의 이름은 **사심**(By-ends, 私心 : 두 마음)이었다. 두 사람은 사심에게 말을 걸었다.

크리스천 : 당신은 어디 사는 분입니까? 어디까지 가는지요?

사심은 두 사람에게 자기는 **감언이설**(Fair Speech)이라는 마을에 사는 사람인데 지금은 하나님 나라로 가는 중이라고 말했다. 그렇지만 그 사람은 자기 이름은 밝히지 않았다.

크리스천 : 감언이설 마을에서 오셨다고요? 그 마을에는 착한 사람들이 있습니까?(잠 26:25)

사심 : 예, 그렇다고 생각하오.

크리스천 : 죄송합니다만, 당신의 이름은 어떻게 되는지요? 어떻게 불러야 할지 몰라서요.

사심 : 우리는 서로 초면입니다. 이 길로 가는 길이라면 당신들과 동행해서 길동무가 되었으면 좋겠소. 그러나 그렇지 않아도 난 상관없소.

사심과 이야기하다

크리스천 : 감언이설이라는 마을에 대해 들어 본 적이 있는데, 내 기억으로는 부자 동네라고 들었는데요.

사심 : 예, 그렇지요. 거기에는 잘 사는 내 친척들도 있소.

크리스천 : 실례지만 그 친척들이란 어떤 사람들이죠?

사심 : 마을 사람 거의 다 내 친척이라 해도 과언이 아니죠. 그 중 특히 **돌아섬경**(Lord Turn-about)과 **기회주의자경**(Lord Time-Server)과 **교언경**(Lord Fair Speech)이란 분들이 계신데 그의 조상들은 그들의 성을 따라 마을 이름을 땄습죠. 또 남의 **기분을 잘 맞춤**(Mr. Smooth)씨나 **두 얼굴**(Mr. Face-both-ways)씨나 **아무것이나**(Mr. Anything)씨가 있고요.

우리 교구의 목사로 계시는 **속임수**(Mr. Two-tongue)씨도 계신데 그는 나의 어머니와는 남매랍니다. 솔직히 말해 저는 좋은 집안의 귀족 출신이며 또한 지금은 부자가 되었지요. 본디 우리 증조부께서는 비천한 뱃사공 출신이었으나 한쪽을 바라보며 다른 한쪽으로 노를 저어 돈을 많이 모으셨는데, 제가 가진 전 재산도 그런 방법으로 벌어들인 것입니다.

크리스천 : 결혼은 하셨습니까?

사심 : 예, 아주 현숙하고 품위 있는 **겉치레**(Lady Feigning) 라는 부인의 딸과 결혼했지요. 제 아내는 매우 지체 높은 집안에서 태어나 좋은 교육을 받아 아주 교양 있고 예의범절이 바른 사람으로 높은 왕족에서부터 낮은 신분의 농부에 이르기까지 어느 계층의 사람이건 아주 적절하고 예의 바르게 대한답니다. 게다가 처세술에 뛰어나 사람을 사귀는 데 능수능란한 아주 똑똑한 여자입니다. 사실 우리는 엄격하게 종교 생활을 하는 사람들과는 다소 다른 점이 있지요. 첫째 우리는 시대적인 흐름이나 생각에 맞서려 하지 않고 세상 이치에 따라서 신앙생활을 하려고 노력합니다. 우리는 신앙생활이 순탄할 때만 하나님과 동행하지요. 그리고 다른 사람들의 박수갈채와 함께 그 종교로 인해 얻을 것이 있을 때만 주님과 함께 동행하기를 갈망합니다.

크리스천은 같이 가던 소망에게 조금 더 가까이 다가가서 속삭였다.

크리스천 : 내 생각에 저 사람은 감언이설 마을의 사심이라는 사람 같은데, 만약 내 기억이 옳다면 우리는 지금 엄청나게 악하고 가증스런 자를 만난 것입니다.

소망 : 저 사람의 이름을 다시 한번 물어보세요. 자기 이름을 밝히는 데 부끄러워할 사람 같지는 않은데요.

크리스천은 다시 사심에게 다가가 말을 걸었다.

크리스천 : 선생님, 당신은 마치 이 세상 누구보다 더 많은 것을 아는 것처럼 이야기하는군요. 내 생각이 과히 틀리지 않는다면 나는 당신이 누군지 대략 알 것 같습니다. 혹시, 당신은 감언이설 마을에 사시는 사심씨가 아니십니까?

사심 : 그건 내 이름이 아니고 나를 미워하는 사람들이 붙여준 내 별명이지요. 난 그런 데 상관없이 나에 대한 비방이라 생각하고 앞서 살았던 착하고 훌륭하신 어른들을 본받아 묵묵히 이 길을 간답니다.

크리스천 : 그러면 당신이 그렇게 불릴 만한 까닭이 없다는 말입니까?

사심 : 물론이지요! 절대로 없소! 만의 하나 그렇게 불릴 만한

이유가 있다면 나는 현실을 바로 꿰뚫어 보는 통찰력이 있어서 어떤 일이 닥쳐도 상황에 따른 적응을 잘합니다. 돈도 많이 벌었구요. 내게 사심이란 이름을 붙여 준 자들은 이런 내 모습을 오해한 거죠. 내가 볼 때 내 모든 것은 하늘의 축복인데 말입니다. 그게 나를 미워하거나 욕할 일은 아니지 않소?

크리스천 : 당신은 자신의 이익을 위해서는 무엇이라도 한다고 들었는데, 당신이 어떻게 생각하든 내 생각에는 사심이라는 이름이 당신에게 잘 어울린다고 생각되오.

사심 : 그렇게 생각하겠다면 나로선 어쩔 수 없는 일이지요. 그렇지만 나와 함께 가다 보면 내가 괜찮은 친구라는 걸 알게 될 거요.

크리스천 : 우리와 함께 가려면 환난과 역경이 와도 꿋꿋이 맞서 싸워야 하는데 그래도 당신은 우리와 동행할 건가요? 그리고 상황이 순탄할 때 뿐만 아니라 어려운 일이 생길 때도 신앙을 지키고, 사람들에게 칭송을 받을 때 뿐만 아니라 손가락질을 받을 때도 이 길을 끝까지 가야 합니다.

사심 : 누구에게나 신앙은 자유니 나에게 강요하거나 억압할 수는 없지 않소. 자, 그 걱정은 말고 당신과 함께 동행하게만 해 주시오.

크리스천 : 내 말대로 따르지 않는 한, 당신은 우리와 단 한 발짝도 같이 갈 수 없소이다.

사심 : 나는 내가 가지고 있던 원칙을 절대로 버리지 않겠소. 그 원칙은 해가 없고 유익하니까요. 당신과 함께 갈 수 없다면 당신들과 만나기 이전처럼 혼자 가겠소. 그러다 보면 언젠가는 누군가 나를 따라와서 기쁜 마음으로 내 친구가 되어 줄 것입니다.

사심과 세 친구들

크리스천과 소망은 사심을 내버려 두고 어느 정도 거리를 두고 앞서 걸어가고 있었다. 그러나 두 순례자 중 한 사람이 돌아보니 세 사람이 사심을 뒤쫓아 오고 있었다. 그 사람들이 사심에게 다가오자, 사심이 세 사람에게 깍듯이 큰절을 하고, 그들도 답례하는 것이 보였다. 세 사람의 이름은 각각 **세상 집착**(Mr. Hold-World)과 **돈을 사랑함**(Mr. Money-love)과 **인색**(Mr. Save-all)으로 그들 모두 사심과 전부터 알고 지내던 사이였다. 그들은 한마을에서 학교 동창으로 북부지방의 **탐욕 군**(County of Coveting)내에 위치한 이익 **사랑 시**(Love-gain)에 있는 **취리**(Mr. Gripe-Man) 선생에게서 함께 가르침을 받았기 때문이었다. 이 취리라는 선생은 그들에게 이득을 얻기 위해서는 폭력, 속임수, 공갈 협박, 아첨, 거짓말뿐만 아니라 종교적인 탈을 쓰는 것도 마다하지 말아야 한다고 가르쳤던 것이다. 이 네 사람은 선생님으로부터 많은 기술과 꾀를 충분히 배웠기 때문에 그들 스스로 각각 그런 학교를 세워 운영할 만큼 그 쪽 분야에서는 능한 사람들이 되었다.

그들이 서로 인사를 나누고 나자 돈을 사랑함씨가 사심씨에게 말했다.

돈을 사랑함 : 우리 앞에 가는 저 사람들은 누구지?(크리스천과 소망이 아직 그들의 시야에서 사라지지 않았다.)

사심 : 멀리 떨어져 있는 마을에 사는 사람들로 자기들 고집대로 저런 모양으로 순례의 길을 가고 있지.

돈을 사랑함 : 저런! 우리도 천성으로 가는 길인데 같이 동행했으면 좋았을 텐데.

사심 : 우리도 순례의 길을 가고 있기는 하지. 그렇지만 우리 앞에 가는 저 사람들은 너무 고지식해서 자기들의 생각만 소중히 여기고 다른 사람들의 의견은 도무지 받아들이지 않아. 그들은 언제나 경건을 요구하기 때문에 모든 일에 자신들과 같이하지 않으면 그들과의 사귐에서 밀어내 버리지.

인색 : 그럴 수가 있나. 어떤 사람은 너무 엄격해서 자기를 제외한 모든 사람들을 언제나 판단하고 비난한다고 들었네. 그런데 자네하고 얼마나 다른 생각을 갖고 있던가?

사심 : 말도 말게. 저들은 온갖 환난과 고통을 당해도 목숨을 걸고 가겠다는 거지. 반면 나는 내 목숨과 재산을 지키기 위해 모든 것을 따져 보며 신앙생활을 하지. 저 사람들은 자신들의 생각이 옳다 판단되면 누가 비난해도 굽히지 않는 반면 난 시대의 조류에 맞춰 나에게 손해가 되지 않는 범위 내에서 신앙생활을 할 뿐이지. 저들은 가난에 처하고 멸시를 받더라도 끝까지 하나님 섬기기를 포기하지 아니하나 나는 그렇지 않아. 언제까지나 나에게 유익이 될 때까지만 신앙생활을 하지.

세상 집착 : 그래, 좋아 좋아. 사심, 그 신앙관 끝까지 지키도록 하게나. 내 생각에는 자신이 가지고 있는 것을 지킬 자유가 있는데도 그 자유를 이용할 줄 모르는 사람은 어리석은 사람이네, 어리석은 사람. 해가 있을 때 건초를 말리는 것이 가장 현명한 일이니까. 벌이 겨울 내내 가만히 있다가 기쁘게 대가를 얻을 수 있을 때만 힘을 내어 일어난다는 것을 자네도 알지 않나? 하나님께서는 비를 내리시기도 하고 해를 비춰 주시기도 하지. 저 사람들이 어리석게 비를 헤치고 가더라도 우리는 날씨가 좋은

때를 택하여 가세. 우리는 뱀처럼 지혜롭게 행동하자구. 뭐니뭐니 해도 하나님의 축복이 최고지 않나. 하나님의 축복이 있을 때 그분을 섬기는 것이 가장 즐거운 법일세. 하나님께서 우리에게 좋은 것을 내려 주셨지만 하나님 자신을 위하여 그런 것들을 우리에게 주셨다고 어느 누가 생각하겠나? 종교를 가지고 있으면서 부자가 되는 것, 그건 참 건전하고 유익한 길이지. 아브라함의 축복이 그랬고, 솔로몬의 부귀영화가 그랬고. 욥의 엄청난 부가 그걸 증명하네. 그들은 하나님을 섬기는 가운데 점점 더 부요해졌지. 욥은 착한 사람은 금을 먼지처럼 쌓으리라고 말했어. 그렇지만 당신이 이야기한 대로라면 욥도 앞에 가는 저 사람들 같지는 않았어.

인색 : 우리 모두 다 같은 생각을 가지고 있는 것 같아. 그러니 이 문제에 관해 더 이야기할 필요는 없네.

돈을 사랑함 : 맞는 말이네. 더 이상 왈가불가할 필요가 없네. 우리는 알다시피 하나님의 성경 말씀도 믿고 지혜로운 이성의 판단과 도리도 믿지만 그렇지 못한 자들은 자신들의 당연한 권리인 자유도 모를 뿐 아니라 자신의 안전함도 지키지 못하는 어리석은 자들이지.

사심과 그 친구들이 나눈 이야기

사심 : 형제들이여, 자네들도 알다시피 우리 모두는 같은 순례의 길을 가고 있는 중이네. 그러니 서로 거슬리는 이야기는 집어치우고 기분 전환을 위해 내가 한 가지 질문을 하겠네.

가령, 어떤 사람에게 그러니까 목사나 장사꾼이든 상관없이 이 세상에서 행복과 부귀를 거머질 수 있는 좋은 기회가 생겼는데 그것을 얻으려면 적어도 겉으로라도 그때까지 마음을 쏟지 않았던 어떤 종교적 행위에 지나치게 열심을 내야만 하네. 이럴 경우 그가 바라던 부귀영화를 얻고자 종교에 열심을 내었다면, 이런 방법으로 자신의 목적을 달성하는 일이 잘못되었다고 할 수 있을까? 아니면 올바르고 정당하다고 할 수 있을까?

돈을 사랑함 : 무슨 말인지 알겠네. 이 친구들이 괜찮다면 내가 대답하지. 먼저 자네가 질문한 것 중에서 목사의 경우에 관해 말하겠네. 아주 작은 사례금을 받는 훌륭한 목사가 한 분 있는데 그 목사는 경제적으로나마 좀 더 편안하게 살기를 바란다고 하세. 그런데 마침 그러한 것을 얻을 수 있는 기회가 생겼어. 그리하여 그는 더욱 열심히 연구하고 더 자주 열정적으로 설교하며 사람들의 기호에 따라서 자기가 갖고 있던 원칙들을 바꾸게 되었다고 하세. 그 사람이 사명을 받았다면 이러한 일을 하고 나아

가 더 많은 다른 일들을 하지 못할 까닭이 없지 않은가. 그럴지라도 그는 정직한 사람으로 양심에 거리낌 없이 올바른 행동을 했다고 생각하네. 그 이유는 다음과 같네.

첫째로, 목사가 더 많은 사례금을 받으려고 하는 것은 합법적이지, 이것을 잘못됐다고 말할 수는 없네. 왜냐하면 그것을 주시는 분은 하나님이시니까 말이네. 목사가 원한다면 양심에 거리낌 없이 그 보수를 얻을 수 있네.

둘째로, 사례금을 더 많이 받기 위해 목사는 더욱 열심히 연구하게 되고 더욱 열정적으로 설교하게 되니 결국 더 훌륭한 사람이 되는 것 아닌가. 이렇게 하면 목사로서 자기의 직분을 더욱 충실히 해 나가게 되니 이 또한 하나님의 뜻에 따르는 길이 아닌가?

셋째로, 이제 목사가 사람들을 섬기려고 자기의 원칙들을 버려가면서 사람들의 기호에 맞춘다는 것에 관해 말하겠네. 그것은 (1) 목사가 자기 자신을 내세우지 않고 (2) 사람들 보기에 다정하고 훌륭하게 행동하며 (3) 그렇게 함으로써 목사의 직분에 더욱 적합한 사람이 된다는 사실을 나타내지.

넷째로, 나는 작은 보수를 더 많은 보수로 바꾸기 원하는 목사가 그렇게 행동한다고 해서 욕심이 많다고 비난할 수는 없다는 결론을 내리네. 오히려 그는 자신의 직분과 일에 있어서 더 발전하게 되고, 그럼으로써 자신이 맡은 바 일을 열심히 하고 착한 일을 할 기회를 놓치지 않는다고 칭찬받아야 한다는 말이지.

이제 당신의 두 번째 질문인 장사꾼에 관하여 말하겠네. 이 세상에서 장사가 무척 안 되어 가난한 사람이 있는데 그가 종교를 가짐으로써 자신의 일을 개선해 나가거나 어쩌면 돈 많은 아내를 얻게 되거나 가게에 더 많이 훌륭한 손님을 오게 할 수 있다고 가정해 보세. 내가 보기에는 이렇게 하는 것은 합법적이 아니라고 말할 아무 이유가 없네. 그 까닭은 다음과 같지.

첫째는, 종교적이 된다는 것은 어떤 방법으로 되든지 덕이 되는 것이요,

둘째는, 돈 많은 아내를 얻거나 가게에 손님이 더 많아지는 일은 불법이 아니지.

셋째는, 게다가 종교를 믿어 그러한 것들을 얻은 사람은 자신이 좋은 사람이 되어 좋은 사람들로부터 좋은 것을 얻은 것이지. 좋은 아내와 훌륭한 손님과 많은 수입, 이 모든 일이 종교를 가짐으로써 된 일인데, 이 모든 것들을 얻기 위해 종교를 갖는 것이 어찌 유익하지 않다고 할 수 있는가.

사심씨가 던진 질문에 대해 돈 사랑씨가 이렇게 답변하자 모

두들 격찬을 했다. 그들 모두 대체로 그러한 생각이 나무랄 데 없고, 유익하다는 결론을 내렸다. 그들은 누구도 돈 사랑씨의 의견에 반대할 사람은 아무도 없을 것이라 생각하고 크리스천과 소망이 아직 멀리 가기 전에 그들을 따라잡는 대로 똑같은 질문을 던져 따져 보아야겠다는 데 의견을 같이했다. 아니 그 두 사람에게 따져 봐야겠다기보다 전에 크리스천과 소망이 사심의 의견에 반대했기 때문이었다. 그들은 앞서 가는 두 사람을 따라잡아 불렀다. 크리스천과 소망은 그들이 가까이 올 때까지 멈추어 서서 기다렸다. 두 사람에게 다가가면서 그들은 사심씨 말고 세상 집착씨가 질문을 던져야 한다고 결정을 봤다. 그래야 얼마 전 사심과 그 두 사람이 헤어질 때 그들 사이에 앙금으로 남아 있던 불쾌한 감정이 그들의 대답에 걸림돌이 되지 않을 것이라는 생각을 했기 때문이었다.

그들은 짧게 인사를 나눈 뒤, 계획대로 세상 집착씨가 크리스천과 소망에게 질문을 던지고는 잘 생각해 보고 답변을 해 달라고 부탁했다.

크리스천의 답변

크리스천 : 어린아이라도 믿음이 있다면 그런 질문은 수만 개

를 던진다 하더라도 능히 대답할 수 있을 것입니다. 왜냐하면 빵을 얻기 위해서 그리스도를 따르는 것은 옳지 않다고 요한복음 6:26에 분명히 나와 있으며, 예수님과 종교를 이용해 쾌락과 유익을 얻는다는 것은 참으로 가증스러운 행동이기 때문입니다. 그런 행동은 이교도들이나 악마나 마녀 혹은 주술사들에게서나 찾아볼 수 있는 일입니다.

1. 이교도들 : 그 옛날 하몰과 세겜을 아십니까? 야곱 집안의 딸들과 가축을 탐내서 그들에게 접근하려고 할례를 받고 종교를 자기 이익의 수단으로 이용하려다가 어찌 되었는지 성경을 읽어 보십시오. 야곱 집안의 딸들과 가축들이 하몰과 세겜이 얻고자 하는 목표였다면 종교 예식은 야곱의 족속에게 접근하기 위하여 그들이 이용한 구실이었지요. 창세기 34:20-24에서 전체 이야기를 한번 읽어 보십시오.

2. 종교의 위선자들인 바리새인들도 그런 무리의 신앙인들이었죠. 그들은 외식으로 중언부언의 긴 기도를 하며 과부의 가산까지도 탐하기를 서슴지 않았으니 하나님께서는 그러한 자들에게 엄청나게 노여워하시며 정죄하지 않았던가요?(눅 20:46-47)

3. 악마 같은 유다 역시 이런 부류의 신앙을 가졌지요. 그는 돈궤를 손에 넣기 위해 신앙생활을 했습니다. 그는 돈에 눈이 어두

워 예수를 팔고 결국 심한 자책에 빠져 버림을 받아 영원한 지옥 자식이 되었지 않소(막 14:10-11; 요 13:2).

4. 시몬이라는 마술사 역시 종교를 수단으로 삼았습니다. 그 사람은 성령을 받기 원했는데 그것은 바로 성령으로 돈을 벌려고 그랬던 거지요. 바울이 시몬의 말을 성경(행 8:19-22)에서 전하고 있습니다.

5. 세상의 유익을 얻으려고 주님을 믿는 자는 결국엔 세상의 유익 때문에 주님을 버릴 것이오. 유다의 경우에서 확실히 나타나듯이 유다는 주님을 섬기면서 세상의 유익을 탐했고 바로 그 세상 유익을 위해 결국엔 종교와 자신이 믿는 주님까지 팔았지요. 당신이 답변한 대로 그러한 신앙생활을 옳다고 받아들인다면 그런 답변은 이교도적이며 위선적이고 악마 같은 일입니다. 당신은 행한 대로 결과를 얻게 될 것입니다.

그들은 아무 대꾸도 하지 못하고 서로 멀뚱멀뚱 바라보고만 서 있었다. 소망도 마음속으로 크리스천의 바르고 참신하며 거룩한 생각에 동의했다. 그들 사이에는 한참 동안 무거운 침묵이 흘렀다. 사심씨와 그 친구들은 기가 꺾여 뒷걸음질 치고 있었고 크리스천과 소망도 그들과 떨어지려는 것 같았다. 이때 크리스천이 소망에게 말했다.

크리스천 : 나같이 미련한 자의 대답에도 말 못 하는 저들이 심판 날에 하나님 앞에 선다면 과연 어떻게 될까요? 진흙 항아리 안에서 아무 말도 하지 못한다면 삼킬 듯한 불길로 괴로움을 당할 때는 어떠하겠소?

평안 들판과 재물 언덕

크리스천과 소망은 다시 그 사람들에게서 떠나갔다. 그리고 마침내 **평안**(Ease)이라는 기분 좋은 평지에 이르렀다. 두 사람은 아주 만족스럽게 걸어갔지만 폭이 좁고 작은 땅이어서 그 평지를 금새 지나갔다.

평지 한 끝자락에는 **재물**(Lucre)이라는 언덕이 있었는데 그 언덕에는 은광이 있었다. 앞서 가던 사람들 중에 그 진귀한 은광을 구경하려고 가다가 곁길로 빠진 사람들도 있었다. 더러는 은광 어귀에 이르러 발 디딘 땅이 꺼지는 바람에 빠져 죽기도 하고, 병신이 되어 죽을 때까지 불구로 지내게 된 사람들도 있었다.

데마

나는 길에서 조금 떨어진 곳에, 점잖게 보이는 **데마**(Demas)라는 사람이 은광을 등진 채 서서 여행자들에게 구경하라고 손짓하는 것을 꿈에서 보았다. 데마는 크리스천과 소망에게 말했다.

데마 : 이봐요! 이쪽으로 와 보시오, 구경시켜 드릴 게 있어요.

크리스천 : 도대체 우리가 가던 길을 바꿔 가 볼 만큼 구경할 게 뭐가 있습니까?

데마 : 이곳에는 은광이 있어서 돈을 벌기 위해 땅을 파는 사람들이 있습니다. 힘들이지 않고 조금만 일하면 곧 부자가 될 거요.

크리스천 : 싫소. 전부터 저 자는 많은 사람들을 이곳에서 죽게 했다고 들었습니다. 게다가 보물이란 것도 그것을 얻으려는 사람들의 올무가 되는 법이지요. 재물은 그것을 탐하는 자들을 망하게 하며 순례길을 가는 데 방해가 될 뿐입니다.

크리스천 : (데마에게) 그곳은 위험하지 않은가요? 순례길을 가는 많은 사람들이 그곳에 빠져 목숨을 잃거나 다쳤다고 들었는데요 (호 4:16-19).

데마 : 조심만 한다면 그렇게 위험하지 않아요. (그렇게 말하고는 있었지만 그 사람은 얼굴이 붉어졌다.)

크리스천 : (소망에게) 한 발짝도 치우치지 말고 우리가 가야 할 길을 계속해서 갑시다.

소망 : 사심이라는 자가 이곳에 와서 우리와 똑같은 권유를 받으면 그 사람은 틀림없이 은광을 보려고 발길을 돌릴 것입니다.

크리스천 : 그 점에 관한 한 의심할 여지가 없소. 그 사람은 자신의 생활신조에 따라 그리로 갈 테니까. 필시 거기서 죽을 거요.

데마 : 아무튼 들어와서 구경이라도 한번 해 보고 가시는 게 어떻소?

크리스천 : 이보시오, 데마씨, 당신은 믿음을 버리고 세상을 택하여 이미 정죄 받은 몸, 어떻게 우리마저 하나님의 분노를 사게 하려는 거요?(딤후 4:10) 설령 우리가 딴 길로 가게 되더라도 우리 주 하나님께서 틀림없이 그것을 들으실 테고 그러면 자랑스럽게 하나님 앞에 서야 할 자리에서 우리는 부끄러움을 당하게 될 거요.

데마는 자기도 그들과 똑같은 형제 중 한 사람이라고 다시 소리치면서 조금만 머무른다면 자기도 함께 그들을 따라 순례길에 동행할 것이라고 했다.

크리스천 : 이름이 뭐요? 내가 당신을 불렀던 이름과 같은 이름이 아닙니까?

데마 : 그래요, 내 이름은 데마요. 아브라함의 후손이지요.

크리스천 : 난 당신이 누군지 압니다. 당신의 증조부는 게하시

가 아니던가요? 당신의 아버지는 유다가 아니던가요? 당신 또한 그들처럼 사람들을 꾀어서 금광이 아닌 죽음의 절벽으로 인도하고 있군요. 당신은 역시 악마의 자식이군요. 당신의 아버지는 배반자로 목매어 죽었는데 당신이 받을 보응도 아버지보다 더 낫지 않을 거요(왕하 5:20 – 27; 마 26:14, 15; 27:3 – 5). 주님의 심판대 앞에 서는 날 내 당신의 모든 행위를 주님께 고할 것인즉 그리 알고 명심하시오.

두 사람은 제 갈 길로 갔다

이때 사심과 그 동료들이 다시 보였다. 그들은 데마가 말을 던지자 단번에 그가 손짓하는 곳으로 갔다. 지금은 그들이 옆에서 은광을 들여다보려다가 거기 빠졌는지 보물을 파러 내려갔는지 아니면 바닥에서 올라오는 독가스에 질식되었는지 확실히 모르겠다. 그렇지만 분명한 건 다시는 그들을 길에서 볼 수 없었다는 것이다.

크리스천은 이렇게 노래를 불렀다.

사심과 은광의 데마는 마음이 맞아
하나가 부르니 재물을 나누어 얻으려고

다른 하나가 달려가네.

이렇게 둘은 세상에서 멈추어서 더 이상 순례길을 가지 않네.

소금 기둥

이제 평지의 다른 한편을 바라보니 길가에는 오래된 돌기둥이 하나 우뚝 서 있었으며 순례자들이 그 돌기둥 가까이로 다가가고 있는 것이 보였다. 그 생긴 모양이 특이해서 기둥을 보자 두 사람은 모두 관심을 가졌다. 마치 한 여자의 모습이 기둥으로 변한 것 같았다. 그들은 그곳에 서서 돌기둥을 여러 번 보고 또 보았으나 도대체 알 수가 없었다. 마침내 소망이 돌기둥 머리에 이상한 필체로 쓰여진 글자를 발견했다. 그는 무슨 글자인지 제대로 알아볼 수가 없어서 학식 있는 크리스천에게 그 뜻을 알 수 있겠느냐고 소리쳐 물었다. 크리스천은 다가가 잠깐 그 글자를 들여다보았다. 그는 "롯의 아내를 기억하라"고 쓰여져 있음을 알아냈다.

그것은 롯의 아내가 소돔 성에서 나올 때 탐심으로 뒤를 돌아보다 변해 버린 그 소금 기둥(창 19:26)이라고 그들은 결론 내렸다. 이 갑작스럽고 놀라운 광경으로 인해 두 사람은 이러한 이야기를 나누게 되었다.

크리스천 : 소망씨! 참으로 적절한 때 이 기둥을 보게 된 것 같습니다. 데마가 우리더러 재물 언덕을 보러 오라고 권한 뒤에 때마침 이 기둥을 보게 되었으니 말입니다. 데마라는 자의 유혹에 빠져 우리가 저 재물 언덕을 넘어갔더라면 적어도 우리는 뒤에 오는 사람들에게 볼 만한 구경거리가 되었을지도 모르겠습니다.

소망 : 아……, 방금 전에 데마라는 자의 유혹에 넘어갈 뻔했던 제가 창피스럽군요. 그리고 내가 지금 롯의 아내와 같이 되지 않은 것이 이상하군요. 사실 롯의 아내가 지은 죄와 내 죄가 다를 게 어디 있습니까? 그 여자는 단지 뒤만 돌아보았고 나는 은광으로 가 보려고 했는데 이것은 전부 하나님의 은혜입니다.

크리스천 : 이 기둥은 우리가 가는 길에 좋은 교훈이 될 것입니다. 우리 정신을 바짝 차리고 갑시다. 사실 롯의 아내는 멸망하는 소돔 성에서 죽지 않고 빠져 나왔기 때문에 한 가지 심판은 피했을지 모르지만 또 다른 심판에 멸망해 버렸습니다. 우리가 보듯 소금 기둥으로 변했으니 말입니다.

소망 : 맞는 말입니다. 그 여자는 우리 두 사람 모두에게 주의해야 할 본보기가 될 수 있습니다. 그 여자와 같은 죄를 짓지 않도록 조심해야지, 그렇지 않으면 롯의 아내에게 임했던 심판의 징벌을 받을 것이라 경고하고 있어요. 고라와 다단과 아비람은

이백오십 명과 함께 자신들의 죄로 인해 죽었으니 이 또한 사람들에게 나타내 주는 본보기가 되었습니다(민 16:31-32; 26:9-10). 그렇지만 무엇보다도 데마와 그 친구들이 어떻게 저렇게 당당하게 보물을 찾으러 가는 걸까 하는 생각이 듭니다. 단지 뒤를 돌아보기만 한 롯의 아내도(성경에는 롯의 아내가 한 발자국이라도 길을 벗어났다고 쓰여 있지 않기 때문에) 소금 기둥이 되었는데 말입니다. 특히 그녀에게 내렸던 심판이 그들이 지금 있는 곳에서 본보기로 버젓하게 서 있어서 눈만 들면 그 여자의 모습을 안 볼 수가 없을 텐데 말입니다.

크리스천 : 이상한 일이기는 하지요. 그러나 이 경우에 그 사람들은 마음이 강퍅해졌다고 할 수 있겠죠. 나는 그런 사람들을 누구와 비교해야 적당할지 모르겠소. 법정에서 도둑질을 하거나 교수대 아래서 다른 사람의 지갑을 훔치는 사람들과 같다고 해야 할지 말입니다. 소돔 사람들은 하나님 앞에서 많은 악을 행했기 때문에 죄가 아주 많았다고 들었습니다. 다시 말해 하나님께서 소돔 사람들에게 은혜를 베푸셨는데도 불구하고 소돔 땅은 하나님 보시기에 이미 이전의 에덴동산 같지 않았다는 것입니다(창 13:10-13). 그래서 소돔 사람들은 하나님을 더욱 격노케 하고, 결국 하늘 아버지의 진노로 불같이 뜨거운 재앙이 내리게 되지 않았습니까. 끊임없는 경고에도 불구하고 이 소돔 사람들처럼

악을 드러내 놓고 행하는 사람들은 참혹한 심판을 피할 길이 없습니다.

소망 : 맞습니다. 특히 나 자신이 롯의 아내와 같은 운명이 되지 않았으니 참으로 감사한 일입니다. 이것은 우리에게 하나님께 감사하고 하나님을 경외하며 언제나 롯의 아내를 기억하게 하는군요.

하나님의 강

나는 아름다운 강을 향해 가고 있는 두 사람을 보았다. 다윗이 "**하나님의 강**"이라 불렀고 요한은 "**생명수의 강**"이라고 불렀던 곳이다(시 65:9; 계 22:1; 겔 47:1-9). 이제 막 두 사람은 강가에 다다랐다. 계속 강을 따라 걸어갈 때 두 사람은 편안했으며 기쁨에 가득 차 있었다. 시원한 강물을 마신 두 사람은 몸도 마음도 더욱 상쾌해져서 새로운 힘이 넘쳐났다. 게다가 강 양쪽에는 온갖 종류로 열매 맺힌 푸른 나무들이 즐비했다. 두 사람이 먹은 나무 잎사귀들은 아무리 먹어도 탈이 나지 않았고 여행 중에 일어나기 쉬운 열병도 막아 주었다. 강 양쪽에는 백합이 무척 아름답게 피어 있는 초원이 있었는데 그 초원은 일년 내내 푸르렀다. 이 초원에서 두 사람은 누워서 잠을 잤다. 이곳은 그들이 편히 눕기에 충분했다

(시 23:2; 사 14:30). 깨어나자 두 사람은 다시 나무 열매를 모으고 강물을 마셨다. 그러고는 또다시 잠이 들었다. 그들은 이렇게 며칠 밤낮을 보냈다. 거기서 그들은 이렇게 노래했다.

순례자들을 위로하기 위해 길옆에 놓여
소리 없이 흐르는 수정같이 맑은 강물을 보아라.
초원은 푸르르고 향내 또한 나나니
순례자들을 위해 아름다운 과일이 열리네.
나무에서 열리는 열매와 잎이
참으로 아름다운 것을 아는 이가
곧 모두를 팔아 이 동산을 사리라.

여행은 아직 끝나지 않았으므로 두 사람은 먹고 마시고 나서 다시 길을 떠났다.

샛길 초원으로 가다
이제 꿈에서, 두 순례자는 그리 멀리 가지 않아 강과 떨어져 길이 나 있는 것을 보았다. 두 사람은 적지 않은 실망을 했으나 그렇다고 길 밖으로 벗어날 엄두는 내지 못했다. 강에서 떨어져 있는 길은 갈수록 험한 길이었다. 여행으로 두 사람의 발은 부르트고 피곤한 상태였으므로 그 험한 길을 걸어가야 하는 순례자들은 매우 낙심이 되었다(민 21:4).

그들은 걸어가면서 길이 더 좋아지기를 내심 바랐다. 그런데 그들 앞에 조금 떨어진 길 왼쪽에는 초원이 하나 있었고, 초원으로 넘어 들어갈 수 있도록 울타리 앞에 계단식 문이 하나 있었다. 그 초원은 **샛길 초원**(By-path Meadow)이었다. 크리스천은 소망에게 말했다.

크리스천 : 이 목초지가 우리가 가는 길을 따라 나 있다면 이쪽으로 갑시다.

크리스천이 계단식 문을 딛고 올라가 보니 울타리 건너편에도 길을 따라 난 오솔길이 있었다.

크리스천 : 이 길은 내가 바라던 가장 편안한 길이니 자, 소망씨 이 길로 넘어 갑시다.

소망 : 그렇지만 이 길이 우리가 가야 할 길이 아니면 어쩌죠?

크리스천 : 그런 것 같지는 않습니다. 보시오, 이 길도 본래 길을 따라 나 있지 않습니까?

소망은 크리스천의 말을 듣고는 그를 따라 계단식 문을 딛고 넘어갔다. 두 사람은 이 울타리를 넘어 초원이 있는 길로 들어섰을 때 걷기가 훨씬 수월하다는 것을 느꼈다. 앞을 보니 그들처럼 한 사람이 걸어가고 있었다. **헛된 확신**(Vain-confidence)이라는 이름의 사람이었다. 순례자들은 그 사람을 불러 이 초원이 어디로 이어져 있냐고 물어보았다.

헛된 확신 : 하늘나라까지 이어진 길이오.

크리스천 : 그것 보시오. 내가 그럴 거라고 말하지 않았소? 이 사람 말로 짐작컨대 우리가 옳았습니다.

헛된 확신은 앞서가고 순례자들은 따라갔다. 밤이 되자 어둠이 짙게 깔리고, 뒤따라가던 순례자들은 앞에 가고 있는 사람조차도 볼 수 없을 정도로 어두워졌다. 한편 앞서가던 헛된 확신이라는 사람은 길이 보이지 않아 깊은 웅덩이 속에 빠지고 말았다. 그 웅덩이는 그 지역 왕이 헛된 확신에 빠진 바보들을 잡기 위해 일부러 파 놓은 곳이었다(사 9:16).

크리스천과 소망은 헛된 확신이 빠지는 소리를 들었다. 그래서 무슨 일이 일어났는지 알아보려고 불렀으나 아무 대답이 없었고 신음 소리만 들려왔다.

소망 : 우리가 지금 어디 있는 것입니까?

크리스천은 자기가 친구를 잘못된 길로 인도하지 않았나 하는 생각 때문에 아무 말이 없었다. 이때 비가 오기 시작했다. 천둥 번개가 무섭게 치고 비가 억수같이 퍼붓더니만 물이 빠르게 불어났다. 소망은 혼잣말로 한탄했다.

소망 : 아, 가던 길로 계속 갔더라면!

크리스천 : 이 길이 바른 길이 아닌지 누가 알 수 있었겠소?

소망 : 처음에 나는 염려가 돼서 당신에게 넌지시 말씀드렸지요. 좀 더 분명하게 내 생각을 말했어야 하는 건데, 당신이 나보다 나이가 많아서 그러질 못했습니다.

크리스천 : 화내지 마시오, 소망씨. 당신을 바른 길에서 벗어나게 해 이런 위험한 지경에 빠뜨려서 정말 미안합니다. 나를 용서해 주시오. 나쁜 뜻이 있어서 그런 건 아니니까.

소망 : 형제여, 언짢게 생각하실 것 없습니다. 난 괜찮습니다. 이런 경험은 훗날 우리에게 도움이 될 것이라고 믿습니다.

크리스천 : 너그러운 마음을 지닌 형제와 같이 가게 되어 얼마나 기쁜지 모릅니다. 그러나 여기 머물러 있어서는 안 됩니다. 다시 돌아가도록 힘써 봅시다.

소망 : 그러면 내가 먼저 가도록 하지요.

크리스천 : 아니오. 내가 앞장서겠습니다. 그래야 위험한 일이 생기더라도 내가 먼저 겪게 되니까요. 내탓으로 우리 두 사람 다 길을 벗어나게 되지 않았습니까?

소망 : 아닙니다. 당신을 앞장서게 할 수는 없습니다. 당신은 지금 마음이 상해 있기 때문에 또다시 길을 벗어날 수도 있습니다.

이렇게 용기 있게 서로 길을 먼저 가겠다고 하고 있는 동안에 두 사람은 누군가의 목소리를 들었다. "네가 전에 가던 길에 마음에 두라 돌아오라"(렘 31:21). 그러나 이때쯤 물이 상당히 불어나 돌아가는 길이 무척 위험해졌다. (그때 나는 길 안에서 밖으로 나오는 것이 길 밖에서 안으로 들어가는 것보다 훨씬 더 쉽다는 것을 알았다.) 두 사람은 돌아가려고 위험을 무릅썼다. 그렇지만 길이 너무 어둡고 물은 깊어서 돌아가는 도중에 그들은 서너 번이나 물에 빠져 죽을 뻔하였다.

그들은 무진 애를 다 써 보았지만 그날 밤 안으로 계단식 문이 있는 곳까지 다시 돌아갈 수는 없었다. 마침내 그들은 쉴 만한 조그마한 장소를 찾아 들어가서 날이 밝기를 기다렸다. 몹시 지쳐 있었기 때문에 그들은 곧 잠이 들고 말았다.

그들이 누워 있는 곳에서 그리 멀지 않은 곳에 **의심의 성**(Doubting Castle)이 있었다. 그 성의 주인은 **거인 절망**(Giant Despair)이었다. 두 순례자는 바로 거인 절망의 땅에서 자고 있었던 것이다. 아침 일찍 일어나서 뜰을 거닐던 거인 절망은 자기 땅에서 자고 있는 크리스천과 소망을 발견했다.

거인 절망에게 붙잡히다

작지만 거친 목소리로 거인 절망은 두 사람에게 일어나라고 명령했다. 그러고는 어디 사는 사람이며, 자기 땅에서 무엇을 하고 있느냐고 물어보았다. 두 사람은 자기들은 순례자인데 길을 잃어버렸다고 대답했다.

거인 절망 : 너희들은 내 허락도 없이 내 땅에 들어와서 잠을 잤으니 나와 함께 가야겠다.

그들보다 훨씬 힘이 센 거인 절망은 강제로 두 사람을 끌고갔다. 그들은 자기들이 잘못했다는 것을 알고 있었기 때문에 아무 말도 할 수 없었다.

거인 절망은 순례자들을 성으로 끌고 가서는 더럽고 악취가 풀풀 나는 캄캄한 지하 감옥에 가두어 버렸다. 순례자들은 수요일 아침부터 토요일 저녁까지 빵 한 조각 물 한 모금도 먹고 마시지 못한 채 어떻게 해야 좋을지 몰랐다. 오직 물어볼 사람 하나 없고 빛도 새 들어오지 않는 감옥에 꼼짝없이 갇힌 신세가 되고 말았다. 그들은 친구나 아는 사람들로부터 멀리 떠나게 되어 흑암에 거하게 되었던 것이다(시 88:18). 크리스천은 자신의 경솔한

서두름으로 인해 자신들이 이러한 곤고산에 **빠졌다고** 생각했다. 그의 슬픔은 배로 느껴졌다.

한편 거인 절망은 아내가 있었는데 그 이름은 **망설임**(Diffidence) 이었다. 잠자리에 들자 거인은 아내에게 자기가 한 일, 곧 자기 땅에 침입해 온 두 죄인을 잡아다 집에 있는 감옥에 가두어 둔 이야기를 들려주었다. 그는 아내에게 그 죄인들을 앞으로 어떻게 하는 것이 가장 좋겠느냐고 물었다. 거인의 아내는 그들이 어떤 사람이며 어느 마을 사람이고 어디로 가던 중이었냐고 물어보았다. 거인의 대답을 듣고 난 아내는 다음날 아침에 일어나면 그 사람들을 사정없이 때려 주어야 한다고 했다. 거인은 자고 일어나 굵직한 야생 능금나무 몽둥이를 가지고 순례자들이 있는 지하 감옥으로 갔다. 거기서 먼저 그는 순례자들을 개 나무라듯 다짜고짜 야단치기 시작하더니 순례자들이 거인에게 거슬리는 말 한 마디 하지 않았는데도 덤벼들어 무자비하게 마구 두들겨 패기 시작했다. 순례자들은 몸을 가눌 수도 바닥에서 뒤척일 수도 없이 일방적으로 당할 수밖에 없었다. 죽지 않을 정도로 두 순례자를 무자비하게 두들겨 팬 거인은 그들을 내버려 둔 채 나가 버렸다. 두 순례자는 참담한 불행에 고통하며 슬피 우는 가운데 하루 종일 한숨과 쓰디쓴 눈물로 보냈다.

둘째 날 저녁이 되자 거인의 아내는 순례자들에 대한 이야기를 하다가 그들이 아직 살아 있다는 것을 알고는 남편에게 그들이 스스로 목숨을 끊게 하자고 요청했다. 아침이 되자 거인은 순례자들에게 전날처럼 사나운 태도로 다가갔다. 거인은 자신이 전날 한 매질 때문에 그들이 굉장히 아파하고 있다는 것을 깨닫고는 순례자들에게 너희는 절대로 이곳을 나가지 못할 테니 칼이나 밧줄이나 독약으로 스스로 목숨을 끊는 수밖에 없다고 말했다.

거인 : 이렇게 쓰라린 고통을 받는다는 것을 알면서도 왜 굳이 살려고 하느냐?

그렇지만 두 순례자는 자신들을 놓아 달라고 간청했다. 거인은 일그러진 얼굴로 그들을 노려보았다. 그는 순례자들에게 달려들어 끝장을 낼 기세였다. 그런데 그때 갑자기 거인이 경련을 일으키더니(햇볕이 내리쬐는 날이면 거인은 가끔씩 발작을 일으켰다.) 얼마 동안 손을 쓰지 못했다. 거인은 순례자들을 내버려 둔 채 물러갔다. 전과 같이 그들만 남게 된 두 순례자는 어떻게 해야 할지 곰곰이 생각하게 되었다. 그들은 거인의 말을 따르는 것이 최선의 길인지 아닌지를 서로 의논하면서 이야기를 시작했다.

갇혀 이야기하다

크리스천 : 이제 어떻게 하면 좋겠소? 지금 우리는 비참하게 살아가고 있소. 이대로 살아야 좋을지 꼼짝없이 거인의 손에 죽는 편이 나을지 난 모르겠소. 이렇게 사니 목매달아 죽고 싶다는 생각이 드니, 이 감옥보다는 무덤이 더 편할 것 같습니다 (욥 7:15). 거인의 말을 듣는 게 어떨까요?

소망 : 지금 우리 형편이 몹시 나쁘다는 건 사실입니다. 이렇게 언제까지 사느니 나 자신도 죽는 편이 훨씬 낫겠다는 생각이 듭니다. 그렇지만 우리가 가는 나라의 주님께서는 "너희는 살인하지 말라"고 하셨습니다. 다른 사람을 죽이지 말라는 말씀이긴 하지만 우리가 거인 절망의 생각을 받아들여 스스로 목숨을 끊는다는 것은 더더군다나 하나님께서 금하시고 계시는 일입니다. 사람을 죽이는 사람은 단지 사람의 몸만을 죽이는 죄를 짓지만 스스로 자기 목숨을 끊는 사람은 몸과 영혼을 모두 죽이는 꼴이 됩니다. 당신은 무덤이 편하다고 이야기하는데, 그렇다면 살인자들이 반드시 가게 되는 곳이 지옥이라는 사실을 잊어버리셨습니까? 살인한 자는 누구도 영원한 생명을 얻지 못합니다. 그러니 우리 다시 한번 생각해 봅시다. 모든 것이 거인의 뜻대로만 되지는 않을 것입니다. 우리처럼 거인에게 붙들렸다가 그의 손아귀

에서 벗어난 사람들도 있으리라 생각됩니다. 또 누가 압니까? 세상을 지으신 하나님께서 거인 절망을 죽게 하실지. 혹시 감옥 문 잠그는 일을 잊어버리거나, 우리 앞에서 발작을 일으켜 팔다리를 못 쓰게 되는 운 좋은 일이 우리에게 주어질지 또한 누가 압니까? 만약 그런 기회가 생긴다면 나는 용기를 내어 담대하게 그의 손아귀에서 빠져나가기 위해 최선을 다할 생각입니다. 지난번에 그렇게 해 보지 않은 내가 바보였습니다. 우리 인내심을 가지고 조금만 참읍시다. 운 좋게 도망칠 날이 있을 것입니다. 그러니 우리 거인의 권유대로 스스로 죽겠다는 생각은 아예 하지 맙시다.

이러한 말을 하면서 소망은 크리스천의 마음을 위로해 주었다. 두 사람은 슬프고 참담한 심정으로 어둠 속에서 한나절을 보냈다.

밤이 되자 거인은 자신이 권유한 대로 순례자들이 죽었는지 알아보려고 감옥으로 다시 내려갔다. 그러나 감옥에 도착한 거인은 자신의 기대와는 달리 순례자들이 살아 있는 것을 발견했다. 두 사람 다 살아 있기는 했지만 먹지도 마시지도 못한 데다 거인 절망에게 맞은 상처로 인해 간신히 숨만 쉴 수 있는 정도였다. 그들이 아직 살아 있다는 사실을 안 거인은 갑자기 화가 치밀어 올라, 자기 말을 듣지 않는 그들에게 차라리 태어난 것을 후회하도록 더 끔찍한 맛을 보여 주겠다며 무서운 기세로 덤벼들었다.

이 말을 듣고 순례자들은 몹시 떨었는데 크리스천은 기절까지 한 것 같다. 크리스천이 조금 정신이 들자 두 사람은 거인 절망의 제안을 받아들여야 좋을지 아니면 그러지 말아야 할지 다시 이야기를 나누었다. 크리스천은 다시 거인의 권유대로 하고 싶어하는 눈치였으나 소망은 또 한 차례 다음과 같은 말을 크리스천에게 건넸다.

소망 : 형제여, 당신은 여기까지 오면서 참으로 용감하지 않았습니까? 마귀 아볼루온도 당신을 쓰러뜨릴 수 없었으며 사망의 음침한 골짜기도 당신을 꺾을 수 없었습니다. 당신은 참으로 모진 곤고산의 위협과 공포도 이겨 내지 않았습니까? 그런데 지금 남은 것이라곤 두려움뿐입니까? 알다시피 본래 당신보다 훨씬 허약하고 나약한 사람인 나도 이 감옥에 함께 갇혀 있습니다. 또한 당신뿐만 아니라 나도 매질을 당했으며 내 입에서 먹을 음식과 마실 물이 끊어져 나도 당신과 함께 빛도 없는 이곳에서 한탄하고 있습니다. 그렇지만 우리 조금만 더 참아 봅시다. 허영의 시장에서도 당신은 죽음을 두려워하지 않고 담대하게 이겨 내지

않았습니까? 그때 당신은 쇠사슬을 차는 것도 옥에 갇히는 것도 죽도록 두들겨 맞는 일도 두려워하지 않았습니다. 그러니 우리, 그리스도인답게 끝까지 참아 봅시다, 크리스천씨.

밤이 되자 거인 절망과 그의 아내가 잠자리에 들었다. 거인의 아내는 남편에게 가두어 두었던 사람들이 거인의 권유를 받아들였는지 물어보았다. 거인 절망이 대답했다.

거인 절망 : 끈질긴 놈들이야, 스스로 목숨을 끊기보다는 차라리 곤고산의 모든 어려움을 견디는 쪽을 택하겠다고 하니.

망설임 : 내일 그 사람들을 성안 뜰로 끌고 나가 전에 당신이 죽였던 사람들의 뼈와 해골들을 보여 주세요. 그리고 일주일 안에 전에 왔던 순례자들에게 했듯이 두 순례자를 갈기갈기 찢어 끝장을 내버리겠다는 사실을 두 사람에게 알려 주세요.

아침이 되자 거인 절망은 두 사람을 성안 뜰로 끌고 나와서는 아내가 시킨 대로 뼈와 해골들을 보여 주었다.

거인 절망 : 이 사람들은 모두 한때 너희와 같은 순례자들이었다. 너희처럼 내 땅에 함부로 들어와서 내가 적절한 때 찢어 죽였지. 열흘만 지나면 너희도 똑같은 운명에 처하게 될 것이다. 감옥에 내려가 있어.

지하 감옥에서 절망하고 있는 크리스천과 소망

거인 절망은 감옥에 돌아가는 동안 내내 그들을 때렸다. 그들은 예전처럼 처참한 슬픔 가운데 온종일 탄식하며 누워 있었다.

밤이 되어 아내 망설임과 남편 거인 절망은 잠자리에 누워 가두어 둔 사람들에 관해 다시 이야기하기 시작했다. 거인은 때리거나 말로 협박해도 그들이 조금도 겁먹는 것 같질 않다며 이상하다고 생각하면서 난처해 했다. 그러자 아내가 말했다.

망설임 : 혹시……, 놈들이 누군가 와서 자기네들을 구출해 주리라고 믿고 있거나 아니면 열쇠를 갖고 있어 이 성을 빠져 나가려고 궁리하고 있을지도 모르겠군요.

거인 절망 : 글쎄, 그렇다면 아침에 놈들의 몸을 수색해 봐야겠어.

한편 순례자들은 토요일 자정 무렵이 되자 기도하기 시작했고 그들의 기도는 날이 거의 새도록 계속되었다.

약속의 열쇠

날이 완전히 새기 전에 크리스천은 반쯤 놀란 사람처럼 다음과 같이 외쳤다.

크리스천 : 바보 같으니라고! 자유롭게 걸어 다닐 수 있는데도

냄새나는 감방에 누워 있다니. 내 가슴속에 **약속**(Promise)이라는 열쇠가 있는 것을 깜빡 잊어버리고 있었소. 이 열쇠는 의심성(Doubting Castle)의 모든 문을 열 수 있소.

소망 : 무척 기쁜 소식이군요. 날이 밝기 전에 어서 꺼내어 열어 봅시다.

크리스천은 가슴속에서 약속의 열쇠를 꺼내어 감방 문을 열어 보았다. 크리스천이 열쇠를 돌리자 문은 미끄러지듯이 쉽게 열렸다. 크리스천과 소망은 문밖으로 나왔다. 크리스천은 성안 뜰로 이어져 있는 바깥 문으로 다가가 약속의 열쇠로 그 문도 열었다. 그런 다음에 크리스천은 철문으로 갔다. 그 문도 열어야 했기 때문이었다. 자물쇠가 굉장히 단단하게 채워져 있었다. 그렇지만 약속의 열쇠로 그 문도 열었다. 두 사람은 서둘러 달아나려고 문을 힘껏 밀어뜨렸다. 이때 문이 열리면서 삐걱거리는 소리가 나는 바람에 거인 절망이 잠에서 깨어났다. 거인 절망은 순례자들을 잡으려고 재빨리 자리에서 일어나 그들을 쫓아갔으나 팔다리가 제대로 움직여지지 않았다. 다시 발작이 시작된 것이다. 거인 절망은 아무리 해도 순례자들을 쫓아갈 수가 없었다. 두 사람은 죽을힘을 다해 도망쳐 마침내 왕의 길로 다시 돌아오게 되었다. 그곳은 거인이 다스리는 땅에서 벗어난 곳으로 안전한 땅이었다.

계단식 문을 넘어서자 두 사람은 뒤에 오는 순례자들이 거인 절망의 손아귀에 빠지지 않도록 울타리에 무슨 표시를 해 두어야 할지 곰곰이 궁리하기 시작했다. 마침내 두 사람은 그곳에 기둥을 하나 세우고 기둥 위에다 다음과 같은 말을 새겨 넣기로 했다.

"이 길로 가는 사람은 반드시 죽습니다. 의심의 성에 절망이라는 거인이 살고 있는데 그는 하나님 나라의 왕을 업신여기고 경건한 하나님의 순례자들을 멸망으로 이끌고 잔인하게 죽이는 자입니다."

뒤따라왔던 많은 사람들은 그 기둥에 적힌 글을 읽고 위험을 피할 수 있었다. 두 순례자는 다음과 같이 노래하며 순례의 길을 계속했다.

가던 길을 벗어나서 우리는 알았다네.
우리가 밟아서는 안 되는 땅을 밟으면 어떻게 된다는 것을.
뒤에 오는 순례자들이여 조심하라.
그 땅을 넘어가 그의 포로가 되지 않도록 조심하라.
그 땅에 있는 성은 의심의 성이요,
주인의 이름은 절망이라네.

기쁨의 산

길을 가던 두 사람은 **기쁨의 산**(Delectable Mountains)에 이르렀다. 그 산은 전에 이야기한 적이 있던 언덕 주인의 소유였다. 산으로 올라가서 아래를 내려다보니 참으로 놀랍기 한이 없었다. 거기는 아름다운 정원이며 나무마다 과일이 주렁주렁 열려 있는 과수원, 포도원, 맑은 샘물과 강들이 있었다. 두 사람은 맑고 시원한 샘물을 마음껏 마시기도 하고 목욕도 하고 주렁주렁 달린 나무의 열매들을 마음대로 배불리 따 먹기도 했다.

이 산의 꼭대기에 이르니 목자들이 넓은 평원에서 한가로이 풀을 뜯는 양 떼들을 돌보며 하나님 나라로 가는 길옆에 서 있었다. 순례자들은 목자들에게 다가가 물어보았다. 지친 순례자들이 길을 가다가 서서 다른 사람들과 이야기하는 것은 흔히 있는 일이다.

크리스천 : 이 기쁨의 산 주인은 누구며 풀을 뜯고 있는 이 양 떼들은 또 누구의 소유입니까?

목자들 : 이 산은 임마누엘의 땅으로 여기서는 그분이 사시는 나라가 보입니다. 이 양 떼들도 모두 그분의 것으로 그분은 이 양 떼들을 살리시려고 자기 목숨까지 버리셨지요.

크리스천 : 이 길이 곧 천성으로 가는 길이지요?

목자들 : 할렐루야, 바로 오셨습니다.

크리스천 : 천성이 여기서 먼가요?

목자들 : 진실로 그곳에 들어갈 수 있는 사람들 외에는 누구에게나 너무 멀다 할 것입니다.

크리스천 : 그 길이 혹 위험하지는 않은가요?

목자들 : 정직히 행하는 자는 안전하나 죄를 짓는 자는 넘어집니다(호 14:9).

크리스천 : 지치고 피곤한 저희가 혹 쉬었다 갈 만한 곳은 없나요?

목자들 : 이 산의 주인 되신 하나님은 우리에게 나그네 대접하기를 잊지 말라 하셨습니다. 벌써부터 기다리고 있었지요. 자, 같이 가시죠. 당신은 이 길을 가시면서 위로를 받을 것입니다(히 13:2).

나는 또한 꿈에서 목자들이 두 순례자가 순례길을 가고 있다는 것을 알고는 그들에게 어디 사는 사람이며, 어떻게 해서 이 길로 오게 됐고, 이리로 오기 시작했던 사람들 중, 이 산에 얼굴을 나타내는 사람은 거의 없는데 이곳까지 어떻게 끈질기게 참아 올 수 있었는가 등에 관해 물어보는 것을 보았다. 다른 곳에서와 마찬가지로 순례자들은 대답을 했다. 순례자들의 대답을 듣고 난 뒤 목자들은 기뻐하며 매우 사랑스런 눈길로 두 사람을 바라보았다.

 목자들 : 기쁨의 산에 오신 것을 진정으로 환영합니다.

 내가 말하는 목자들의 이름은 **지식**(Knowledge), **경험**(Experience), **경계**(Watchful), **성실**(Sincere)이었다.

 목자들은 순례자들의 손을 잡아 이끌고 그 두 사람을 자신들이 거하는 천막 안으로 데리고 들어가서 미리 준비해 두었던 음식들을 대접했다.

 목자들 : 여기 이 기쁨의 산에서 얼마 동안 머물러 계시면서 우리와 은혜의 대화도 나누고 특히 무엇보다도 유익하고 즐거운 위로의 시간을 보냈으면 합니다.

 순례자들은 자기들도 쉬어가고 싶다고 하고 나서 그날 밤은 너무 늦었기 때문에 잠자리에 들었다.

이단의 산

 그날 아침 꿈에 보니 목자들이 함께 산책하자고 크리스천과 소망을 부르고 있었다. 그리하여 그들은 사방의 아름다운 경치를 감상하면서 얼마를 산책하고 있었다.

목자들 : (목자들끼리 이야기하기를) 이 두 순례자에게 신기한 것들을 보여 줄까요?

목자들은 그렇게 하기로 결정하고 나서 우선 **이단의 산**(The Hill called Error)이라 부르는 아주 가파른 산꼭대기로 순례자들을 인도했다. 그들은 두 사람에게 아래를 내려다보라고 했다. 아래를 내려다보니 바닥에는 산꼭대기에서 발을 잘못 내디뎌 떨어진 사람들의 갈갈이 찢긴 시체들이 즐비하게 늘어져 있었다.

크리스천 : 왜 시체들이 저렇게 많습니까?

목자들 : 당신은 몸의 부활이 이미 지나갔다고 성도들을 유혹한 후메내오와 빌레도 그리고 그 추종자들에 대해서 들어 보신 적이 없으신지요?(딤후 2:17, 18)

크리스천 : 들어 본 적이 있습니다.

목자들 : 저 산 아래 내동댕이쳐져 박살나 죽은 사람들이 바로 그런 사람들입니다. 저들을 아직까지도 묻지 않고 그대로 둔 이유는 성경에 없는 망령되고 헛된 말을 주장하는 자들의 결말을 증거케 하고 이 산을 오르는 많은 사람들에게 본보기가 되게 하려는 것입니다(벧후 2:1).

경고의 산

목자들은 두 사람을 또 다른 산꼭대기로 데리고 갔다. 그 산꼭대기의 이름은 주의(Caution)였다. 산꼭대기에서 목자들은 두 사람에게 멀리 바라보라고 했다. 두 순례자가 고개를 들어 멀리 바라보니 사람들이 그곳에 있는 무덤 사이를 손과 발로 더듬으며 다니는데 걷다가는 넘어지고 또 걷다가는 넘어지면서도 왔다갔다 하고 있는 모습이 눈에 들어왔다. 순례자들은 그 사람들이 앞 못 보는 소경들임을 한눈에 알아챘다. 그들은 무덤에 걸려 넘어지기도 하고 일어나서 또 걸었지만 무덤을 벗어나지 못하고 헤매고 있었다.

크리스천 : 저것은 무슨 의미입니까?

목자들 : 혹시 오시다가 이 산으로 올라오기 바로 전 길 왼쪽에서 초원을 끼고 있는 울타리를 하나 보지 못했소?

크리스천 : 예, 봤습니다.

목자들 : 그 울타리 너머에는 의심의 성이 있죠. 그곳에 절망이라는 거인이 살고 있는데, 저들은 곁길로 들어갔다가 그에게 잡혔던 자들입니다. 지금 당신들과 마찬가지로 저들도 한때는 순례의 길을 갔던 사람들입니다. 당신들이 보셨던 그 울타리에

이르기 전까지는 말입니다. 그런데 거기에서 순례자가 가야 할 길이 험해지자 마침 길 옆으로 난 편안한 초원으로 건너가기로 했죠. 그리하여 초원에서 거인 절망에게 붙잡히고 의심의 성으로 끌려가 그후로 얼마 동안 지하 감옥에 갇혀 있었어요. 마침내 거인 절망은 저들의 눈을 뽑아 저렇게 무덤에서 헤매며 살게 내버려 두었지요. "명철의 길을 떠난 사람은 사망의 회중에 거하리라"(잠 21:16)는 현자의 말이 이루어진 것이겠죠.

그 말을 듣고 난 크리스천과 소망은 의미심장한 눈길로 서로를 말없이 쳐다보았다. 눈물이 막 쏟아져 나왔지만 목자들에게 아무 말도 할 수 없었다.

지옥으로 가는 샛길

꿈에서 보니 이번에는 목자들이 순례자들을 산 아래 또 다른 곳으로 데리고 가는 모습이 보였다. 거기에는 산 옆으로 문이 하나 나 있었다. 목자들은 문을 열고 순례자들에게 안을 들여다보라고 했다. 순례자들이 안을 들여다보니 안은 매우 어둡고 연기가 자욱했다. 게다가 불타는 소리와 괴로워 부르짖는 비명 소리와 신음 소리가 들려오는 것 같았고 유황 냄새도 진동을 했다.

크리스천 : 어찌된 일입니까?

목자들 : 이 길은 지옥으로 가는 샛길로서 위선자들이 떨어지는 길입니다. 저곳엔 에서와 같이 팥죽 한 그릇에 장자권을 판 사람들이 있고, 자기 스승 예수를 판 유다와 같은 사람들이 있고, 복음을 비방하고 조롱하던 구리 장색 알렉산더와 같은 자들이 있지요. 아나니아와 그의 아내 삽비라처럼 성령을 거스려 거짓을 말한 자들이 그 안에서 고통받고 있습니다.

소망 : 수천 년 전이지만 그들도 우리와 같은 순례자의 모습이었습니까?

목자들 : 그랬소. 그것도 꽤 오랫동안 그랬지요.

소망 : 저 사람들은 당시에 얼마나 멀리까지 왔다가 저런 비참한 상황에 빠졌습니까?

목자들 : 어떤 사람들은 꽤 멀리까지 왔고, 어떤 사람들은 이 산까지도 도달하지 못했었지요.

소망 : 우리는 항상 기도하며 깨어 있어야겠습니다. 강하신 그분께 힘을 달라고 부르짖어야겠습니다.

목자들 : 그래요, 힘을 얻으면 그 힘을 사용할 필요도 있을 것입니다.

목자들을 떠나가다

이때쯤, 순례자들은 길을 떠나야겠다는 생각을 하고 있었고 목자들도 같은 생각이었다. 그들 모두는 산지가 끝나는 곳까지 함께 걸어갔다.

목자들 : (목자들끼리 이야기하기를) 순례자들에게 우리가 갖고 있는 망원경으로 천성의 문을 보여 줍시다.

순례자들은 그들의 제안을 기쁘게 받아들였고 목자들은 순례자들을 **청명**(Clear)이라는 산꼭대기로 데리고 가서 망원경을 건네주며 천성의 문을 보게 했다. 순례자들은 그 망원경을 통해 무엇인가 보려고 애썼으나, 목자들이 마지막으로 보여 주었던 지옥의 모습이 자꾸 떠올라 손이 떨려 망원경의 초점을 맞추지 못하는 바람에 정확한 모습을 볼 수가 없었다. 그렇지만 문 같은 것과 또한 그곳의 영광스러운 모습을 조금이나마 어렴풋이 볼 수 있었던 것 같았다. 그래서 순례자들은 노래를 부르며 갔다.

이렇게 목자들의 도움으로 비밀은 드러났다네.
다른 모든 사람들에게는 감추어진 비밀이라네.
그대들, 그러니 목자들에게 나아오라.

깊이 숨겨진 신비의 비밀을 알기 원하거든.

순례자들이 떠나야 할 때가 되자 목자들 중 한 사람이 길의 안내서를 주었다. 다른 한 목자는 아첨쟁이를 조심하라고 귀띔해 주었고 또 다른 한 목자는 **미혹의 땅**(the Enchanted-Ground)에서 잠을 자서는 절대 안 된다고 주의를 주었다. 나머지 한 사람은 행운을 빌어 주었다. 그때 나는 꿈에서 깨어났다.

그리고 다시 잠이 들어 또 다른 꿈을 꾸었다. 꿈에서 두 순례자는 천성으로 가는 길을 따라 산을 내려가고 있었다.

무지

이 산지에서 조금 아래쪽에는 왼쪽으로 **자만의 땅**(Country of Conceit)이 있었다. 그 땅으로부터 순례자들이 걸어왔던 길에는 약간 휘어진 좁은 길이 나 있었다. 여기서 두 순례자는 기만의 나라로부터 굉장히 씩씩한 모습으로 걸어오고 있는 한 젊은이를 만났는데 그의 이름은 **무지**(Ignorance)였다. 크리스천은 그 젊은이에게 어디 사는 누구며 어디로 가는 길이냐고 물어보았다.

무지 : 저는 지금 이 길 왼편으로 조금 떨어져 있는 나의 고향, 자만의 땅을 떠나서 하늘나라를 향해 가고 있는 중이랍니다.

크리스천 : 그렇지만 어떻게 그 문까지 도달할 생각이십니까? 가는 길에 어려움이 많으실 텐데……. 하늘나라에 들어가기란 쉽지 않다는 것을 알 텐데 어떻게 하늘나라의 문을 통과할 수 있으리라고 생각하오?

무지 : 다른 착한 사람들을 따라 천성문에 들어갈 수 있습니다.

크리스천 : 혹시, 천성문 앞에서 증거물로 보일 것들을 가지고 계시나요?

무지 : 나는 내 주님의 뜻을 잘 알아요. 지금껏 착하게 살아왔고, 남에게 빚진 것도 없으며 기도도 하고 금식도 하고 구제도 하고 지금 가는 하늘나라를 위해 내 나라를 버렸지요.

크리스천 : 그런데 당신은 이 길 어귀에 놓여 있는 좁은 문으로 들어 온 것이 아니라 바로 이 휘어진 길로 오셨잖아요? 당신이 자신을 어떻게 생각하든 심판날에 당신은 천국에 들어가기는 커녕 강도요 도둑이라 책망받을 것 같아 걱정되는군요.

무지 : 당신들은 낯선 사람들입니다. 나는 도대체 당신들을 알지 못합니다. 당신들의 종교나 잘 섬기십시오. 난 우리 땅의 종교를 잘 믿고 결국 천성에 들어갈 테니까요. 당신들이 이야기한 좁은 문이 우리 땅에서 얼마나 멀리 떨어져 있는지는 온 세상이 다 아는 일입니다. 우리나라에 사는 사람들 중 좁은 문으로 가는

길을 아는 사람은 단 한 사람도 없어요. 그것이 중요한 일도 아니구요. 난 지금 푸른 풀이 깔린 훌륭한 지름길로 걸어왔습니다.

이 사람 무지가 스스로 지혜롭게 여기는 것을 보고 크리스천이 소망에게 속삭였다.

크리스천 : 우리는 스스로 지혜있는 체하는 자를 만났군요. "스스로 지혜롭게 여기는 자를 보느냐 그보다 미련한 자에게 오히려 희망이 있느니라"(잠 26:12). 또한 "우매자는 길을 갈 때에도 지혜가 부족하여 각 사람에게 자기가 우매함을 말하느니라"(전 10:3)고 성경은 말했으니 어떻게 하면 좋을까요? 우리가 저 사람과 이야기를 더 해볼까요, 아니면 저 사람보다 앞서 가서 저 사람이 우리에게 들은 이야기들을 혼자 생각해 보게 했다가 나중에 저 사람이 오기를 기다려 도울 방법을 찾기로 할까요?

소망 : 우리에게 들은 것을 곰곰이 생각하게 무지를 잠시 내버려 둡시다. 그가 받아들여야 할 좋은 충고를 거절하지 않고, 무엇이 가장 소중한 것을 얻는 길인지 모르는 채 살지 않도록 말입니다. 하나님께서도 무지한 사람들은(비록 하나님께서 그들을 만드셨더라도) 구원하시지 않겠노라 하셨습니다. 그 사람에게 한꺼번에 모든 이야기를 하는 것은 좋지 않다는 생각이 듭니다. 당신이 좋다면 우리가 한 말을 저 사람에게 생각해 보게 하고 지금은 우리 먼저

갑시다.

이렇게 해서 두 사람이 먼저 가고 그 뒤를 무지가 쫓아갔다.

하나님을 등진 이의 최후

무지를 지나쳐 조금 앞서 가던 두 순례자는 심히 어둡고 좁은 길에 들어섰다. 거기서 한 남자를 만났는데 일곱 마귀가 그 사람을 일곱 개의 단단한 줄로 옭아매어 두 순례자가 산비탈에서 보았던 문으로 데리고 들어가고 있었다(마 12:45; 잠 5:22). 이를 본 크리스천은 두려움에 덜덜 떨기 시작했고, 그의 동료 소망도 마찬가지였다. 마귀가 그 남자를 데리고 갈 때 크리스천은 혹시 자신이 아는 사람인지 보려고 그 사람의 얼굴을 쳐다보았다. 마치 죄가 드러난 도둑처럼 고개를 떨어뜨리고 있었기 때문에 크리스천은 그 남자의 얼굴을 똑똑히 볼 수 없었으나 그 남자가 아마 **배교 마을**(the town of Apostasy)의 **변절**(Turn-Away)일 것이라는 생각이 들었다. 그 남자가 지나갈 때 소망이 그 사람의 뒤를 쳐다보았는데 그의 등 뒤에는 "악덕의 스승이요, 저주받을 배교자"라고 적힌 종이가 붙어 있었다.

크리스천 : 그러고 보니 이 근처에 사는 어떤 착한 사람에게 일어났던 이야기를 들었던 게 생각납니다. 그 남자의 이름은

작은 믿음(Little-Faith)이었는데 착한 사람으로 성실이라는 마을(the town of Sincere)에 살던 사람이지요. 그 사람에 관한 이야기는 이렇소. 이 길 입구에 들어서면 넓은 문으로부터 이른바 사망로(Deadman's lane)라는 좁은 길이 하나 나 있어요. 거기서는 살인이 버젓하게 행해지기 때문에 그렇게 부르지요. 그런데 이 작은 믿음이 지금 우리처럼 순례의 길을 가다가 우연히 이곳에 앉아서 잠이 들었소. 그 때 마침 사망로에서 갑자기 겁보(Faint-heart), 의심(Mistrust), 범죄(Guilt)라는 세 강도가 나타나서 작은 믿음을 협박했지요. 잠에서 깨어나 막 순례의 길을 다시 나서려던 작은 믿음은 백짓장처럼 하얗게 되어서는 싸울 힘도 도망갈 힘도 없었지요.

겁보 : 지갑 내 놔!

작은 믿음은 지갑을 꺼내면서 꾸물거렸습니다. 돈을 잃기 싫었던 것이었지요. 그러자 의심이 달려들어 작은 믿음의 주머니에 손을 쑤셔 넣고는 주머니에서 은지갑을 낚아챘습니다.

작은 믿음 : 도둑이야, 도둑!

그 소리를 듣자 범죄가 손에 들고 있던 몽둥이로 작은 믿음의 머리를 내리쳤습니다. 머리를 얻어맞자 작은 믿음은 땅바닥에 나동그라졌지요. 피를 흘리면서 쓰러져 있던 작은 믿음은 곧 죽을 사람처럼 보였지요. 그 모습을 보며 세 강도는 잠시 곁에 서 있었습니다. 그때 누군가 오는 소리가 들리자 그들은 그가 신실한 믿음(Good-Confidence) 마을의 큰 은혜(Great-Grace)가 아닐까 하고 겁을 집어먹고는 작은 믿음을 내버려 둔 채 줄행랑을 쳤습니다. 잠시 후 작은 믿음은 제정신이 들자 일어나 서둘러 길을 걸어갔죠. 이것이 작은 믿음씨의 이야기랍니다.

작은 믿음에 관해 이야기하다

소망 : 그런데 그 강도들은 작은 믿음이 가지고 있던 것을 모두 빼앗아 갔나요?

크리스천 : 아닙니다. 작은 믿음이 갖고 있던 보물은 강도들이 찾지 못했지요. 작은 믿음은 보물만은 지킬 수 있었소. 그러나 잃어버린 돈 때문에 무척 고생을 했다더군요. 강도들이 가져가지 못한 것은 그 보물과 작은 믿음에게 있던 약간의 잔돈이었소. 그렇지만 여행이 끝날 때까지 사용하기에는 어림도 없는 돈이었소. 아니, 내가 들은 말이 사실이라면 작은 믿음은 여행을 하면서 살기 위해 구걸을 해야 했소. 가지고 있던 보물을 팔려고 하지 않았기 때문이었지요. 그는 구걸을 하고 할 수 있는 일을 다 했지만 보물을 팔 수 없어서 거의 매일 주린 배를 움켜쥐고서 남은 순례의 길을 갔다고 들었소(벧전 4:18).

작은 믿음의 돈 주머니를 빼앗는 강도들

소망 : 그렇지만 강도들이 하늘나라 문에 들어갈 수 있는 증명서를 작은 믿음에게서 빼앗아 가지 않았다는 것은 이상한 일 아닙니까?

크리스천 : 신기한 일이지요. 강도들이 증서를 빼앗지는 못했지만 작은 믿음이 지혜로워서 그런 것은 아니오. 왜냐하면 작은 믿음은 강도들이 나타난 사실에 놀라 무엇을 감출 힘이나 꾀조차도 낼 수가 없었으니까요. 그러니 강도들이 그 소중한 물건을 가지고 가지 못한 까닭은 작은 믿음 스스로의 노력보다는 하나님의 보호하심 때문이지요(딤후 1:12, 14; 벧전 1:5, 9).

소망 : 강도들이 그 소중한 보물을 빼앗아 가지 않아 작은 믿음에게는 틀림없이 위로가 되었겠군요.

크리스천 : 작은 믿음이 그 보물을 제대로 사용했더라면 위로가 되었을 거요. 하지만 이야기해 준 사람들에 의하면 그 사람은 나머지 순례의 길을 가는 동안 거의 그것을 사용하지 않았다고 하더군요. 돈을 빼앗겼던 사실에 너무 놀랐기 때문이라오. 사실 작은 믿음은 나머지 길을 가는 동안 그 증명서를 잊어버리고 사는 때가 너무나 많았다고 합니다. 뿐만 아니라 언제나 그 보물이 생각날 때면 그로 인해 위안을 얻기 시작하다가도 이내 도둑을 맞았던 생각이 새롭게 다시 떠올라 그러한 생각을 모두 삼켜 버

렸지요.

소망 : 아, 불쌍한 사람! 그 사람에게 참으로 슬픈 일이라 하지 않을 수 없군요.

크리스천 : 슬프지요! 그래요, 정말 슬픈 인생입니다! 그 사람처럼 그것도 낯선 곳에서 물건을 빼앗기고 상처가 나도록 얻어맞으면 우리 중 누구라도 그 사람처럼 슬프지 않겠습니까? 작은 믿음이 슬픔에 빠져 죽지 않은 게 이상한 일이지요! 나는 그 사람이 나머지 순례의 길 대부분을 오로지 슬프고 쓰라린 한탄을 하면서 가다가 자기 뒤에 오던 사람이나 앞서가던 사람들에게 사정을 이야기했다 들었소. 자기가 어디서 어떻게 털렸으며 그러한 짓을 한 사람이 누구고 무엇을 빼앗겼는지 자신이 얼마나 다쳤는지 어떻게 겨우 살아날 수 있었는지 말이오.

소망 : 그렇지만 그렇게 살기 어려웠는데도 작은 믿음이 가지고 있던 보물을 팔거나 저당 잡히지 않았다니 이상하군요. 그렇게 했다면 여행중에 조금 더 편해질 수 있었을 텐데 말입니다.

크리스천 : 당신은 지금 생각 없는 사람처럼 말하는군요. 그가 뭣 때문에 보물을 저당잡히겠습니까? 혹 판다 해도 누구에게 그 보물을 팔겠습니까? 작은 믿음이 강도를 만났던 곳에서는 어디서도 그가 갖고 있던 보물을 값으로 쳐주지 않았을 뿐 아니라 그

자신도 보물을 팔아서 얻게 되는 평안함을 원하지도 않았어요. 게다가 그 보물이 없으면 하나님 나라를 유산으로 받지 못하게 될 것이었고(그 사실만큼은 작은 믿음도 잘 알고 있었소.) 그렇게 된다면 수천 명의 도둑이 나타나 비열한 짓을 하는 것보다 자기에게 더욱 나쁜 일이니까요.

소망 : 그렇게 단정할 수만은 없지 않습니까? 에서도 팥죽 한 그릇을 얻기 위해 자신에게 가장 소중한 보물인 장자의 명분을 팔지 않았던가요?(히 12:16) 에서가 그랬듯이 작은 믿음도 그럴 수 있지 않습니까?

크리스천 : 에서가 자신의 장자 명분을 팔았던 것은 사실입니다. 에서 말고도 다른 많은 비겁한 사람들이 가장 소중한 것을 팔아버림으로써 가장 귀중한 축복을 받는 데서 제외되었습니다. 그렇지만 에서와 작은 믿음 사이에는 다른 점이 있다는 것을 알아야 합니다. 각자 두 사람에게 소중했던 권리에 있어서도 차이가 있습니다. 에서의 장자권은 에서 자신의 고유한 것이었지만 작은 믿음의 보물은 그렇지 않았지요. 에서는 음식에 대한 욕심이 많았지만 작은 믿음은 그렇지 않았습니다. 에서는 육체적 배고픔을 못 이겼으나 작은 믿음은 그렇지 않았습니다. 또한 에서는 자기 자신의 욕구를 채우는 데만 급급했습니다. 에서는

"내가 죽게 되었으니 이 장자의 명분이 내게 무엇이 유익하리요"(창 25:32)라고 말하지 않았습니까? 그렇지만 작은 믿음은 그 작은 믿음을 갖고서도 절제할 줄 알았습니다. 장자의 명분을 팔아 버린 에서처럼 자신의 소중한 보물을 팔기보다는 오히려 그 보물의 소중함을 알고 귀히 여기게 되었죠. 에서가 믿음이 있었다는, 아니 조금이라도 믿음이 있었다는 말은 어디서도 찾아볼 수 없습니다. 그렇기 때문에 육적인 욕구가 지배적인(이를 억제할 믿음이 하나도 없는 사람들의 경우에 그렇지요.) 사람이 장자의 명분이나 자신의 영혼이나 그러한 모든 것들을 다 지옥의 마귀에게 팔아 버린다고 해도 이상한 일이 아닙니다. 그것은 마치 성욕이 동한 암나귀를 아무도 막을 수 없는 것 같다고 할 수 있습니다(렘 2:24). 사람의 마음이 탐욕에 사로잡히면 어떠한 대가를 치르고라도 그것을 얻어 내려고 합니다. 그렇지만 작은 믿음은 그런 사람들과는 달랐습니다. 그는 거룩한 것에 마음을 두었고 하나님 나라와 연관된 영적인 삶이 바탕이 되는 생활을 했지요. 그런 사람이 무엇 때문에 (혹 작은 믿음의 보물을 사려는 사람이 있었다 하더라도) 자기 마음을 공허한 것들로 채우려고 자신의 보물을 팔겠습니까? 사람이 배고픔을 채우려고 마른 풀을 돈 주고 사먹겠습니까? 아니면 멧비둘기더러 까마귀처럼 썩은 고기를 먹고 살라고 할 수 있습니까? 믿음이 없는 사람은 육체적 욕망을 채우기 위해 자기 자신들이나 자기가 가지고 있는 것을 완전히 저당 잡히든지 빌려주든지 팔 수 있습니다. 그러나 믿음, 그러니까 구원의 믿음이 있는 사람은 작은 믿음일지라도 그 믿음을 지킬 줄 압니다. 그러니 소망씨, 당신은 잘못 생각하고 있습니다. 그렇지 않습니까?

소망 : 잘못을 인정합니다. 그렇지만 당신의 엄격한 비판에 내 기분이 썩 좋지는 않네요.

크리스천 : 그걸 가지고 뭘 그러십니까? 난 다만 당신을 사람이 다니지 않는 길에서 머리 위에 껍데기를 쓴 채 날개를 치며 왔다갔다하는 쾌활한 새에 비유했을 뿐인데. 그렇지만 그런 것은 마음에 두지 마시고 하던 이야기나 마저 생각해 봅시다. 그러면 당신과 나 사이의 어색한 분위기도 회복될 것입니다.

소망 : 그렇지만 크리스천씨. 그 세 강도들도 겁쟁이에 불과했다는 생각이 들어요. 그렇지 않고서야 누군가 길에서 오는 소리를 듣고 그렇게 줄행랑을 쳤겠습니까? 왜 작은 믿음은 좀 더 용기가 없었을까! 일단 한번 부딪쳐 보고 나서 어쩔 수 없을 때 굴복했어야 한다고 생각합니다.

크리스천 : 그들을 겁쟁이라고 말하는 사람들이 많지요. 그렇지만 그런 일을 직접 당하게 되면 아무도 그 사람들을 겁쟁이라

고 말할 수 없어요. 용기 있는 마음은 작은 믿음에게도 없었어요. 내가 보기엔 소망, 당신이 그러한 경우를 당했더라면 강도들과 싸워 보고 나서 굴복했겠지만, 사실 지금 그들이 멀리 떨어져 있어서 그렇지 작은 믿음에게 나타났듯이 그 강도들이 눈앞에 나타난다면 생각이 달라질 것입니다. 그리고 더 생각해 보면 그들은 여행자들을 해치는 도둑에 불과하지만 그들이 섬기는 두목은 무저갱에 살고 있는데 강도들이 필요로 할 때면 언제나 도우러 옵니다. 그 두목의 음성은 마치 삼킬 자를 찾아 두루 다니며 우는 사자의 울음소리와도 같은 것입니다(벧전 5:8). 나 역시 이 작은 믿음처럼 그 강도들을 만난 적이 있는데 진짜 끔찍한 일이었습니다. 나는 그리스도인답게 담대하게 그들과 맞서 싸우기 시작했죠. 그 강도들이 한 번 소리치자 곧장 그들의 주인이 나타나더군요. 나는 겁이 나서 포기하고 내 목숨을 헐값에 내어 주려고 했습니다. 그렇지만 내 몸은 하나님께서 입혀주신 강한 전신갑주가 입혀져 있었습니다. 아, 그렇지만 내가 그토록 단단하게 무장을 했어도 나 스스로 남자답게 견디기란 힘이 들다고 느꼈지요. 어느 누구도 직접 싸워 보지 않고서는 무슨 일이 일어날지 알 수 없는 일입니다.

소망 : 아무튼 형제도 알다시피 그 강도들은 큰 은혜라는 사람

이 나타난 줄 알고 줄행랑을 쳤지요.

크리스천 : 맞는 말이오. 큰 은혜씨가 나타나기만 해도 강도들은 물론 그 두목까지도 자주 달아납니다. 그분은 이기는 용사(King's Champion)니 이상할 게 없소. 그렇지만 작은 믿음과 이기는 용사는 서로 조금 다르다는 것을 당신이 알고 있으리라 생각하오. 하나님의 백성이라고 해서 모두가 다 이기는 용사는 아니며, 애를 쓴다고 무훈을 쌓을 수도 없소. 다윗이 그랬다고 어린아이더러 골리앗과 같은 거인과 싸우라고 한다면 되겠습니까? 아가씨에게서 황소와 같은 힘을 기대할 수 있을까요? 강한 사람도 있고 약한 사람도 있는 법입니다. 믿음이 강한 사람이 있는가 하면 믿음이 아주 약한 사람도 있지요. 이 작은 믿음도 약한 사람이었기 때문에 실패했소.

소망 : 강도들에게 나타났던 사람이 큰 은혜씨였더라면 좋았을 텐데.

크리스천 : 나타났던 사람이 큰 은혜씨였다 할지라도 그 강도들을 당해내기는 힘들었을 것입니다. 내 말은 큰 은혜씨가 아무리 병기를 잘 쓰고 잘 다룬다 할지라도 그들을 잘 상대할 수 있는 때는 칼을 쥐고 적들을 겨누고 있을 때라는 거요. 일단 겁보나 의심이나 범죄나 다른 무리가 큰 은혜씨에게 덤벼들면 그를

넘어뜨릴 수도 있다는 말이지요. 한 번 넘어지고 나면 무슨 일을 할 수 있겠소?

큰 은혜씨의 얼굴을 자세히 살펴본 사람이라면 얼굴에 난 흉터나 상처를 볼 수 있을 것입니다. 그러한 상처는 내가 이야기한 것을 쉽게 나타내 주고 있죠. 그러니까 언젠가 그분이(싸움을 하고 있을 때) "우리의 목숨도 절망적이구나!"라는 말까지 하는 것을 들은 적이 있습니다. 이 겁보와 의심과 범죄라는 억센 강도들 때문에 다윗은 얼마나 신음하며 애통해 하며 부르짖었습니까! 또 헤만(시 88편)과 히스기야 역시 당대의 영장이었지만 이 강도들에게 괴롭힘을 당할 때는 용기를 내야 했으며 그럼에도 불구하고 강도들의 사나운 공격으로 인해 그들의 갑주가 마구 찢기었소. 베드로도 한때 예수님을 잘 따르려고 했습니다. 그러나 사도들 중 우두머리라고 일컬어진 그도 강도들에게 휘둘려 결국에는 하찮은 계집아이를 두려워하게 되었지 않소.

게다가 그 강도들의 두목은 그들이 휘파람만 불면 어김없이 나타납니다. 강도들이 몰리게 되면 기회되는 대로 언제라도 그들을 도우러 오지요. 그 두목에 관하여 이런 말이 있소. "칼이 그에게 꽂혀도 소용이 없고 창이나 투창이나 화살촉도 꽂히지 못하는구나……. 그것이 쇠를 지푸라기같이, 놋을 썩은 나무같이 여기니 화살이라도 그것을 물리치지 못하겠고 물맷 돌도 그것에게는 겨같이 되는구나 그것은 몽둥이도 지푸라기같이 여기고 창이 날아오는 소리를 우습게 여기느니라"(욥 41:26-29). 이런 상황에서 사람이 무엇을 할 수 있겠습니까? 그러나 사람이 언제라도 욥의 말을 타고 그 기술과 용기를 얻으면 곤고산도 능히 이길 수 있습니다. 왜냐하면 "그 목에 흩날리는 갈기를 네가 입혔느냐 네가 그것으로 메뚜기처럼 뛰게 하였느냐 그 위엄스러운 콧소리가 두려우니라 그것이 골짜기에서 발굽질하고 힘있음을 기뻐하며 앞으로 나아가서 군사들을 맞되 두려움을 모르고 겁내지 아니하며 칼을 대할지라도 물러나지 아니하니 그의 머리 위에서는 화살 통과 빛나는 창과 두 창이 번쩍이며 땅을 삼킬 듯이 맹렬히 성내며 나팔 소리에 머물러 서지 아니하고 나팔소리가 날 때마다 힝힝 울며 멀리서 싸움 냄새를 맡고 지휘관들의 호령과 외치는 소리를 듣느니라"(욥 39:19-25)고 했기 때문입니다.

그렇지만 당신이나 나 같은 보병은 강도를 만나리라는 꿈도 꾸지 맙시다. 뿐만 아니라 다른 사람들이 실패했다는 소리를 듣더라도 우린 더 잘할 수 있을 거라는 말을 한다거나 그 이야기를 듣고 인간적인 판단으로 우쭐해하지 맙시다. 그런 사람들이 오히려 시련을 당할 때 더 큰 상처를 입으니까요. 내가 말했던 베드로도 자신만만하게 이야기했소. 그는 우쭐대며 이야기하곤 했지요. 베드로의 헛된 영광에 찬 마음은 그로 하여금 다른 어느 누구보다도 주님을 위해서 열심을 다하고 참겠노라는 말을 하게 했소. 그렇지만 이 강도들에 의해서 무너지고 좌절한 사람이 바로 베드로 자신 아니었습니까?

하늘나라로 가는 길에 그러한 강도들이 있다는 이야기를 들으니 우리에게 두 가지를 깨닫게 하는 것 같군요.

먼저 갑옷을 입고 나아갈 것과 반드시 방패를 가지라는 것입니다. 리워야단(leviathan)에게 사로잡힌 사람이 그를 굴복시키지 못하는 까닭은 믿음이 부족하기 때문입니다. 사실 잘 무장하지 못하면 리워야단은 우리를 두려워하지 않으니까요. 그렇기 때문에 어느 훌륭한 용사는 "모든 것 위에 믿음의 방패를 가지고 이로써 능히 악한 자의 모든 불화살을 소멸하라"(엡 6:16)고 했습니다.

우리가 또한 왕께 우리를 지켜 달라고 구하는 것은 좋은 일입니다. 사실 그렇게 하면 그분께서는 우리와 몸소 함께 가시려 하실 것입니다. 이 때문에 다윗은 사망의 음침한 골짜기를 다닐지라도 기뻐했고 모세는 하나님과 함께하지 않고 한 걸음 내딛느니 차라리 그 자리에서 죽는 편이 낫다고 여겼습니다(출 32:15).

사랑하는 소망씨, 하나님이 우리와 함께하신다면 천만인이 우리를 치려고 덤벼도 두려워할 필요가 있겠습니까?(시 3:5-8; 27:1-3) 능히 도우시는 이가 없으면 "죽임을 당한 자 아래에 엎드러질 따름이니라"(사 10:4)고 말씀하셨습니다.

나라는 사람도 이전까지는 마음이 약해져 있었어요. 하나님의 극진하신 은혜로 보다시피 아직 살아 있기는 하지만 사내다운 용기가 없으니 그와 같은 큰 싸움을 하지 않게 된다면 좋겠소. 우리가 곤고산을 모두 이겨낼 수 있을지 걱정이 됩니다만 사자나 곰이 아직까지 우리를 삼키지 않았으니 하나님께서 이제 이방의 팔레스타인에서도 우리를 구원해 주시기를 바랍니다.

가엾어라, "작은 믿음!"
도둑 떼를 만나고, 빼앗기고 얻어맞았던가?
믿는 이들은 이를 기억하고, 더욱 믿음을 가지시오.
그리하면 만 명과 싸워도 이기리라.
그렇지 아니하면 세 명도 감당 못 하리.

아첨꾼의 그물

이렇게 두 순례자가 가고 그 뒤를 무지가 따라가고 있었다. 어느 곳에 이르러 보니 그들이 가던 길 위로 길이 하나 더 나 있었다. 그 길은 순례자들이 가는 길처럼 곧게 뻗어 있는 것처럼 보였다. 그들 앞에 놓여 있는 두 길이 다 쭉 뻗어 있는 듯 보여서 순례자들은 어느 길로 들어서야 할지 잠시 생각을 하느라 멈춰 서 있었다. 두 사람이 망설이고 있는 바로 그때, 검은 살갗이었지만 새하얀 옷을 입은 사람이 그들에게로 걸어오는 것이 보였다. 그 사람은 두 순례자에게 왜 그곳에 서 있느냐고 물어보았다. 순례자들은 자기들은 하나님 나라로 가고 있는데 어느 길로 가야 할지 모르겠다고 대답했다.

아첨꾼 : 나를 따라오세요. 나도 그리로 가고 있으니.

그 말을 듣고 두 순례자는 그 사람을 따라 새로 난 길로 들어섰다. 그 길은 갈수록 점점 꼬부라져 두 사람을 가야 하는 곳으로부터 멀어지게 했다. 그렇게 얼마를 가게 되자 두 순례자는 하나님 나라를 등지게 되었다. 그렇지만 두 사람이 알아차리기 전에 새하얀 옷을 입은 사람은 그물 안에 두 사람을 조금씩 옭아매어 순례자들은 그물 속에 얽혀 어찌할 바를 모르고 있었다. 그때 흰 옷이 그 사람의 등에서 벗겨져 나가며 그의 검은 피부가 드러났다. 그때서야 순례자들은 그 사람의 정체를 알아차렸다. 그곳에서 두 사람은 자신들의 힘으로는 빠져나갈 길이 없어 한참을 울었다.

크리스천 : 이제 보니 내가 실수를 했소. 목자들이 아첨꾼(Flatterer)을 조심하라고 주의를 주었는데! 지혜로운 사람의 말에 있듯이 "이웃에게 아첨하는 것은 그의 발 앞에 그물을 치는 것이니라"(잠 29:5)는 말씀을 오늘 우리가 경험하게 되었소.

소망 : 목자들은 우리에게 안내 책까지 주어서 우리를 보냈는데, 우리는 그 사실조차도 까맣게 잊어버리고 그 책을 들여다보지도 않았고 길에서 우리를 망하게 하는 사람을 멀리하지도 않았으니. 이 점에서 다윗은 우리보다 지혜로웠군요. 그는 "사람의 행사로 논하면 나는 주의 입술의 말씀을 따라 스스로 삼가서 포악한 자의 길을 가지 아니하였사오며"(시 17:4)라고 말하고 있으니 말입니다.

이런 말을 나누며 두 순례자는 그물에 걸린 자신들을 한탄하며 슬퍼하고 있었다.

그때, 두 사람은 멀리서 빛나는 옷을 입은 사람이 손에 가는 끈이 달린 채찍을 들고 그들에게 다가오고 있는 것을 보았다. 순례자들이 있는 곳까지 오자 그 사람은 어디에 사는 사람들이며 거기서 무엇을 하고 있느냐고 물었다. 순례자들은 **시온성**(Mount

Zion)으로 가고 있던 불쌍한 순례자들인데 새하얀 옷을 입은 검은 사람의 말을 듣고서 그 길을 벗어나게 되었다고 대답했다.

순례자 : 그 남자는 자신도 그리로 가는 길이니 우리더러 따라오라고 그랬습니다.

빛나는 분 : 그 사람은 아첨꾼으로 빛나는 천사로 가장한 거짓 사도요(단 11:32; 고후 11:13-14).

빛나는 옷을 입은 사람은 그물을 찢어 순례자들을 그물에서 해방시켜 주었다.

빛나는 분 : 따라오시오. 당신들이 가야 할 길로 다시 데려다 주겠으니.

그 사람은 순례자들이 아첨꾼의 말을 듣느라고 가지 않았던 그 길로 그들을 다시 데리고 갔다. 그러고 나서 이렇게 물었다.

빛나는 분 : 어젯밤에는 어디 있었소?

순례자 : 목자들과 함께 기쁨의 산에 있었어요.

그러자 빛나는 옷을 입은 사람이 길에 관한 안내서를 갖고 있지 않느냐고 물었다.

순례자 : 갖고 있습니다.

빛나는 분 : 그렇다면 당신들이 어찌할 바를 몰랐을 때 그 책을 꺼내 보지 않았습니까?

순례자 : 네.

빛나는 분 : 왜 꺼내 보지 않았소?

잊어버렸다고 순례자들이 대답했다. 그러자 그 사람은 목자들이 아첨꾼을 조심하라고 일러 주지 않았느냐고 계속 물어보았다.

순례자 : 목자들이 말해 주었지만 우리가 만난 그 말 잘하던 사람이 그 사람인지는 몰랐습니다(롬 16:17, 18).

그러고 나서 꿈에서 보니 빛나는 옷을 입은 사람이 순례자들에게 바닥에 누우라고 지시했다. 순례자들이 눕자 그 사람은 그들이 걸어가야 할 길을 가르쳐 주기 위해서 채찍으로 호되게 때렸다(신 25:2; 대하 6:27). 그러고 나서는 이렇게 말했다.

빛나는 분 : "무릇 내가 사랑하는 자를 책망하여 징계하노니 그러므로 네가 열심을 내라 회개하라"(계 3:19).

이 말을 하고 나서 그 사람은 순례자들에게 순례의 길을 계속 가라고 지시했다. 그리고 목자들이 가르쳐 준 다른 것들을 잘 명심하라고 했다. 순례자들은 그 사람에게 고맙다는 인사를 하고 바른 길을 따라서 노래를 하며 가벼운 발걸음으로 걸어갔다.

이 길로 가는 사람들이여, 이리로 오시오.
보시오, 순례자들이 길을 가다가 어떤 꼴이 되었는지

그들은 붙들렸네, 헤어날 수 없는 그물에
좋은 충고를 가볍게 여겨 잊어버렸기 때문이지.
도움을 받아 빠져 나오긴 했으나, 잘 보게.
이들은 정신이 번쩍 들도록 채찍을 맞았으니,
이를 잊지 말고 조심하시오.

무신론자

이제 조금 지나, 두 순례자가 멀리 보니 누군가 혼자서 자기들 쪽으로 걸어오고 있었다.

크리스천 : 저쪽에 한 사람이 시온성을 등지고 우리 쪽으로 오고 있소.

소망 : 나도 보입니다. 저 사람은 아첨꾼과 같은 사람일지도 모르니 이번에는 조심스럽게 행동합시다.

그 사람은 점점 더 가까이 오더니 마침내 두 사람이 있는 곳까지 왔다. 그 사람의 이름은 **무신론자**(Atheist)였다. 그는 두 순례자에게 어디로 가는 길이냐고 물었다.

크리스천 : 우리는 지금 시온성으로 가는 중입니다.

그러자 무신론자는 껄껄하고 웃음을 터뜨렸다.

크리스천 : 왜 웃으십니까?

무신론자 : 당신들처럼 어리석은 사람을 보니 웃음이 납니다. 당신들은 그렇게 힘겨운 여행을 하면서도 고통 말고는 얻은 것이 하나도 없어 보이는군요.

크리스천 : 고통뿐이라니요, 당신은 우리가 하나님 나라를 얻지 못하리라고 생각하십니까?

무신론자 : 하나님 나라라고? 이 세상 어디에도 당신이 꿈꾸는 그런 곳은 없소.

크리스천 : 그렇지만 장차 올 세상에는 있지요.

무신론자 : 내가 고향에 있을 때 나도 당신이 지금 믿고 있는 이야기를 듣고는 그러한 것을 찾으러 나섰다가 이십 년을 헤매었소. 그러나 길을 나섰던 처음과 마찬가지로 결국 그런 곳은 나타나지 않았소(전 10:5; 렘 17:5).

크리스천 : 우리도 그런 이야기를 들었소. 우리는 그러한 곳이 나타나리라고 믿소.

무신론자 : 고향에 있을 때, 그 말을 믿지 않았더라면 그것을 찾아 이렇게까지 멀리 오지는 않았을 거요. 만약 그러한 곳이 있다면 당신들보다 훨씬 더 오랫동안 찾아본 내가 그곳을 먼저 찾았을 텐데 아무것도 찾지 못했소. 난 다시 돌아가는 길이오. 이젠 그것을 찾기 위해 포기했던 것들을 다시 찾아 즐기며 살 거요.

크리스천 : (소망에게) 이 사람이 하는 말이 맞습니까?

소망 : 조심하세요. 이 사람은 아첨꾼 중 한 사람이에요. 저런 사람들의 말에 귀를 기울였다가 우리가 치렀던 일을 생각해 보세요. 될 법한 말입니까! 시온성이 없다니요! 우린 기쁨의 산에서 그 성의 문을 보지 않았습니까? 그리고 또 우리는 지금 믿음으로 길을 가고 있지 않습니까?(고후 5:7) 채찍 든 사람이 우리에게 다시 나타나지 않도록 갑시다. 당신이 내게 일러 주었어야 하는 건데, 내가 당신에게 속삭이게 되었습니다. "내 아들아 지식의 말씀에서 떠나게 하는 교훈을 듣지 말지니라"(잠 19:27). 내 말은 저 사람 말을 듣지 말고 영혼을 구원하는 믿음에 이르는 사람이 되자는 말입니다(히 10:39).

크리스천 : 나는 우리가 믿는 진실에 대해 의심이 들어서 물어보았던 것이 아니고, 당신 마음속에 있는 정직의 열매를 끄집어내려고 했던 것입니다. 이 사람은 내가 알기로 이 세상 신 때문에 눈이 멀었소. 당신과 나는 진리를 알되 진실에서는 어떠한 거짓도 날 수 없다는 사실(요일 2:21)을 기억하면서 갑시다.

소망 : 하나님의 영광에 대한 소망으로 난 지금 정말 기쁩니다.

그리하여 두 순례자는 무신론자로부터 돌아섰다. 그러자 무신론자는 두 사람을 비웃고는 자기 길로 가 버렸다.

미혹의 땅

나는 꿈에서 두 사람이 걸어가다가 어떤 나라로 들어가는 것을 보았는데 그 땅의 공기는 거기에 들어가는 사람에게 저절로 졸음이 오게 했다. 소망도 이곳에서 몸이 굉장히 나른하고 무거워지기 시작해 잠이 왔다. 소망이 크리스천에게 말했다.

소망 : 난 정말이지 자꾸 잠이 쏟아져 조금이라도 눈 뜨고 있을 수가 없을 지경입니다. 여기 누워 잠깐 잡시다.

크리스천 : 절대로 안 될 말이오. 잠들면 우리는 다시 깨어나지 못해요.

소망 : 왜 안 된다는 겁니까. 일하는 사람에게 잠이란 꿀과 같지 않습니까? 한잠 자고 나면 훨씬 더 가뿐해질 것입니다.

크리스천 : 목자들 중 한 사람이 미혹의 땅에서 조심하라고 한 말을 잊어버렸소? 그 사람 말은 우리가 잠들지 않도록 조심하라는 이야기였소. 그러니 "다른 이들과 같이 자지 말고 오직 깨어 신중합시다"(살전 5:6).

소망 : 내가 잘못 생각했군요. 여기에 나 혼자서 왔더라면 잠이 들어 죽음의 위험을 당했을 것입니다. "두 사람이 한 사람보다 나으니라"(전 4:9)는 어느 지혜로운 사람의 말이 맞다는 생각이 들어요. 오는 동안 당신과의 사귐이 있어서 내게는 다행이었어

요. 당신이 수고한 상이 클 것입니다.

크리스천 : 자, 그럼 이제 이곳에서 졸음을 막도록 좋은 이야기를 나눕시다.

소망 : 그거 좋겠군요.

크리스천 : 무슨 이야기부터 할까요?

소망 : 하나님께서 이끄시는 대로 합시다. 원한다면 먼저 하시지요.

크리스천 : 내가 먼저 노래 한 곡 들려드리겠소.

깊은 잠에 빠져드는 하나님의 백성들은 이리로 오게 하시오.
와서 두 순례자가 하는 이야기 무엇인지 들어 보소.
어떻게 해서든 두 순례자에게 배우도록 하시오.
그리하여 졸음에 겨워 껌벅이는 두 눈을 뜨고 있도록
성도간의 교제가 잘 이루어진다면,
지옥 마귀 권세 있을지라도 서로 깨워 지키리.

소망이 하나님을 믿게 된 이야기

크리스천 : 하나 묻겠는데, 당신은 어떻게 해서 지금처럼 이 길을 걷게 되었소?

소망 : 내가 어떤 계기로 내 영혼의 유익을 구하게 되었냐는 말입니까?

크리스천 : 바로 그렇소.

소망 : 나는 허영의 시장에서 보고 살 수 있는 것들로 즐거워하며 계속해서 꽤 오랫동안 그렇게 보냈지요. 내가 아직도 그러한 것들을 즐기는 데 빠져 있었더라면 나는 내가 가진 그러한 것들로 인해 지옥에 빠져 끝장이 나 버렸을 거예요.

크리스천 : 그게 어떤 것들이었는데요?

소망 : 세상 모든 부귀 영화였습니다. 또한 제멋대로 행동하고 흥청대며 술 마시고 맹세하고 거짓말하고 순결하지 않고 안식일을 범하고 영혼을 망치는 짓들을 즐거워했지요. 그러던 어느 날 나는 하나님에 관한 이야기를 듣고 생각해 보았어요. 사실 허영의 시장에서 자기의 믿음과 착한 행동 때문에 죽임을 당했던 믿음과 당신의 말을 듣고 이러한 방탕한 생활의 마지막은 죽음(롬 6:21-23)이라는 것과, 이러한 헛된 일들로 인해 하나님의 진노가 순종하지 않은 사람들의 머리 위에 떨어진다는 사실(엡 5:6)을 알게 되었어요.

크리스천 : 그러면 당신은 당장에 그러한 확신을 갖게 되었나요?

소망 : 아닙니다. 나는 죄가 나쁘다는 것도 죄를 지으면 하나님의 저주를 받는다는 것도 당장에는 알고 싶지 않았습니다. 그래서 내 마음이 맨 처음 하나님의 말씀으로 흔들리기 시작하자 그 말씀의 빛을 외면하려고 무진장 애썼습니다.

크리스천 : 주님의 성령이 당신께 역사하셨군요. 그런데도 계속 죄를 소홀히 한 이유가 뭐죠.

소망 : 몇 가지 이유가 있었지요.

첫째로, 그것은 죄를 깨닫게 하시고 죄인으로 하여금 회심하게 하신다는 성령님의 구원 사역을 몰랐기 때문이지요.

둘째로, 그때까지 내 육신은 죄짓는 일을 좋아했으며 난 그것을 떠나기 싫어 했고,

셋째로, 정든 친구들과의 관계를 어찌해야 할지 몰랐습니다.

넷째로, 죄의식이 나를 휘감으면 나는 무척 괴로웠고 죄를 기억조차하기 싫었어요. 그래서 나는 그러한 생각을 품고 있을 수도 아니 생각 속에 떠올릴 수조차 없었습니다.

크리스천 : 그래도 당신은 때때로 그러한 마음의 고통으로부터 벗어날 때도 있었다는 말이군요?

소망 : 예, 사실 그랬지만 다시 떠오르곤 했습니다. 그 고통은 전보다 더욱 더 심했습니다.

크리스천 : 어떤 경우, 무엇이 당신을 죄의식에 사로잡히게 했습니까?

소망 : 여러 가지가 있습니다.

이를테면 길을 가다가 착한 사람을 만날 때,

성경에 쓰여 있는 말씀을 들을 때,

머리가 아파지기 시작할 때,

이웃 사람 중 누군가 아프다는 소리를 들었을 때,

누가 죽었다는 것을 알리는 종소리를 들을 때,

나 자신의 죽음을 생각해 볼 때,

사람이 갑작스런 죽음을 당했다고 들었을 때,

그렇지만 무엇보다도 나 자신을 생각해 볼 때, 내가 곧 심판을 받게 된다는 사실 때문에 특히 나 자신의 죄가 떠올랐습니다.

크리스천 : 그러면 이러한 일들 중 어느 경우를 당할 때 당신은 죄에 대한 책임감을 쉽게 떨쳐 버릴 수 있었습니까?

소망 : 어느 때도 그럴 수 없었습니다. 그러한 것들은 내 양심을 더욱 거세게 짓눌렀어요. 그러면 그때는 다시 죄를 지으려는 생각만 해도(비록 마음속으론 죄에서 돌아서면서도) 그 고통이 배로 힘들게 느껴졌어요.

크리스천 : 그래서 그때 당신은 어떻게 했죠?

소망 : 내 생활을 바꾸려고 노력해야 한다고 생각했어요. 그렇지 않으면 나는 틀림없이 하나님의 저주를 받을 거라고 생각했으니까요.

크리스천 : 그것 때문에 노력도 많이 했겠네요?

소망 : 그럼요. 죄를 멀리 하기 위해 옛 친구도 안 만나고 종교적인 의무들도 열심히 수행했습니다. 기도도 하고 성경 말씀도 읽고, 이웃에게 복음 전도도 하고, 내가 옳다고 생각하는 일들을 위해 노력했죠.

크리스천 : 그런 일들을 행함으로써 죄의 고통에서 벗어날 수 있었나요?

소망 : 예, 처음 얼마 동안은요. 그러나 다 부질없는 일이었어요. 죄의식으로부터 자유로워지기 위해 내가 좋은 일을 찾아 했어도 그것은 나의 일이었을 뿐 죄로 인한 내 속의 고통은 여전했습니다.

크리스천 : 변화된 다음인데도 어떻게 그런 일이 일어날 수 있었을까요?

소망 : 나를 여전히 괴롭히는 것들이 몇 가지 있었지요. 특히 "우리의 의는 다 더러운 옷 같으며"(사 64:6), "율법의 행위로써는 의롭다 함을 얻을 육체가"(갈 2:16) 없으며, "너희도 명령받은 것을

다 행한 후에 이르기를 우리는 무익한 종이라"(눅 17:10)고 하나님은 우리에게 말씀하시지 않았습니까? 나는 늘 죄를 짓지 말아야지 하면서 나를 변화시키고 새롭게 살려고 해도 또다시 새로운 죄를 짓게 되었지요. 그것도 끊임없이……. 내가 행한 그 어떠한 의로운 행위로도, 율법의 행위로도, 혹은 우리가 명령받은 것을 다 행한다 할지라도 구원받을 수 없다는 어지러운 생각에 한없이 미치고 괴로웠습니다. 한편 이런 생각도 들더군요. 만약 어떤 사람이 가게에서 천만 원을 꾸었다가 자기가 되돌려 주어야 할 돈을 다 갚고 나서도, 그 빚이 지워지지 않고 장부에 남아 있다면 주인은 그 빚을 갚지 않았다고 그 사람을 고소해 그 빚을 갚을 때까지 감옥에 처넣을 수도 있다는 생각 말입니다.

크리스천 : 그런데, 그 이야기를 당신은 어떻게 당신 자신에게 적용하셨나요?

소망 : 예, 저는 이렇게 생각하게 되었습니다. 그러니까 하나님의 책에는 내가 지은 죄가 굉장히 많이 적혀 있어, 지금 돌아선 나의 삶으로도 그 많은 죄를 다 씻을 수가 없고, 지금 변화된 내 모든 행동으로 지난날 지었던 죄로 인해 받게 될 하나님의 저주를 벗어날 수 없겠다는 생각을 하게 되었어요.

크리스천 : 참으로 훌륭한 생각을 해내셨군요. 계속 이야기해

보시오.

소망 : 나의 생활 태도를 고치고 난 이후로 계속 나를 괴롭혀 왔던 또 한 가지는 내가 지금 하고 있는 일 중 가장 의롭다고 하는 일도 자세히 들여다보면 여전히 그 속에 죄가 있었다는 거예요. 그것도 새로운 죄가 내가 가장 의로운 행위였다고 자부한 그 행위에 함께 섞여 있었단 말입니다. 그래서 나는 이전에 내가 행한 어리석은 자기기만적인 행위는 그만두고서라도, 아니 이전의 생활에서 죄가 하나도 없다고 할지라도 내가 하루 동안에도 지옥에 갈 만큼 많은 죄를 짓고 있다는 결론을 내릴 수밖에 없었습니다.

크리스천 : 그래서 어떻게 하셨습니까?

소망 : 어떻게 하다뇨! 믿음에게 내 속마음을 털어놓기까지는 어찌할 바를 몰랐습니다! 믿음은 나와 잘 아는 사이였으니까요. 죄 없으신 분의 의를 덧입지 않는 한 자신이 행한 의나 세상의 의로는 구원받질 못한다는 사실을 믿음은 가르쳐 주었습니다.

크리스천 : 그 사람이 진실을 말한다고 생각했습니까?

소망 : 내가 나 자신의 생활에 기뻐하고 만족하고 있었을 때 그가 그런 이야기를 했더라면 나는 괴로워하는 그 친구를 바보로 여겼을 것입니다. 그렇지만 이제는 나 자신은 연약한 존재며

죄란 나의 가장 착한 행동 속에도 파고든다는 사실을 알았기 때문에 그 사람의 생각을 받아들이지 않을 수 없었지요.

크리스천 : 처음에 믿음이 구원에 대해 이야기해 주었을 때 당신은 한 번도 죄를 지은 적이 없다고 당당하게 말할 사람이 이 세상에 있을 거라고 생각하셨나요?

소망 : 솔직히 말해 처음에는 그의 말이 이상하게 들렸습니다. 그렇지만 믿음과 더 이야기를 나누고 나서 나는 그 사실에 대한 완전한 확신을 하게 되었어요.

크리스천 : 그러면 믿음에게 그런 분이 누구며 그분으로 인해 어떻게 의롭게 될 수 있느냐고도 물어보았나요?

소망 : 예, 믿음은 그분이 지극히 높으신 하나님 오른편에 앉아 계신 주 예수님(히 10:12, 21)이라고 했습니다. 그리고 또 이런 말을 했어요. 내가 예수님으로 인해, 곧 그분께서 사람의 몸으로 오셨을 때 몸소 행하셨던 일들과 십자가에 달려 고난 받으신 것을 믿음으로 말미암아 의롭게 된다고 하더군요(롬 4:5; 골 1:14; 벧전 1:19). 나는 믿음에게 어떻게 그분의 의가 하나님 앞에서 다른 사람들의 죄를 깨끗게 하는 효험이 있을 수 있는지 물어보았습니다. 그러자 믿음은 예수님이 전능하신 하나님으로서 그의 행위와 그의 죽으심은 그분 자신을 위함이 아니라 나를 위한 것이

므로 그분을 믿기만 하면 그분의 행하신 일과 그 가치가 나에게로 전가된다고 했습니다.

크리스천 : 그래서 그 다음에 당신은 어떻게 했습니까?

소망 : 나는 믿음을 가질 수가 없다는 생각을 했어요. 왜냐하면 그분께서는 나를 구원하시지 않을 것 같았기 때문입니다.

크리스천 : 그러니까 믿음이 뭐라고 하던가요?

소망 : 그는 내게 직접 가서 예수님을 만나 보라고 했습니다. 그래서 내가 그것은 주제 넘는 일이라고 말했더니 그는 그렇지 않다면서 예수님께서 나를 초대하셨다고 하더군요(마 11:28). 그 친구는 내가 좀 더 거리낌 없이 그분께 나아갈 수 있는 용기를 주려고 예수님의 말씀과 행적이 담긴 책을 한 권 주었어요. 그 책에 관해 말하기를 하늘과 땅이 다 없어진다 하더라도 그 책에 있는 것은 일점, 일획이라도 바뀌지 않을 것이라고 하더군요 (마 24:35). 나는 그 친구에게 그분께 나아가려면 어떻게 해야 하느냐고 물었지요. 그러자 그는 내게 무릎을 꿇고(시 95:6; 단 6:10) 마음과 정성을 다하여(렘 29:12, 13) 예수님을 계시해 달라고 하나님께 간구해야 한다고 했습니다. 나는 어떻게 하나님께 간구해야 하는지 또 물었습니다. 그랬더니 그가 일단 주님께 나아가면 속죄소 위에 계신 그분을 뵙게 될 것이며 그는 오래전부터 거기 계시면

서 자기를 찾는 자들에게 용서와 죄사함을 주신다고 했어요.(출 25:22; 레 16:2; 민 7:89; 히 4:16). 가서 뭐라고 간구해야 할지 모르겠노라고 믿음에게 말하자 그 친구는 간절한 마음으로 이렇게 기도하라고 가르쳐 주었어요. "하나님 저를 불쌍히 여기시고 자비를 베풀어 주세요. 저는 죄인입니다. 제가 예수님을 알고 또한 믿게 하여 주옵소서. 제가 만약 주님의 의가 없고 그 의를 믿지 않으면 저는 구원받을 수 없음을 알기 때문입니다. 주여, 당신은 사랑이 많으시며 또한 당신의 독생자 예수 그리스도를 세상과 나 같은 죄인의 구주가 되게 하시려고 이 땅에 보내 주셨다고 들었습니다. 저는 참으로 죄인입니다. 그러나 주님은 저 같은 불쌍한 죄인들을 위해 목숨을 버리셨다고 들었습니다. 주여, 예수 그리스도를 통해 내 영혼을 구원하시고 주님의 크신 은혜를 저에게 나타내 주시옵소서. 예수 그리스도의 이름으로 기도합니다. 아멘."

크리스천 : 그래서 그가 시키는 대로 기도했나요?

소망 : 예, 하고 또 하고, 계속해서 했어요.

크리스천 : 그러니까 아버지께서 아들을 보여 주시던가요?

소망 : 아니오. 한 번, 두 번, 세 번 아니 계속했어도 내게 보여 주시지 않았습니다.

크리스천 : 그래서 어떻게 하셨나요?

소망 : 어떻게 했냐구요! 나는 어찌할 바를 몰랐지요.

크리스천 : 중간에 그만두어야 되겠다는 생각은 안 해 보셨나요?

소망 : 했지요. 왜 포기할 생각을 하지 않았겠습니까?

크리스천 : 그런데도 기도를 포기하지 않은 까닭은 무엇입니까?

소망 : 내가 들었던 이야기, 그러니까 그리스도의 의가 없이는 온 세상도 나를 구원하지는 못한다는 것을 진실이라고 꼭 믿었기 때문입니다. 여기서 내가 만약 기도를 그만두면 전 영원히 죽을 것 같았어요. 그렇다면 나는 차라리 은혜의 보좌 앞에서 죽겠다고 생각했죠. 또한 "비록 더딜지라도 기다리라 지체되지 않고 반드시 응하리라"(합 2:3)는 말씀이 떠올랐습니다. 나는 하나님께서 당신의 아들을 보여 주실 때까지 계속 기도했습니다.

크리스천 : 결국 어떻게 되었나요?

소망 : 아, 전 봤어요. 육적인 눈이 아닌 영적인 눈을 열어 주셨지요(엡 1:18-19). 계속 기도하던 어느 날, 난 전보다 더 추한 나의 죄성을 발견하고 너무 슬펐습니다. 그때 나는 지옥과 내 영혼에 대한 영원한 저주밖에 보이지 않았는데, 갑자기 하늘에서 나를

내려다보고 계시는 예수 그리스도가 보이는 것 같았습니다. 그분께서는 "주 예수 그리스도를 믿으라 그리하면 네가 구원을 얻으리라"(행 16:31)고 말씀하고 계셨습니다. 나는 대답했지요. "주님, 저는 정말 너무나도 큰 죄인입니다. 정말 괴수 중에도 괴수입니다." 그러자 그분께서 "내 은혜가 네게 족하도다"(고후 12:9)고 말씀하셨습니다. 나는 물었습니다. "그렇지만, 주님, 믿는다는 것이 무엇입니까?" 그러자 "내게 오는 자는 결코 주리지 아니할 터이요 나를 믿는 자는 영원히 목마르지 아니하리라"(요 6:35)는 그분의 말씀이 들렸습니다. 전 그때 깨달았습니다. 그리스도의 구원을 얻기 위해 애정을 가지고 전심으로 달려 나오는 자가 그리스도를 믿는 자인 것을 말입니다. 그때 내 눈에서는 눈물이 하염없이 흘러내렸어요. 나는 울면서 물어보았습니다. "주님, 나같이 엄청난 죄인도 정말로 받아 주시고 구원해 주실 수 있습니까?"라고 말입니다. 그러자 주님께서 이렇게 말씀하시는 것이 들렸습니다. "내게 오는 자는 내가 결코 내쫓지 아니하리라"(요 6:37). 나는 말했습니다. "그렇지만 주님, 나같이 부족한 자가 주님 뜻에 합당한 삶을 살 수 있을까요?" 그러자 그분께서 말씀하셨습니다. "그리스도 예수께서 죄인을 구원하시려고 세상에 임하셨도다"(딤전 1:15). 그분은 모든 믿는 사람들을 의롭게 하시기 위해 마침이 되시는 분입니다(롬 10:4). 그분께서는 우리 죄를 위해 돌아가셨고 우리를 의롭게 하시려고 다시 살아나셨지요(롬 4:25). 예수 그리스도께서는 우리를 사랑하시어 우리를 죄에서 건지시고 자기 피로 우리를 씻으셨습니다(계 1:5). 그분은 하나님과 우리 사이에 중보자가 되십니다(딤전 2:5). 그분은 언제나 살아 계셔서 우리를 위하여 하나님께 간구하시고 계십니다(히 7:25). 이러한 모든 것들로부터 나는 그분의 인격 안에서 나 자신의 의를 찾아야 하며 그분의 피로써 내 죄가 완전히 씻기기를 바라야 한다는 생각에 이르렀어요. 그러므로 예수님께서 아버지이신 하나님의 법도에 복종하여 그 법도에 따른 형벌을 받으시기까지 순종하신 것은 그분 자신을 위함이 아니라 곧 우리들, 그분의 구원을 받아들이기 위해 그 사실을 받아들이고 감사하는 사람들을 위함이었지요. 저는 참으로 벅찬 감동에 휩싸였지요. 그때 내 마음은 기쁨으로, 두 눈은 눈물로 가득 찼어요. 내 마음은 예수 그리스도의 이름과 그의 백성과 그의 도를 향한 사랑으로 끓어올랐지요.

크리스천 : 그것은 그리스도께서 당신 영혼에 정말로 나타나신 증거입니다. 그 후로 어떤 변화가 있었나요?

소망 : 세상에 있는 모든 의에도 불구하고 인간은 이미 저주받은 죄인이나 하나님께 나아오는 자들을 하나님께서는 의롭다 하

실 수 있음을 알았고, 전에 행했던 악한 행위들을 심히 부끄러워하게 되었습니다. 무지한 내 모습을 발견했고, 예수 그리스도의 아름다움이 깨달아졌으며, 거룩하고 경건한 삶에 대한 사랑이 일어났습니다. 그리고 주님을 위해서, 오직 하나님의 영광을 위해서 무엇인가 해야겠다는 갈망이 생겼습니다. 내 생명이 수천 개라도 주님을 위해선 버릴 수 있겠다는 생각이 들었습니다.

크리스천이 무지와 이야기하다

그때 나는 크리스천과 소망의 뒤에 그들이 뒤따라오도록 내버려 두었던 무지가 그들을 쫓아오고 있는 것을 꿈속에서 보았다.

소망 : 보세요. 크리스천씨, 저기 젊은이가 얼마나 멀리서 뒤떨어져 꾸물거리면서 따라오고 있는지를.

크리스천 : 아, 네. 그는 우리와 동행하길 싫어했잖아요.

소망 : 그렇지만 여기까지 우리와 함께 왔더라도 그가 손해 볼 일은 없었을 것입니다.

크리스천 : 맞는 말이요. 그렇지만 내 일러두겠는데 저 사람은 우리와는 다르게 생각하고 있소.

소망 : 그래요, 하지만 기다려 봅시다.

그래서 두 순례자는 무지가 가까이 오기를 기다렸다.

크리스천 : 어서 오세요, 무지씨. 그런데 왜 혼자서 옵니까?

무지 : 좋은 친구가 없다면 혼자 가는 게 편하죠.

크리스천 : (가만히 소망에게 속삭인다.) 내 뭐라 그랬소? 그는 우리와 동행하는 것을 좋아하지 않아요. 그렇지만, 저 젊은이에게 다가가 여긴 조용한 곳이니 같이 얘기나 하면서 갑시다. (무지에게) 어떻습니까? 지금 당신의 영혼 상태는 어떤가요?

무지 : 좋습니다! 나는 언제나 선한 생각만 하거든요. 마음의 위안도 되고요.

크리스천 : 선한 생각이란 무엇이죠?

무지 : 그야, 하나님과 하나님 나라에 대한 생각이지요.

크리스천 : 마귀와 저주받은 영혼들도 하나님과 하나님 나라를 생각하지요.

무지 : 그러나 나는 그러한 것을 생각하고 또한 얻기를 소망하지요.

크리스천 : 이 길을 가지 않는 자들도 그 정도는 합니다. 게으른 자도 마음으로 천국을 원하나 얻지는 못하거든요(잠 13:4).

무지 : 그들과 난 틀리죠. 난 천국을 위해 모든 걸 다 버렸거든요.

크리스천 : 그 말에 대해선 의심이 가는군요. 도대체 무엇을 다 버렸다는 겁니까?

무지 : 내 마음이 나에게 그렇게 말했거든요.

크리스천 : 지혜로운 사람이 말하기를 "자기의 마음을 믿는 자는 미련한 자요"(잠 28:26)라고 했소.

무지 : 그것은 마음이 나쁜 사람을 말하는 것입니다. 난 착한 마음을 가졌어요.

크리스천 : 젊은이가 바르게 생각한다는 것을 어떻게 알 수 있지요?

무지 : 천국의 소망 가운데 마음은 나에게 평안을 주죠.

크리스천 : 거짓으로 위로를 얻을 수도 있소. 사람의 마음이란 미처 바라는 것을 얻을 만한 일은 하나도 하지 않고서도 단지 그것을 바라기만 함으로써 마음에 위안을 얻을 수 있으니까.

무지 : 그렇지만 내 마음과 생활은 일치가 되고요. 내 소망은 이렇듯 든든합니다.

크리스천 : 누가 당신의 마음과 생활이 일치된다고 했었나 보죠?

무지 : 바로 내 마음이 알려 주죠.

크리스천 : 자기가 도둑인지 아닌지는 다른 사람에게 물어봐

야 하지 않습니까? 그런데 자기 마음이 그렇게 말했다니! 하나님의 말씀이 이를 증명해 주지 않는다면 다른 증거는 하나도 소용이 없소이다.

무지 : 그렇지만 선한 생각을 품고 있는 마음이 선한 마음 아닌가요? 하나님의 계명대로 살면 선한 삶이 아닙니까? 난 그렇게 살고 있어요.

크리스천 : 그렇지요. 선한 생각을 품고 있는 마음은 선한 마음이며 하나님의 계명대로 살면 선한 삶이 되지요. 그러나 그렇게 생각만 하는 것과 그렇게 사는 것은 별개지요.

무지 : 그렇다면 선생님 생각에는 선한 생각과 하나님의 계명대로 사는 삶이 어떻게 다르다고 보십니까?

선한 생각

크리스천 : 선한 생각에는 여러 가지가 있소. 우리 자신에 관한 선한 생각, 하나님에 관한 선한 생각, 예수님에 관한 선한 생각, 그리고 그 밖의 다른 것들에 관한 선한 생각 등이지요.

무지 : 우리 자신에 관한 선한 생각이란 어떤 것입니까?

크리스천 : 우리 자신에 관한 선한 생각이란 하나님이 말씀하시는 것과 일치하는 생각을 말하오.

무지 : 어떨 때 우리 자신에 대한 생각이 하나님의 생각과 일치됩니까?

크리스천 : 하나님이 우리를 판단하시는 것과 똑같이 우리 자신을 보는 거요. 다시 말하면 하나님께서는 자연 상태의 사람을 이렇게 말씀하셨소. "의인은 없나니 하나도 없으며……선을 행하는 자는 없나니 하나도 없도다"(롬 3:10-12). "그 마음으로 생각하는 모든 계획이 항상 악할 뿐이니라"(창 6:5). "사람의 마음이 계획하는 바가 어려서부터 악함이라"(창 8:21). 그러니 이러한 생각을 가지고 우리 자신을 보게 될 때 우리의 생각은 하나님의 말씀에 비춘 것이기 때문에 올바르게 되는 것입니다.

무지 : 그건 아주 못된 놈들에게나 통하는 말이지 나는 내가 악하다는 데 동의할 수가 없어요!

크리스천 : 그렇다면 당신은 이제까지 자신에 관해 한 번도 바르게 생각해 보지 않았다는 얘기군요. 좀 더 이야기를 하자면 하나님의 말씀이 우리의 생각을 판단하게 되듯이, 그 말씀은 우리의 행동까지도 판단하게 됩니다. 말씀이 가르치는 대로 생각하고 행동하면 우리의 생각과 행동은 모두 말씀과 일치하게 되므로 바르게 사는 것이 되는 것이지요.

무지 : 무슨 말인지 잘 모르겠군요.

크리스천 : 그러니까, 하나님께서는 인간의 방법은 구부러져 있고 바르지 못하며 삐뚤어져 있다고 말씀하셨소. 저들이 본래 옳은 길에서 벗어나 있으나 깨닫지 못한다고 말씀하고 있지요 (시 125:5; 잠 2:15; 롬 3:12). 그러므로 사람이 말씀대로 자신의 방법을 생각하고 겸손한 마음으로 말씀대로 생각한다면, 그의 생각은 하나님 말씀의 판단과 일치하기 때문에 자기가 갈 길에 대한 선한 생각을 한다고 할 수 있는 것입니다.

무지 : 하나님에 대한 선한 생각이란 어떤 것입니까?

크리스천 : 우리 자신에 관해 말한 것처럼 하나님에 대해 우리가 생각하는 것과 그분이 자신에 대해 하시는 말씀이 일치하는 것이지요. 즉 말씀이 가르쳐주는 그분의 인격과 속성과 일치하는 생각을 말합니다. 그것에 관해 당장은 말로 자세히 설명할 수가 없군요. 그렇지만 하나님과 우리를 관련지어 이야기할 때 이렇게 생각하는 것을 말하지요. 하나님께서는 우리가 우리 자신을 아는 것보다 더 우리를 잘 알고 계시며, 우리가 우리 자신에 대해 아무 죄가 없다고 생각할 때도 우리에게서 죄를 보실 수 있는 분이라고 말이지요. 즉 하나님께서는 우리의 마음 가장 깊은 곳 생각까지 아시는 분이고 우리의 마음 깊은 곳까지 언제나 그분 앞에서는 드러나 있으며, 설령 우리가 선하다고 생각하는 것

조차도 하나님 앞에서는 악취를 풍길 뿐입니다. 아무리 최선을 다해 선을 행한다 해도 우린 주 앞에 설 수 없는 존재입니다.

무지 : 당연하지요! 그럼 당신은 내가 최선의 행위로 주 앞에 설 줄 알았습니까?

크리스천 : 그러면 어떻게 하나님 앞에 나아간다고 생각하나요?

무지 : 간단하게 말해서 의롭다함을 얻기 위해서는 그리스도를 믿어야 한다고 생각합니다.

크리스천 : 아니, 뭐라구요! 그분이 필요하다는 것을 깨닫지 못하면서도 그분을 믿어야 한다고 생각하다니! 당신은 타고난 약점도 지금의 약점도 모르고 있소. 당신 자신과 행동에 대해 그러한 생각을 갖고 있으니 하나님 앞에서 자신을 의롭게 하기 위해 그리스도의 의를 필요로 한 적이 한 번도 없었다는 것이 분명하군요. 그러면서도 어떻게 "나는 그리스도를 믿노라"고 말할 수 있나요?

무지 : 그 모든 것을 충분히 믿으니까요.

크리스천 : 어떻게 믿는다는 말이오?

무지의 어리석음

무지 : 나는 그리스도께서 죄인들을 위하여 돌아가셨다는 사실과 또한 내가 그분의 법을 지키면 은혜로 나를 받아주셔서 저주받지 않고 하나님 앞에서 의롭다 함을 얻게 된다고 믿어요. 그러니까 그리스도께서 자신의 공로를 통해 나의 종교적인 행실들을 하나님께 받아들여질 수 있게 하시어 내가 의롭게 여겨지게 된다는 것이지요.

크리스천 : 당신의 신앙고백에 대해 내가 한마디 하겠소.

첫째, 당신은 환상적 믿음을 갖고 있소. 당신과 같은 믿음은 성경 어디에도 적혀 있지 않기 때문이오.

둘째, 당신은 잘못된 믿음을 가지고 있소. 왜냐하면 당신은 그리스도의 의로 의롭다함을 받는 것을 당신 자신의 행위로 인하여 의롭게 된다는 것으로 잘못 생각하고 있기 때문이오.

셋째, 당신의 허황된 믿음에 따르면 그리스도께서는 당신의 인격이 아닌 당신의 행위를 의롭다 하시는 분이 됩니다. 인격이 아닌 당신의 행위를 의롭게 한다는 것은 잘못된 것이지요.

넷째, 그러므로 그런 믿음은 거짓된 믿음입니다. 그러한 믿음으로는 전능하신 하나님의 심판날에 진노를 피할 길이 없습니다. 진실로 의롭다함을 얻는 믿음은 율법에 의해 자신의 잃어버린 상태를 깨닫고 그리스도의 의 아래로 피하려고 달려가게 하지요. (그리스도의 의란 하나님께서 당신의 순종을 받아들이셔서 의롭다 함을 받게 하는 은혜의 행위가 아니라 우리에게 요구되는 바를 그리스도께서 우리를 위해 대신 행하시고 담당하심으로써 율법에 대해 순종하신 것을 말합니다.) 그러니까 진정한 믿음이란 이 그리스도의 의를 받아들이는 것이라는 얘기요. 그리스도의 의의 옷자락 아래 우리 영혼의 수치가 가려짐으로써 우리는 흠 없고 티 없는 모습으로 하나님 앞에 나아가 받아들여지고 저주에서 벗어나게 되지요.

무지 : 아니! 이것 보시오! 우리의 행위 없이 믿기만 하면 된다니? 우리는 상관없이 그리스도 혼자서 하신 일만을 믿으라는 것입니까? 그런 자기 기만은 우리 욕망의 고삐를 풀어놓아 우리 마음대로 살게 할 것입니다. 우리가 그리스도 한 분의 의로 모든 죄에서 벗어나 의롭다함을 입게 된다고 믿는다면 우리가 어떻게 살든 무슨 상관이 있겠습니까?

크리스천 : 당신은 이름처럼 진정 무지하군요! 무지씨. 당신은 의롭게 하는 의가 무엇인지 모르며, 어떻게 그 의를 믿음으로써 하나님의 무서운 진노에서 당신의 영혼을 지킬 수 있는지도 모르는군요. 그리고 그리스도의 의를 믿는 믿음의 참 구원적 힘조차도 전혀 모르는군요! 구원받는 믿음은 당신의 마음을 그리스

도 안에서 하나님께 맡기고 하나님을 따르게 하며 그분의 이름과 그분의 말씀과 그분의 길과 그분의 백성들을 사랑하게 된다는 말씀입니다. 그것이 곧 당신이 말한 선한 것들이고요.

소망 : 무지에게 혹시 하늘로부터 계시되는 그리스도를 본 적이 있느냐고 한번 물어보세요.

무지 : 뭐라고요! 계시를 운운하다니……. 혹시 당신들은 이단?

소망 : 그렇지 않소, 무지씨! 그리스도는 하나님 안에 감추어진 모든 육체가 자연적 이해력으로는 알 수 없는 분입니다. 그래서 아버지 하나님께서 그를 사람에게 나타내 보여 주시지 않으면 한 사람도 구원에 이르는 지식을 가질 수 없어요.

무지 : 그것은 선생님이 믿는 바지 내가 믿는 바는 아닙니다. 그래 봐야 당신들의 공상적인 믿음보단 내 믿음이 월등히 좋다고 제 마음이 알려 줍니다.

크리스천 : 무지씨! 이 문제를 그렇게 가볍게 여겨서는 안 됩니다. 내 훌륭한 동료 소망도 이야기했듯이, 하나님 아버지께서 우리 신자들에게 친히 당신을 드러내 보여 주시지 않으면 그 누구도 예수 그리스도를 알 수 없습니다(마 11:27). 믿음에 있어서도 마찬가지로, 그 영혼이 그리스도를 붙드는 믿음은 그것이 올바른 것이라면, 틀림없이 하나님의 넘치는 은혜로 말미암아 생기

는 것입니다(고전 12:3; 엡 1:17-19). 가엾은 무지씨, 당신은 믿음의 역사에 대해서 전혀 모르는군요. 공상에서 깨어나 당신 자신의 비참한 상태를 깨닫고 예수님을 바로 믿으십시오. 하나님의 의인 그리스도의 의를 힘입는다면(하나님께서 그리스도 자신이시기 때문에) 당신은 하나님의 저주에서 벗어나게 될 것이오.

무지 : 그렇게 빨리 가시니 따라갈 수가 없군요. 먼저 가시지요. 저는 조금 쉬었다 가겠습니다.

크리스천과 소망이 이야기를 나누다

크리스천 : 자, 소망씨. 이제 다시 우리끼리만 가야겠소.

나는 꿈에서 두 순례자가 앞서가고 뒤에서 무지가 엉거주춤 따라가고 있는 것을 보았다.

크리스천 : 저 무지씨 때문에 마음이 아픕니다 결국 저 사람은 틀림없이 망하게 될 텐데…….

소망 : 내 고향에도 저와 같은 사람이 많았는데……. 집집마다, 거리마다, 아니 순례자들 중에도 그런 생각을 품고 있던 사람들이 있었으니까요. 그러니 저 사람의 고향에는 얼마나 더 많을까요…….

크리스천 : 실로 성경에도 이런 말씀이 있습니다. "주께서 저

희 눈을 멀게 하심은 저희가 보지 못하게 하려 함이라." 이제 우리 두 사람만 가게 되었는데 당신은 저런 사람을 어떻게 생각하는지요? 저런 사람들이 자신들의 죄를 깨닫고 자기들의 위험한 영적 상태에 대한 두려움이 없을까요?

소망 : 그럴 게 아니라 나이가 많으시니까 먼저 대답해 보세요.

크리스첸 : 예, 때때로 내가 생각하기에 그들도 그런 생각은 하겠지만 워낙 무지해서 그것이 유익인지 해가 되는 것인지 모를 것입니다. 그래서 아예 안간힘을 다하여 그 죄의식을 떨쳐 버리려고 노력할 것이고 자기 자신에게 부단히 아첨할 것입니다.

소망 : 정말 당신 말대로 두려움이란 사람들에게 유익이 되고, 순례의 길을 처음 가는 순간부터 사람들을 올바른 길로 가도록 인도한다는 생각이 듭니다.

크리스첸 : 그것이 곧 올바른 두려움이지요. 그래서 하나님께서는 이렇게 말씀하셨지요. "여호와를 경외함이 곧 지혜의 근본이라"(욥 28:28; 시 111:10; 잠 1:7; 9:10).

소망 : 올바른 두려움이란 어떤 것이라고 생각하십니까?

크리스첸 : 참되고 바른 두려움은 세 가지로 알 수 있습니다.

첫째로, 두려움이 생기는 동기를 보아 알 수 있는데 곧 죄를 깨닫고 그 죄에서 구원받으려는 마음에서 생겨나는 두려움이지요.

둘째로, 참된 두려움은 우리가 깨달은 죄의식으로 말미암아 구원을 낳고, 우리 영혼이 구원받기 위해 더욱 그리스도를 의지하게 만듭니다.

셋째로, 참된 두려움은 하나님과 그분의 말씀과 법도를 소중히 여기고, 그것을 지키는 가운데 그러한 것들로부터 우로나 좌로 치우쳐 하나님을 모독하거나 평화를 깨뜨리거나 성령님을 슬프게 하거나 원수에게 비방의 말을 듣는 일을 할까봐 두려워하며 성결한 삶을 살게 하는 두려움입니다.

소망 : 네, 맞는 말씀입니다. 이제 우리가 미혹의 땅을 거의 다 지나왔나요?

크리스천 : 왜, 이 이야기가 지루하시나요?

소망 : 아니요, 그럴 리가 있나요. 우리가 어디쯤 왔는가 알고 싶어서요.

크리스천 : 아직 3km 남짓 더 가야 합니다. 그러니 하던 이야기를 계속합시다. 어리석은 사람들은 자신들을 두렵게 하는 죄의식이 유익하다는 사실을 모르기 때문에 죄의식을 억누르고 떨쳐 버리려고 안간힘을 쓰지요.

소망 : 어떻게 그런 생각들을 억누르려고 합니까?

크리스천 : 첫째로, 그들은 죄의식에 대한 두려움을 마귀가 준

다고 여깁니다(사실은 하나님께서 주시는 것이지만). 그래서 그런 생각들을 부정하고 자기들을 단숨에 쓰러뜨리려는 것들로 여기며 두려움을 이기려고 하지요.

둘째로, 그들은 또한 죄의식에 대한 두려움은 자신들의 믿음을 망친다고 생각합니다. 그러나 안타깝게도 불쌍한 그 사람들에게는 믿음이라곤 하나도 없지요. 그렇기 때문에 그러한 생각들에 대해 더욱 마음을 단단히 닫는 것입니다.

셋째로, 자기들은 두려워하지 말아야 한다는 생각을 하고 있기 때문에 마음속으로는 두려우면서도 겉으로는 담대한 척 하지요.

넷째로, 죄의식에 대한 두려움은 자기들이 해 왔던 알량한 경건의 행위들을 못 하게 할 것이라고 생각하기 때문에 안간힘을 써가며 그러한 생각들을 쫓으려고 합니다.

소망 : 무슨 말인지 조금 알겠습니다. 나도 전에 그런 생각을 했으니까요.

크리스천 : 그러면 우리 이쯤에서 무지 저 친구 이야기는 그만하고 도움이 될 만한 다른 이야기를 해 봅시다.

소망 : 좋지요. 이번에도 먼저 해 보시지요.

한때 믿음의 타락

크리스천 : 좋아요. 그러면 십 년 전쯤 당신이 살던 곳에서 그 당시에는 믿음이 남보다 좋았던 **한때 믿음**(one Temporary)이란 사람을 아십니까?

소망 : 예, 그를 압니다! **정직**(Honesty)이라는 마을에서 3km 정도 떨어진 **은혜없음**(Graceless)이라는 마을에 살던 사람으로 **돌아섬**(one Turnback)이라는 사람 옆집에 살았어요.

크리스천 : 그래요, 그 사람은 돌아섬이라는 사람과 한 지붕 아래 살았소. 그리고 한때 믿음씨는 한때 상당히 생각이 있던 사람이었으므로 나는 그 사람이 자기 죄와 그 죄에 따르는 삶이 무엇인지 어느 정도 알고 있었다고 생각했지요.

소망 : 나도 그렇게 생각했지요. 우리 집은 그 사람 집에서 5km도 채 되지 않은 곳에 있었어요. 그 사람은 자주 우리 집에 찾아와서 자기가 죄인이라며 울곤 했는데, 신앙이 성냥불처럼 확 타다가 갑자기 꺼지더군요. 그러니 "주여, 주여!" 하고 외치는 사람마다 모두 천국 가는 것은 아니라고 했지요.

크리스천 : 그래요. 언젠가는 날 찾아와서 순례길을 간다고 하면서 주여 주여 하다가, 갑자기 **스스로 구원**(save-Self)이라는 사람과 만나 친해지더니 다시 세상으로 가더군요.

소망 : 그 사람 이야기를 하게 되었으니 그 사람을 비롯해서 사람들이 갑자기 타락하게 되는 까닭이 무엇인지 조금 생각해 보도록 하지요.

크리스천 : 참 좋은 생각입니다. 먼저 이야기해 보시지요.

소망 : 그러지요. 거기에는 네 가지 이유가 있다고 생각합니다.

첫째로, 그러한 사람들은 머리 속으로는 알고 있지만 마음이 바뀌지 않았기 때문입니다. 지옥의 고통을 알고 그 두려움으로 하나님 나라에 대한 뜨거운 마음이 생기듯이 지옥에 대한 두려움이 식어 버리면 그와 마찬가지로 하나님 나라와 구원에 대한 그들의 바람 또한 식어 버리지요. 그래서 자신들의 죄의식이나 두려움이 사라지면 하나님 나라와 행복한 죽음에 대한 열망도 없어지고 그들은 다시 이전에 살던 모습으로 되돌아갑니다.

둘째로, 또 다른 이유는 그 사람들이 자기들을 압도하는 두려움에 얽매여 있기 때문입니다. 그 두려움이란 사람에 대한 두려움을 말합니다. "사람을 두려워하면 올무에 걸리게 되느니라" (잠 29:25).

셋째로, 종교를 따르는 데 있어서 부끄러움은 또 하나의 걸림돌이 됩니다. 거만하고 콧대가 높은 사람의 눈에는 종교가 천박하고 하찮은 것으로 보이지요. 따라서 지옥과 다가오는 진노에 대한 두려움이 없어지면 그들은 다시 이전에 하던 대로 생활하지요.

넷째로, 죄의식을 느끼고 두려움에 빠진다는 것은 그 사람들에게는 괴로운 일입니다. 그들은 불행이 닥치기 전까지는 자기들의 불행을 보려고 하지 않지요. 처음에 그러한 문제에 부딪히는 걸 피하지 않았다면 의로운 사람들이 달아나는 안전한 곳으로 달려갔을지도 모릅니다. 그렇지만 조금 전에 말했듯이 그들은 죄의식과 두려움에 대한 생각조차 하지 않으려고 하므로, 일단 공포와 하나님의 진노에 대한 일깨움이 사라지게 되면 일부러 자기들의 마음을 굳히고 더욱더 마음을 완악하게 하는 일을 하려고 합니다.

크리스천 : 거의 바로 보셨군요. 무엇보다도 마음과 의지가 바뀌지 못했다는 것이 그 사람들에게 있어서 가장 큰 이유니까요. 그렇기 때문에 그런 사람들은 교수대 앞에 선 중죄인과 다름없습니다. 덜덜 떨고 움츠리며 마음 깊이 회개하는 것처럼 보일지라도 그 사람들이 가장 두려워하는 것은 교수형에 대한 두려움이지요. 이러한 사람들을 자유롭게 내버려 두면 다시 도둑이나 불량배가 되는 걸로 보아 알 수 있지요. 그러나 그들의 마음이 정말 바뀌었다면 그렇지 않을 것입니다.

어떻게 타락하게 되는가

소망 : 내가 그들이 돌아서는 까닭을 말했으니 이번에는 당신이 그 사람들이 어떻게 돌아서게 되는가 좀 이야기해 주시죠.

크리스천 : 기꺼이 그러리다.

첫째로, 그 사람들은 가능한 한 하나님과 죽음, 닥쳐올 심판에 대한 모든 것들로부터 자기들의 생각을 돌리려고 합니다.

둘째로, 혼자 기도하거나 탐욕을 억누르거나 죄를 슬퍼하는 일 등과 같은 개인적인 의무들을 점차 하지 않습니다.

셋째로, 열심과 뜨거운 마음으로 믿는 그리스도인들과의 사귐을 갖는 것을 꺼립니다.

넷째로, 말씀을 듣거나 읽는 일, 경건한 집회에 나가는 것 등의 공적 의무에 대해 조금씩 소홀해집니다.

다섯째로, 경건한 사람들의 흠을 지나치게 꼬집어 냅니다. 그리하여 경건한 사람들에게서 몇 가지 흠을 보았다는 이유로 종교를 슬그머니 벗어 던지려는 그럴듯한 핑계를 가집니다.

여섯째로, 육을 쫓는 방탕하고 바람기 많은 사람들과 계속 사귑니다.

일곱째로, 몰래 음탕하고 더러운 이야기를 하기 시작하며 자신들이 순결하다고 믿는 사람에게서 깨끗하지 못한 점들을 보게 되면 흐뭇해하며 그러한 행동들을 예로 들어가며 뻔뻔스러워집니다.

여덟째로, 조그마한 죄들을 드러내 놓고 저지르기 시작합니다.

아홉째로, 마음이 더욱 무디어져서 자기들의 모습 그대로를 내보입니다. 그리하여 그들은 불행의 구덩이로 다시 빠져들게 되지요. 은혜의 기적이 이를 막지 않는다면 그들은 자기 꾀에 빠져 영영 멸망하고 말지요.

소망과의 동행 | Part 7

1. 사심 : 사심과 같은 이들은 자신의 이기적인 것과 세상적인 목적을 위해 종교를 수단으로 삼는 자들이다. 이들은 경건의 모양을 취하면서 자신의 영광을 추구하거나 물질적 이득을 추구하는 자들로서 경건을 이익의 재료로 삼는다.

2. 사심과 세 친구들 : 사심은 세상 집착, 돈을 사랑함, 인색과 같은 학교에서 같은 수업을 받았다. 그래서 네 사람 모두는 종교의 가면을 쓰고 어떤 수단과 방법을 동원해서라도 자신들의 이익을 얻는 것에 전문가들이었다. 크리스천은 세상적인 것을 얻기 위한 수단으로 신앙고백을 이용하는 것이 불법이라는 것을 그들에게 분명하게 말하였다. 사심과 그의 친구들은 자신들의 세상적 이익을 위해 신앙고백과 믿음의 형제들을 이용하는 것에 있어서 주저하지 않는다.

3. 데마 : 존 번연은 데마라는 인물을 등장시키면서 신앙고백을 내던져 버리고 세상으로 달려가는 자들이 교회에 있고, 멋진 신사

처럼 보이면서 다른 사람을 유혹하여 세상으로 가게 하는 자들이 있음을 나타내고자 하였다. 데마는 두 순례자에게 세상의 화려한 재물을 보여 주려고 하였다. 죄를 짓도록 하는 유혹은 독버섯이 아름다운 색깔을 내듯이 사람들의 기호를 자극한다.

4. 하나님의 강 : 하나님의 강은 구원의 축복을 나타낸다. 강물은 하나님과 어린양의 보좌로부터 흘러내렸는데 구원의 축복이 하나님의 주권과 그리스도의 은혜로운 구속의 사역으로 인하여 주의 백성에게 임하는 것을 의미한다.

5. 샛길 초원으로 가다 : 크리스천과 소망은 보다 쉬운 길이 나오기를 무척 소망하였다. 그러나 하나님의 백성에게는 쉬운 방법들이 항상 최선의 방법이 아니다. 실망되는 상황에서 그리스도에게 충성하지 않고 쉽고 더 좋은 길을 찾는 것은 지혜롭지 못하고 어리석은 일이다. 왜냐하면 하나님의 주권과 섭리를 믿지 않는 것이 죄이기 때문이며, 더욱 나쁜 상황으로 빠져들 수 있기 때문이다.

6. 거인 절망에게 붙잡히다 : 두 순례자는 샛길 초원으로 들어섰다가 의심의 성에 갇히게 되었고 그곳에서 쓰디쓴 경험을 하였다. 이러한 경험을 통하여 시온으로 가는 길에서 벗어나는 것이 얼마나 위험하며, 자기 자신의 육신적인 판단을 신뢰하게 될 때 엄청난 어려움을 겪게 된다는 것을 직접 체험하였다.

7. 기쁨의 산과 목자들 : 기쁨의 산은 주께서 하나님의 백성의 죄를 징계하시고, 그들로 회개하게 하신 후 위로하시는 은혜를 나타낸다. 이것은 주께서 자신의 백성을 징계하신 후 구원의 즐거움을 회복시키시는 은혜이다.

8. 무지 : 무지는 기독교의 외적인 형식을 준수하고 주위의 많은 사람들이 하는 것을 따라하면서 자신이 천국에 들어갈 수 있다고 생각하는 자다. 무지라고 부르는 이유는 그에게 생명에 이르는 지식, 즉 성경에서 말하는 구원의 계획에 대한 지식이 없기 때문이다.

9. 변절 : 변절이라는 이름은 그 사람의 과거, 현재, 미래 상태를 이해하는 데 열쇠가 된다. 그는 과거에 교회에 다녔으며, 하나님의 말씀의 교리에 대해서 최소한 지식적으로 동의하였으며, 어느 정도 도덕적인 삶을 살았던 사람이다. 그러나 그는 무신론적 견해들을 수용하고, 결국은 하나님의 존재와 마지막 심판을 믿지 않는 자가 되었다. 그 이후 그의 삶은 정욕을 추구하는 삶이 되어서 이 세상에서 즐길 수 있는 것에 모든 정열을 쏟아 부었다. 배교의 교리는 진실한 성도에게 자신이 하나님의 은혜에 굴복되어 있는지의 여부를 점검하게 하는 가르침이다.

10. 작은 믿음 : 작은 믿음은 생활이 어려움에도 불구하고 보석들

을 팔지 않았다. 조그만 고통을 덜기 위해 혹은 한 방울의 위로를 얻기 위해 보석을 팔지 않았다. 작은 믿음은 에서의 경우를 따르지 않았다. 작은 믿음과 에서는 근본적인 차이가 있다. 작은 믿음은 영원한 것과 신령한 것을 사모한 반면에 에서는 육체를 따라 행동하는 믿음이 전혀 없는 자였다. 작은 믿음일지라도 이 세상적인 것과 영적인 것의 관계를 충분히 비교하여 선택할 줄 알며, 영원한 것을 소홀히 여기거나 싸구려 취급하지 않았다.

11. 아첨꾼 : 아첨꾼은 피부는 검지만 흰 옷을 입고 있었다. 검지만 흰색으로 포장되었다는 것은 마음에 악한 의도를 가지고 있으나, 그것을 숨기고 그럴듯한 말로 사람의 마음을 사로잡는 거짓 교사를 나타낸다.

12. 무신론자 : 무신론자는 종교적 신념이 없는 자일 뿐 아니라 다른 사람의 종교적 신념을 조롱하는 자다. 무신론자는 항상 기독교의 근본교리들을 해치고 내던지려는 노력을 한다.

13. 미혹의 땅 : 미혹의 땅은 환상적이면서 죽음에 이르게 하는 위험을 비유하는 것이다. 미혹의 땅은 순례자로 잠에 빠지게 하여서 위험에 직면하도록 만드는 곳이다. 크리스천은 졸음을 막기 위해서 서로 대화하자고 제안하였다. 경건한 자들의 대화는 항상 유익하다. 특별히 영적으로 무감각증에 걸리려고 할 때 경건한 대화

는 많은 유익을 주어 심령을 생동감 있게 만들어 준다.

14. 한때 믿음 : 무지는 잘못된 지식과 피상적인 지식으로 교회 생활을 하다가 결국에는 죄 된 삶으로 돌아가는 자인 반면에 한때 믿음은 무지와 달리 상당한 지식과 죄의 질책과 같은 체험이 있었으나 결국에는 믿음을 포기하고 죄 된 삶으로 돌아가는 자다. 즉, 둘 다 천성에 이르지 못하는 공통점이 있으나 무지는 지식과 체험이 없는 반면에 한때 믿음은 지식과 체험이 있다.

– 해설 천로역정 (김홍만 저, 생명의말씀사)

The Pilgrim's Progress

The Pilgrim's Progress

PART 8

순례의 여행을
마치고 천국으로

뿔라에 이르다

이때쯤, 나는 꿈에서 두 순례자가 미혹의 땅을 다 지나 **뿔라의 땅**(the country of Beulah)으로 들어가고 있는 것을 보았다(사 62:4-12; 아 2:10-12). 그 땅에는 아주 달콤하고 부드러운 바람이 불었다. 가야 할 길이 그 땅을 곧장 지나고 있어서, 거기서 두 사람은 얼마 동안 위안을 얻었다. 정말로 이 두 사람은 그곳에서 끊임없이 지저귀는 새 소리를 들었으며 매일 매일 땅에서 꽃이 피는 것을 보았으며 바다거북의 소리를 들었던 것이다!

이 땅에서는 밤낮으로 해가 비추었다. 이곳은 사망의 음침한 골짜기 너머의 땅이었고 거인 절망의 손이 닿지 않는 곳일 뿐 아니라 의심의 성도 보이지 않았다. 그곳에서는 순례자들이 가고 있는 나라가 보였는데 그 나라에 사는 사람들도 몇 명 만났다. 이 땅은 하나님 나라의 경계선에 있었으므로 빛나는 사람들이 자주 걸어 다녔던 것이다. 이 땅은 신부와 신랑과의 결합이 다시 이루어지는 곳이었다. 이곳은 참으로 "신랑이 신부를 보고 기뻐하듯이 하나님께서 저희를 기뻐하신다"는 땅이었다. 이곳에서는 먹을 것과 마실 것이 모자라지 않았다. 순례길을 오면서 필요로 했던 것들이 풍족하게 있었기 때문이었다. 여기서 순례자들은 하나님 나라에서 나는 커다란 목소리를 들었다. "너희는 시온의 딸들에게 이르라 보라 네 구원이 이르렀느니라! 보라 너희 수고의 상급이 그에게 있느니라!" 여기 있는 그 땅의 사람들은 서로 "거룩한 백성이라, 여호와의 구속하신 자라"고 했다.

이제 두 순례자는 이 땅을 걸어가면서 그들이 가는 왕국이 가까워질수록 점점 더 즐거워졌다. 그 성 가까이 이르면서 두 순례자는 그 성의 모습을 더욱 똑똑히 볼 수 있었다. 그 성은 진주와 값비싼 보석들로 지어져 있었으며 길은 황금으로 덮여 있었다. 그래서 성 자체의 영광스러운 아름다움과 그 성에 부딪혀 반사되는 햇빛 때문에 크리스천은 어서 가고 싶은 마음이 극에 달하여 어지러움을 느꼈다. 소망도 똑같은 증세로 정신이 어찔어찔했다. 두 순례자는 거기 잠시 누워 아프다고 소리 지르고 있었다.

"너희가 내 사랑하는 자를 만나거든 내가 사랑하므로 병이 났다고 하려무나"(아 5:8).

잠시 후 시간이 흘러 어지러움을 참을 만하자 두 순례자는 기운을 차리고 일어나 그 성에 점점 더 가까이 다가갔다. 거기에는 과수원과 포도밭, 정원들이 있었고 문들은 바른 길을 향해 열려 있었다. 그들이 성이 있는 곳에 이르렀을 때 길에 정원사가 서서 일하고 있는 모습이 보였다.

순례자 : 이 훌륭한 포도원과 정원은 누구의 것입니까?

정원사 : 저것들은 왕께서 친히 즐거움을 누리시고 또한 순례자들을 위로하시려고 이곳에 심어 둔 것들이지요.

이 말을 마친 정원사는 두 순례자를 포도밭으로 데리고 가서 맛좋은 포도를 실컷 먹고 새 힘을 얻으라고 했다(신 23:24). 거기서 정원사는 또한 두 순례자에게 왕이 산책하시는 길과 즐겨 쉬시는 곳을 보여 주었다. 그곳에서 두 사람은 머물러 있다 잠이 들었다. 꿈에서 보니 두 사람은 잠을 자면서 순례의 길을 오던 어느 때보다 더 많은 이야기를 나누었다. 그래서 어떻게 저럴 수 있는가 하고 잠시 생각을 하고 있는데 그 정원사가 나에게 이렇게 말해 주었다.

정원사 : 무얼 그리 이상하게 생각하시오? 이 포도밭의 포도 열매 탓이라오. "이 포도주는 내 사랑하는 자를 위하여 미끄럽게 흘러내려서 자는 자의 입을 움직이게 하느니라"(아 7:9).

성으로 가까이

잠에서 깨어난 순례자들이 다시 일어나 그 성을 향해 걸어가는 모습이 보였다. 그렇지만 내가 말했듯이 순금으로 된 그 성(계 21:18)에 부딪혀 반사되는 햇빛이 어찌나 찬란한지 순례자들은 눈이 부셔서 맨눈으로는 바라보지 못하고 그것을 보기 위해 만

들어진 기구를 통해서만 볼 수 있었다(고후 3:18). 두 순례자는 가다가 금처럼 빛나는 옷을 입은 두 사람을 만났는데 그 사람들은 얼굴도 해같이 빛나고 있었다.

이 두 사람이 순례자들에게 어디서 왔느냐고 물어보자 순례자들이 대답했다. 그 사람들은 또한 어디서 잤으며 어떠한 곤고산과 위험을 겪었고 오는 중에 받은 위로와 기쁨은 어떤 것이었느냐고 순례자들에게 묻고 순례자들은 그들에게 대답해 주었다.

빛나는 분들 : 이제 당신들에게는 앞으로 두 가지 곤고산만 남아 있소. 그 다음에는 저 성으로 들어가게 되죠.

크리스천과 그의 친구 소망이 두 남자에게 자기들과 함께 가자고 하자 그들은 그러겠노라고 했다.

빛나는 분들 : 그렇지만 당신들은 당신들의 믿음으로 말미암아 그 성에 들어갈 수 있어야 합니다.

나는 꿈에서 그들이 함께 가다가 마침내 성의 문이 보이는 곳에 이르는 것을 보았다.

강을 만난 순례자들

나는 두 순례자와 성문 사이에 강이 하나 놓여 있는 것을 보았다. 그런데 그 깊은 강에는 강을 건널 만한 다리가 하나도 없었다.

그래서 이 강을 본 순례자들은 심히 놀라 그 자리에 멈춰 섰다.

빛나는 분들 : 이 강을 건너가셔야 합니다. 그렇지 않으면 당신들은 성문에 이를 수 없습니다.

두 순례자는 성문으로 가는 다른 길은 없느냐고 물었다.

빛나는 분들 : 있습니다. 하지만 에녹과 엘리야 말고는 세상이 만들어진 후로 그 길로 지나가도록 되어 있는 사람은 아무도 없었으며 마지막 나팔이 울릴 때까지 그러할 것입니다.

두 순례자는 낙심하기 시작했는데 특히 크리스천이 더했다. 그들은 이리저리 둘러보았으나 강을 건널 만한 뾰족한 수가 없었다. 두 순례자는 강물이 전부 그렇게 깊으냐고 물어보았다.

빛나는 분들 : 그렇지는 않습니다.

그렇지만 이곳에서는 빛나는 분들도 순례자들을 도와줄 수가 없었다.

빛나는 분들 : 당신들이 가시는 땅의 왕을 믿는 마음에 따라 깊을 수도 있고 얕을 수도 있습니다.

순례자는 물에 들어가기 시작했다. 물에 들어가던 크리스천은 가라앉기 시작하자 친구인 소망에게 크게 소리쳤다.

크리스천 : 나는 깊은 물에 빠졌소. 파도가 내 머리 위로 굽이

죽음의 강을 건너는 크리스천과 소망

치고 있소!

소망 : 크리스천씨! 정신을 차리세요. 내 발은 땅에 닿는 것 같아요.

크리스천 : 아! 사망의 고통이 나를 엄습합니다. 나는 젖과 꿀이 흐르는 땅을 보지 못할 것 같소.

크리스천에게는 칠흑 같은 어둠과 공포가 밀려와 그의 목을 점점 조여 오는 것 같았다. 크리스천은 한 치의 앞도 볼 수 없었다. 그는 거의 제정신을 잃은 상태여서 순례의 길을 오면서 새로운 힘을 얻었던 좋은 일들을 하나도 떠올릴 수가 없었고 제대로 말할 수도 없었다. 크리스천이 하는 말들은 모두 자신이 겁을 먹었다는 것과 강에서 죽게 되어 결코 성문에 들어가지 못할 것이라는 두려운 마음을 여전히 나타내 주고 있었다. 곁에 서 있던 빛나는 분들은 크리스천이 주님을 알기 전 지은 죄와 알고 난 후의 죄로 인해 괴로운 생각에 깊이 빠져 있다는 것을 알아차렸다. 그리고 갑자기 나타난 마귀나 악한 영들로 인해 괴로워하고 있다는 것을 이따금 그가 하는 말을 통해 알 수 있었다.

소망은 곁에서 크리스천이 물에 빠지지 않도록 하려고 안간힘을 쓰고 있었다. 때때로 크리스천의 몸은 물속에 꽤 깊이 빠져 들어갔다가는 조금 지난 뒤에 반 죽은 사람의 모습으로 다시 물

위로 솟아오르기도 했다. 소망은 곁에서 다음과 같은 말로서 크리스천을 위로했다.

소망 : 크리스천씨! 천성문에서 우리를 기다리는 사람이 있어요. 크리스천씨!

크리스천 : 그건 당신을 기다리는 것이지요. 내가 아는 당신은 소망이 넘치니까요.

소망 : 당신은 저보다 더한 소망을 소유하신 분이 아니십니까? 예? 크리스천씨!

크리스천 : 아, 소망씨! 만약에 내가 이 길을 올바로 행하면서 왔더라면 주님께서 일어나 나를 건지셨을 것입니다. 그렇지만 나의 죄로 인해 주님은 나를 올무 가운데로 던지시고 떠나셨습니다.

소망 : 크리스천씨, 사악한 자들에 대한 성경 말씀을 잊으셨나요? "그들은 죽을 때에도 고통이 없고 그 힘이 건강하며 사람들이 당하는 고난이 그들에게는 없고 사람들이 당하는 재앙도 그들에게는 없나니"라고 한 시편 기자의 말씀입니다(시 73:4-5). 당신이 지금 당하는 불안과 고난은 하나님께서 당신을 버리셨다는 것이 아닙니다. 혹 하나님의 은혜를 기억하는지, 환난 가운데서도 그분의 말씀을 순종하고 그분을 의지하는지 보시려고 시험하

시는 것입니다.

그리고 나서 나는 크리스천이 얼마 동안 생각에 잠겨 있는 것을 보았다. 소망은 계속해서 고난에 빠진 동료순례자를 위로했다.

소망 : 크리스천씨 기운을 내십시오. 예수님께서 당신을 흠 없이 깨끗하게 하셨습니다. 당신을 온전케 하십니다.

그러자 크리스천은 갑자기 큰 목소리로 말하기 시작했다. "오, 다시 그분이 보입니다! 주님이 내게 직접 말씀하십니다. '네가 물 가운데로 지날 때에 내가 너와 함께 할 것이라 강을 건널 때에 물이 너를 침몰하지 못할 것이라'"(사 43:2).

두 사람은 다시 새 힘과 용기를 얻었다. 그 다음부터는 강을 다 건널 때까지 원수들도 돌처럼 가만히 서 있었다. 크리스천은 이내 설 땅을 발견했는데 그 다음부터는 강이 얕았다. 이렇게 두 사람은 강을 건너갔다.

강둑에 이르자 두 순례자는 두 명의 빛나는 분을 보았다. 강에서 나온 두 순례자는 그들에게 인사를 했다.

빛나는 분들 : 저희는 구원받을 사람들을 도와주도록 보냄을 받은 구원의 영입니다.

그리하여 그들은 성문을 향해 따라갔다.

빛나는 분들 : 이제 당신들은 그 성이 굉장히 커다란 언덕 위에 있다는 것을 알아 두어야 합니다.

그렇지만 두 순례자는 언덕을 쉽게 올라갔다. 구원의 영들이 순례자들의 팔을 잡아 이끌어 주었고, 강에 육체의 옷을 벗어 버리고 왔기 때문이었다. 강에 들어갈 때는 그 옷을 입고 들어갔지만 나올 때는 벗어 버리고 나왔던 것이다. 그 성지가 구름보다 더 높은 곳에 세워져 있었으나 그들은 민첩하게 빨리 올라갈 수 있었다. 순례자들은 무사히 강을 건넜고, 훌륭한 친구들이 함께 해 주어 즐겁게 이야기를 나누며 편안하게 올라갔다.

이야기로 듣는 하나님 나라의 행복

두 순례자가 빛나는 분들과 나눈 이야기는 하나님 나라의 아름다움과 행복에 관해서였다. 빛나는 분들은 하나님 나라의 아름다움과 행복은 이루 말로 표현할 수 없다고 했다.

빛나는 분들 : 하나님 나라에는 시온 산과 하늘 예루살렘과 천만 천사와 온전케 된 의인의 영들이 있습니다(히 12:22-24). 당신들은 이제 하나님의 낙원에 이를 것이며, 거기서 생명나무를 보게 되고 그 나무에서 난 결코 썩지 않는 열매를 먹게 됩니다(계 2:7).

나팔을 불고 있는 천사

또한 그곳에 가시면 흰 옷을 입고 주님과 함께 세세 무궁토록 살 것입니다(계 3:4-5; 22:5). 거기서는 세상에서 보았던 슬픔, 좌절, 절망, 아픔, 죽음을 다시 보게 되지 않을 것입니다. 예전 것들은 다 지나갔고(사 65:16-17) 당신들은 지금 아브라함과 이삭과 야곱과 다른 선지자들을 볼 것이며 하나님께서 장차 나타날 악으로부터 건져 주시고, 그분의 의로움 안에서 걷게 하신 이들을 만나실 것입니다.

순례자 : 거룩한 땅에서 우리는 무엇을 해야 합니까?

그들이 대답했다.

"지금껏 당신들이 겪은 고난의 대가로 평안을 받으며 모든 슬픔의 대가로 즐거움을 누리게 됩니다. 순례의 길을 오면서 하나님을 위해 뿌렸던 씨뿐 아니라 많은 기도와 눈물과 괴로움의 열매까지 거두어들일 것입니다(갈 6:7-8). 거기서 당신들은 금 면류관을 쓰고 거룩하신 분의 모습과 자태를 영원토록 보는 영광을 누리게 됩니다. 그곳에서는 그분을 그의 계신 그대로 보리라고 했으니까요(요일 3:2). 또한 그곳에서 당신들은 세상에서 육신의 약함으로 인해 많은 곤고산이 있었음에도 그토록 섬기기 바랐던 그분을 영원히 찬양하며 섬기게 될 것입니다(살전 4:17). 거기서 두 분의 눈은 전능하신 분을 보는 것으로 기뻐하며 두 분의 귀는 그분의 아름다운 목소리를 듣는 것으로 즐거워할 것입니다. 그리고 먼저 올리운 많은 이들을 볼 것이요, 크나큰 상급이 두 분에게 주어질 것이며, 이후로도 당신들과 같이 순례의 길에 나선 이들에게 주어질 것입니다(히 12:1-2). 또한 영광과 위엄으로 옷 입게 되며 영광의 왕과 함께 떠날 수 있도록 마차에 타게 되지요. 그분께서 나팔 소리와 함께 구름 가운데 바람의 날개를 타고 땅에 재림하실 때 당신들은 그분과 함께 가게 됩니다. 그리고 그분이 심판 보좌 위에 앉으실 때 당신들은 그분과 함께 계셔서 그분이 천사든 사람이든 모든 피조물들을 심판하실 때에 당신들도 배심원으로 참여케 될 것입니다(고전 6:2-3). 그리고 또한 그분께서 다시 하나님 나라로 돌아가실 때는 당신들도 나팔 소리와 더불어 그분과 함께 가게 되며 그분과 언제까지나 함께 세세 무궁토록 살 것입니다(유 14-15절; 단 7:9-10).

천사들과 만나다

순례자들은 성문으로 가까이 다가가다가 하나님 나라에 사는 사람들의 무리가 자기들을 맞으러 오는 것을 보았다. 빛나는 옷을 입은 두 사람이 그들에게 말했다.

빛나는 분들 : 이분들은 우리 주님을 사랑하는 자들로 세상에

있을 때 거룩하신 분의 이름을 위해서 모든 것을 버리고 주님을 따른 자들입니다. 주님께서 이들을 데려 오라 명하셨으므로 지금 주님께로 가고 있습니다. 이들이 기쁜 낯으로 구속주의 얼굴을 뵙게 될 것입니다.

그러자 그 무리가 크게 외쳐 "어린양의 혼인 잔치에 청함을 받은 자들은 복이 있도다"(계 19:9)라고 합창했다.

이때 대여섯 명의 나팔수들이 순례자들을 맞으러 나왔다. 그들은 희고 빛나는 옷을 입고 있었는데 하나님 나라가 울리도록 크고 곡조 있는 소리를 내었다. 나팔수들은 소리 치고 나팔 소리 내며 땅에서 오는 크리스천과 그의 친구 소망을 기쁘게 인사하며 맞아 주었다.

그러고 나서 그들은 두 순례자를 둘러쌌다. 앞에 서고 뒤에 서고 오른쪽에도 뒤에도 몇몇씩 서서 마치 그들을 더 높은 곳으로 데려가려는 듯이 순례자들이 가는 동안 계속해서 높은 가락의 소리를 내었다. 순례자들이 보기에 그 광경은 마치 하나님 나라 그 자체가 자기들을 만나러 내려오는 것 같았다. 이리하여 모두 함께 걸어갔다. 가다가 때때로 나팔수들은 흥겨운 가락을 울리며, 크리스천과 그의 친구 소망이 자기들에게 오게 된 것을 정말 기쁘게 맞이하며 그들을 만나게 되어 매우 기쁘다는 뜻을 표정과 몸짓으로 나타내 보이곤 했다.

이제 두 사람은 하나님 나라에 이르기 전에 천사들의 모습과 그들이 내는 아름다운 소리에 싸여 하나님 나라에 가 있는 것과 다름이 없었다. 또한 거기서는 그 성의 모습이 있는 그대로 선명하게 보였다. 순례자들은 그 안에 있는 모든 종소리가, 자기들을 기쁘게 맞이하는 종소리라고 생각했다. 그렇지만 그들은 무엇보다도 자신들이 아주 좋은 사람들과 함께 그것도 세세토록 살게 될 생각에 가슴이 벅차도록 기뻤다. 어떤 말과 어떤 글로 순례자들의 영광스러운 기쁨을 나타낼 수 있으랴! 드디어 순례자들은 성문 앞에 이르렀다.

순례자들, 하늘나라에 들어가다

순례자들이 성문에 이르자 문에는 황금 글씨로 이렇게 적혀 있었다. "하나님의 계명을 지키는 사람은(한글개역개정판에는 "자기 두루마기를 빠는 자들은"이라고 번역됨-역자 주) 복이 있으니 이는 그들이 생명 나무에 나아가며 문들을 통하여 성에 들어갈 권세를 받으려 함이로다"(계 22:14).

나는 꿈에서 빛나는 옷을 입은 사람이 순례자들에게 문 앞에서 소리쳐 부르라고 하는 것을 보았다. 순례자들이 소리쳐 부르자 문 위에서 몇몇 사람들이 문밖을 내다보았다. 그들은 에녹과 모세와 엘리야와 같은 사람들이었는데 그 사람들에게 다음과 같은 말이 전해졌다.

"이 사람들은 이곳의 왕을 사랑하는 마음을 품고서 멸망의 도시에서 온 순례자들입니다."

두 순례자는 그 사람들에게 각각 순례의 길 입구에서 받았던 증명서를 내주었다. 그 증서는 왕에게 전달되어 왕은 그것을 읽었다.

왕 : 그들이 지금 어디 있소?

문밖에 서 있다는 대답이 있었다.

그러자 왕은 문을 열어 주라고 명령했다.

왕 : "너희는 문들을 열고 신의를 지키는 의로운 나라가 들어오게 할지어다"(사 26:2).

나는 꿈에서 두 순례자가 성문으로 들어가는 것을 보았다. 그런데 문에 들어설 때 그들은 모습이 바뀌었다. 금처럼 빛나는 옷을 입고 있었다! 그들은 또한 거문고와 면류관을 받았는데 거문고는 하나님을 찬양하기 위함이고 왕관은 영예를 나타내는 것이었다. 나는 꿈에서 그 성안에 있는 모든 종들이 다시 기쁨의 종소리를 울리는 것을 들었다. 그때 순례자들에게 이런 말이 들려왔다. "네 주인의 즐거움에 참여할지어다"(마 25:23). 나는 또한 그들이 큰 소리로 노래하며 "보좌에 앉으신 이와 어린양에게 찬송과 존귀와 영광과 권능을 세세토록 돌릴지어다"(계 5:13)라고 말하는 것을 들었다.

두 순례자가 들어가도록 문이 열렸을 때 그들을 쫓아가 안을 들여다보니 해같이 빛나는 나라가 보였다. 길은 모두 황금으로 덮여 있었고 그 길 위로 많은 사람들이 걸어 다니고 있었다. 그들은 머리에는 면류관을 쓰고 손에는 승리의 종려 나뭇잎을 들고 금 거문고로 찬양하고 있었다.

날개를 달고 있는 사람들의 입에서는 "거룩, 거룩, 거룩하신 주로다!"라고 찬송하는 소리가 끊임없이 들려왔다. 이윽고 성문이 닫혔다. 그 찬송하는 모습을 본 나의 마음에도 그들의 주님 찬송에 동참하고 싶은 마음이 불일 듯 일어났다.

무지의 최후

내가 이런 모든 일들을 꿈속에서 보고 있을 때 고개를 돌려 뒤를 바라다보니 무지가 거의 강까지 와 있는 것이 보였다. 그러나 그는 두 순례자가 겪었던 곤고산의 절반도 느끼지 못하고 그 강을 금방 건넜다. 때마침 그 강에 헛된 소망(Vain-hope)이라는 나룻배 사공이 있어서 그 사람의 배를 얻어 타고 강을 건넜기 때문이었다. 강을 건넌 무지가 두 순례자들과 마찬가지로 언덕을 올라가서 성문 가까이 가는 것이 보였다. 그를 맞이하러 나온 사람도 하나 없이 그는 혼자서 걸어가고 있었다. 그는 그에게 위로의 말을 해 주는 사람도 하나 만나지 못했다. 성문 앞에 이르자 그는 문 위에 쓰여 있는 글을 들여다보았다. 그러고는 빨리 들어가게 되리라는 생각을 하면서 문을 두드리기 시작했다. 문 위에서 내려다보던 사람들이 그에게 질문을 했다.

성에 있는 사람들 : 누구십니까? 어디서 무슨 일로 오셨습니까?

무지 : 나는 주님 앞에서 먹고 마셨습니다. 주님은 거리에서 우릴 가르치셨고요(눅 13:26).

그러자 그들은 왕께 보여 줄 증서를 달라고 했다. 무지는 품을 더듬어 증명서를 찾아보았으나 아무것도 없었다. 그러자 그 사람들이 말했다.

성에 사는 사람들 : 당신은 없군요. 잠시 기다리시오.

무지는 아무 말도 못했다. 그 사람들이 왕께 이 말을 전했으나 왕은 무지를 보러 나오지 않았다. 다만 크리스천과 소망을 성으로 이끌어 주었던 빛나는 분들에게 나가서 무지를 데려다가 손과 발을 묶어 쫓아 버리라는 지시만 내렸다. 빛나는 분들은 공중으로 무지를 끌고 올라가 내가 언덕 비탈에서 보았던 문으로 데리고 가서 거기에 밀어 넣는 것을 나는 꿈속에서 보았다. 그때 나는 멸망의 도시에서 뿐만 아니라 하나님 나라 문에서도 지옥으로 가는 길이 있다는 사실을 처음 알았다.

깨어 보니, 꿈이었다.

순례의 여행을 마치고 천국으로 | Part 8

1. 뿔라 : 이곳은 죽음의 강을 건너기 전에 성도들의 휴식을 위하여 마련된 곳이다. 여행의 피곤함을 회복하고 마음을 담대히 하여 죽음을 준비하는 은혜를 의미하고 있다. 뿔라라는 단어는 원래 이사야 62장 4절에서 빌려온 것으로 마지막 날 교회의 번영과 영광을 의미한다. 그러나 뿔라의 문자적 의미는 하나님과 매우 가까이하고 친밀함으로 얻는 즐거움을 강조하는 것이다.

2. 죽음의 강 : 크리스천과 소망이 죽음의 강을 건너는 장면은 성도의 죽음을 묘사한다. 오랫동안 죽음을 준비해 온 성도라 할지라도 죽음의 순간에 이르면 영혼에 차가운 강물이 밀려오는 것 같은 느낌을 받게 되고, 주저하는 마음이 일어난다. 모든 것을 판단하시는 심판자 앞에 나아간다는 생각은 두렵고 떨리게 만든다.

3. 천국 입성 : 크리스천과 소망은 사망을 극복하였다. 두 천사가 강을 건넌 두 순례자의 영혼을 데리고 천성의 도시로 올라가는 동

안에 천성에 대해서 설명하였다. 순례자들은 천성에 들어갈 수 있는 증명서를 제출하였다. 왕은 증명서가 진짜인지의 여부를 먼저 확인하였다. 그 증명서는 일찍이 왕이 자신의 손으로 직접 서명한 것이었고, 날인하여 봉인한 것이었다. 왕은 진짜임을 확인한 다음에 천성의 문을 열어 주라고 명령하였다. 이 장면에서 증명서는 모든 성도의 마음에 있는 구원의 은혜의 증거를 의미한다. 이것은 살아 계신 하나님께서 봉인하신 것이다.

4. 무지의 최후 : 무지가 멸망당하는 이유는 하나님께서 마련하신 구원의 방법인 그리스도의 의를 거부하고 스스로 의로워지려는 방법을 택하였으며, 스스로 믿음이 있다고 생각하여 자기 멋대로 종교 생활을 하였기 때문이다.

– 해설 천로역정 (김홍만 저, 생명의말씀사)

The Pilgrim's Progress

I consider everything a loss compared to the surpassing
Greatness of Knowing Christ Jesus my Lord (Philippians 3:8)

모든 것을 해로 여김은 내 주 그리스도 예수를
아는 지식이 가장 고상하기 때문이라 (빌립보서 3:8)

The Pilgrim's Progress

사명선언문

너희가 흠이 없고 순전하여……세상에서 그들 가운데 빛들로
나타내며 생명의 말씀을 밝혀 _ 빌 2:15-16

1. 생명을 담겠습니다
만드는 책에 주님 주신 생명을 담겠습니다.
그 책으로 복음을 선포하겠습니다.

2. 말씀을 밝히겠습니다
생명의 근본은 말씀입니다.
말씀을 밝혀 성도와 교회의 성장을 돕겠습니다.

3. 빛이 되겠습니다
시대와 영혼의 어두움을 밝혀 주님 앞으로 이끄는
빛이 되는 책을 만들겠습니다.

4. 순전히 행하겠습니다
책을 만들고 전하는 일과 경영하는 일에 부끄러움이 없는
정직함으로 행하겠습니다.

5. 끝까지 전파하겠습니다
모든 사람에게, 땅 끝까지, 주님 오시는 그날까지
복음을 전하는 사명을 다하겠습니다.

서점 안내

광화문점　서울시 종로구 새문안로 69 구세군회관 1층
　　　　　　02)737-2288 / 02)737-4623(F)

강남점　　서울시 서초구 신반포로 177 반포쇼핑타운 3동 2층
　　　　　　02)595-1211 / 02)595-3549(F)

구로점　　서울시 동작구 시흥대로 602, 3층 302호
　　　　　　02)858-8744 / 02)838-0653(F)

노원점　　서울시 노원구 동일로 1366 삼봉빌딩 지하 1층
　　　　　　02)938-7979 / 02)3391-6169(F)

일산점　　경기도 고양시 일산서구 중앙로 1391 레이크타운 지하 1층
　　　　　　031)916-8787 / 031)916-8788(F)

의정부점　경기도 의정부시 청사로47번길 12 성산타워 3층
　　　　　　031)845-0600 / 031)852-6930(F)

인터넷서점　www.lifebook.co.kr